JUAN MANUEL VALVERDE

REFLEXIONES DE UN PSICOTERAPEUTA LATINOAMERICANO

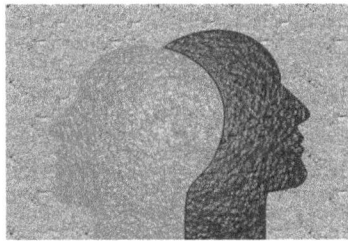

Mi concepción del mundo:
Aproximación a una visión
ontoanalítica

OMNIAVERITAS

JUAN MANUEL VALVERDE
(1935-2016)

*REFLEXIONES DE UN
PSICOTERAPEUTA LATINOAMERICANO*

*Mi concepción del mundo:
Aproximación a una visión ontoanalítica*

1970-1996

PUBLICADO POR
OMNIA VERITAS LTD

OMNIA VERITAS

www.omnia-veritas.com

Una opinión trascendente
existencialmente para el autor

M e han solicitado que realice unas meditaciones sobre la obra del Dr. Valverde, tanto en lo referente a su propuesta de relación con las personas como al contenido del proceso que tiene como tesis su trabajo. Entiendo necesario, para ello, una ubicación tanto de tipo ontológico como funcional. Desde el primer punto de vista es sin duda una tesis humanista, su discurso no es un modelo de pensar ficticio, sino una argumentación sobre la existencia y en las cuales se intercambian las experiencias de la propia persona con teorías tanto psicológicas como filosóficas. Por eso, no son fórmulas vacías, pues se revelan circunstancias personales existenciales con un contenido histórico. A esto llamo humanismo, porque desde la historicidad de cada persona el autor demuestra que los hombres estamos abiertos en nuestro devenir histórico a la vida de relación humana. Pone en evidencia la creatividad y la relación que permite a cada uno ser una persona.

Desde el funcionalismo, demuestra con su propuesta que el legado de la cultura del mercado de esta sociedad actual produce un pensamiento prisionero de la imagen que se tiene de una persona. Para ello recurre a la visión del hombre en su totalidad, a fin de impedir que bajo el discurso de la eficiencia, se tergiverse la creatividad e idoneidad de cada uno. Significa que la preocupación del hombre actual debe ser por la vida en todas sus formas, en todas sus expresiones. No tanto estarse a los resultados que el funcionalismo del "mercado" impone a cada hombre, sino perseguir la ética en las acciones. Ésa es la tesis funcional, que permite asumirse cada persona con esa responsabilidad frente a otra persona.

Los profesionales que transitamos el terreno normativo, es decir, los abogados, nos han entrenado para que pensemos que la totalidad en el hombre debe buscarse en la racionalidad del derecho. En otras palabras, la voluntad de los hombres está en el derecho. Pues bien, la propuesta del Dr. Valverde es al revés, la totalidad del hombre está en la vida en general y se encuentra cuanto más abiertos estemos no solo a las personas sino al mundo.

Dr. Marcelo Daniel Iñiguez
Profesor de Derecho Internacional
Facultad de Derecho y Ciencias Sociales
Universidad Nacional del Comahue

DEDICADO A MI HERMANO EDUARDO JORGE, CIVILANTE DE LA LIBERTAD.

Sus alas fueron amputadas por la bestia inhumana... y él siguió volando. Sus ojos mansos, profundos, nos orientan en el amor a lo humano.

Desde su vuelo sentimos que solamente caminamos el sendero, haciéndolo en el devenir temporal.

Su presencia nos inunda de compromiso. Su ausencia determina nuestras emociones más sentidas.

Él supo volar y desde su vuelo nos enseña a caminar. Los senderos nuevos son iluminados por su recuerdo.

La savia joven de su amor está creciendo en la entraña de la semilla esparcida.

Renace la vida en todos aquellos que tuvimos el privilegio de abrazar su cuerpo, hoy ausente.

Por el amor, por la vida, por sus hijos y todos los hijos, hoy decimos: ¡Presente, hermano! Hermanados por el vínculo filial, por el amor a lo bello, por los niños, por los desamparados, por los sin tierra, por los que sufren..., por la sonrisa del encuentro.

Unidos ayer, hoy y siempre. En ti está el pasado, el presente y el futuro que logre realizar el hombre en su proyectado caminar.

Nuestras lágrimas fueron de dolor, de impotencia, pero siempre llenas de orgullo.

Tú estarás siempre presente: donde el hombre supere sus minusvalías, donde el hombre supere su dolor, donde el hombre supere sus miserias, donde el hombre se haga Hombre, ¡ALLÍ ESTARÁS VIVO Y PRESENTE!

Tú estás vivo... sobre los muertos sin sepultura. Tú estás vivo en el renacer de las flores, tú estás vivo en los que sufren y luchan. Tú estás vivo en la sonrisa de los niños. Tú estás vivo en la muerte. Los otros, las "bestias", están muertos en vida.

Sigues tu vuelo, en búsqueda de la libertad para los hombres. Tú..., tú estás vivo.

INTRODUCCIÓN

Estos trabajos, algunos de los cuales tienen más de treinta años, reflejan mi continua búsqueda de la elaboración de mis distorsiones. Tienen la fuerza de aquella juventud y mantienen la lozanía de la búsqueda del encuentro humano.

Caminé derroteros a veces inciertos. La realidad me despertaba continuamente inquietantes incógnitas. Cuando creía encontrar una luz, la misma luz a veces me conducía a la tiniebla. Pero como el ave Fénix, resurgía y reiniciaba nuevos senderos "haciendo camino al andar", como diría el gran poeta español. Parecía que el empuje de los grandes de Andalucía, de García Lorca, de Maimónides, de tantos otros, de mis padres originarios de Sierra Nevada, ese pueblo pequeñito de su España natal, desde la altura de sus sierras, me empujaban a mirar como nuestro cóndor y a no conformarme con la perspectiva de un vuelo gallináceo. Tal vez, desde la ingenuidad de sus conciencias, me orientaban en la búsqueda de lo auténtico, de lo genuino. Desde la carretela de mi padre y mi madre con su escuela de Artes Femeninas. Desde mi amiga que descendía de las tierras vascas y orientó mi pensamiento en el mundo confuso de la filosofía académica y transformó mis reflexiones en brújula orientadora a la filosofía de la cotidianeidad.

Transité el camino desde el irracionalismo en todas sus manifestaciones hasta llegar al análisis de la conciencia alienada. A lo largo de este camino fui descubriendo mi pertenencia latinoamericana, la necesidad de la búsqueda de mi ser en situación. Comencé a percibir la necesidad de superar el sufrimiento del hombre. En esta dirección, fui acercándome cada vez más al pensamiento humanista y me acerqué más a los que aman, descubriendo la presencia a veces ignorada del hombre en su devenir.

Motivado por todo lo dicho, impulsado por la figura silente del nuevo humanismo, por algunos colegas, profesionales de otras disciplinas, pacientes (mis entrañables pacientes), mis familiares, mis amigos, creí útil animarme a compilar y escribir algo más, que es lo que hoy aparece. Pretender escribir... me hizo sentir que era rasgar la virginidad de la nada, quitar la belleza de la hoja en blanco. ¿Qué iba a dejar sentado de mi pensamiento? El mismo iba evolucionando en un espiral continuo, desde mi formación clásica leyendo a Emil Kraepelin acompañado siempre por mi Maestro Yudosky; desde Sigmund Freud y Alfred Adler, con continuos cambios cuanti y cualitativos inducidos por José Bleger, Enrique Pichón Riviére, Adolfo Lértora, Jorge Thenon, Carlos Alberto Seguín y la poderosa influencia de Jean Paul Sartre y su crítica a la pérdida de la subjetividad de los filósofos soviéticos. Hube de superar también la pérdida supuesta de los grandes relatos, la muerte de las ideologías, el fin de la historia. No menos esfuerzos significó para mí superar la mera búsqueda de signos y síntomas que me privaban de la totalidad del ser en su devenir concreto.

Todo esto me empujaba continuamente a salir del pensamiento rígido, dogmático que imprimían estos recovecos de la historia del pensamiento. Empecé a alejarme de la seguridad del discurso de las supuestas verdades totalitarias y determinantes y me instalé en la inseguridad del devenir.

Con ese pequeño zurrón de posibilidades de certezas continué buscando por qué sufría este hombre irrepetible en una situación particular de su ser en el mundo.

Con mi formación en los valores cristianos, iba tratando de encontrar la alienación de las conciencias. Pero mi mensaje era traducido a través de esquemas rígidos y dogmáticos. No escuchaban el mensaje "del otro", pretendían traducirlo a lo académicamente establecido. Y entre ellos y mi mensaje, probablemente ineficaz, no lograba el encuentro humano con más de un colega.

Mis ideas partían de lo biológico (los instintos). Sentía que nos parecíamos mucho a nuestros más próximos parientes en la evolución. De ahí a lo inconsciente, nuestras motivaciones seguían siendo zoologizadas. Entonces, lo sociológico. Pero aquí, si mi conciencia era solamente un reflejo me parecía que perdía la unidad del ser haciéndose ser. Luego, búsqueda nuevamente de la subjetividad. En conclusión, ni irracionalismo ni racionalismo, mi enfoque se fue a analizar la alienación de la supuesta racionalidad.

Del pensamiento a la emoción, a la conducta. Desde la entraña sangrante de los valores, nuevamente a la búsqueda del Hombre en su devenir. Desde el deambular del ser a la búsqueda de su morada, la misma que se da en un lugar del mundo, en ese único lugar del mundo con su singularidad, mezcla de realidades objetivas y de vivencias subjetivas. Pero, ¿dónde estaba ese lugar para acercarme, para compartir su estar en el mundo? Solamente estaba en él. Me quedaba, entonces, solamente la disponibilidad para compartir ese estar de ese ser en el mundo.

Ese ser era culpable por esencia. Pero su esencia se develaba en su existencia, por ende debía encontrar su culpa en la existencia del ser haciéndose. Y dónde se iba haciendo sino en un lugar particular del devenir mundanal. Quienes estábamos compartiendo el existencial encuentro éramos, en general , argentinos. Si no lo fuéramos, el enmarque que nos rodeaba ¿hubiera sido el mismo? ¿Es lo mismo un mapuche que alguien que vive en la Capital Federal? La noche, con sus recovecos e incógnitas, ¿es la misma en Buenos Aires con su oferta de distracciones enlatadas, que el observar las estrellas significando a cada una con un nombre de simbolismos arcaicos de algún sureño que acompaña a la naturaleza en su supuesto descansar nocturno?

De pronto nos encontrábamos con muchas incógnitas a las que el universalismo del cientificismo no daba respuesta. La interpersonalidad de los seres iba deviniendo en uso del otro; ¿no llevaría a este ser estuporoso a sentirse nada más que la expresión cósica del ente? Y así, entre incógnitas y respuestas, cada día más seguro de mi inseguridad, iba deviniendo mi pensamiento y por lo tanto mi actitud como psicoterapeuta. Por ejemplo, la señorita de 56 años que vivencia la soledad al morir su madre habiendo fallecido su novio cuando ella era joven (mientras la familia lo discriminaba por su origen judío), solamente me habla de dolores. ¿No será que tiene en su mente la propiedad de su cuerpo y a través de sus síntomas pretende recuperar una interpersonalidad perdida? Manifiesta su cosificación y probablemente no encuentre otra forma de significar el encuentro, nada más que a través de sus síntomas corporales, pues probablemente su interpersonalidad estuvo cargada siempre de propiedad alienatoria que ahora no posee. Y entre círculos, espirales en la temporalidad, la vida me entregaba su presencia. Siempre buscando el encuentro existencial que, más de una vez, se perdía en las nubes dispersas del existencial encuentro.

Podríamos seguir deambulando por el sendero de mi devenir mundanal, pero observando la opinión de Ortega y Gasset diremos: Argentinos..., ¡a las cosas!

El lector ingresará a la evolución de mi pensamiento que pretende ser auténtico y comprometido. Veamos cómo puede ser la reacción de quien lo lea. Por lo general nos acercamos a una temática con el mismo aparato cognoscitivo y paradigmático que utilizamos para abordar cualquier campo del saber tratándolo como algo que está allí, separado de él mismo. He aquí el primer obstáculo a superar, pues hay que comprender que cada lector es también un existente y posee una conciencia previa a este enfoque existencial. El lector mismo está implicado en la existencia, es decir, tendrá una familiaridad prefilosófica con la materia de que se ocupa este enfoque.

El existencialismo tiene dos amplias dimensiones que se interpenetran en un punto: el pensamiento filosófico en general y la situación mundial.

¡Este conjunto de trabajos que han ido deviniendo se oponen a la tradición filosófica clásica, a las clasificaciones nomotéticas, acompaña a las ideográficas y además proclama la libertad como proyecto de los hombres para lograr al hombre! Se diferencia de la filosofía clásica que supone una realidad universal y estática que está allí, exterior al pensador e independiente de él. Este mensaje nuestro es para lograr asumir una realidad que deviene y que determina la historicidad de los hechos y de las ideas.

Y con el mensaje existencial siempre presente los invito a ser protagonistas del filosofar teniendo al hombre como centro. Desde mi proyecto imaginario, desde mi temporalidad , desde mi morada, desde mi ser-en-el-mundo, traten de acompañarme en mi otredad. Desde el amor al prójimo, desde "sólo la verdad os hará libres", desde el compromiso, desde el grito libertario, desde el humanismo, vayamos hacia la KIDUNGUENEWN NGUEN (vivir en libertad, en idioma mapuche).

Mi conciencia probablemente siga alienada, pero yo sigo en la búsqueda de la desalienación.

Entonces continuemos leyendo, acompañen mis inquietudes, mis incógnitas, unidos en la búsqueda del encuentro existencial.

REFLEXIONES SOBRE

EXISTENCIALISMO Y MARXISMO

DR. JUAN MANUEL VALVERDE Y COLABORADORES.

REVISTA: "CUADERNOS DE LA UNIVERSIDAD CATÓLICA DE CUYO, SAN JUAN. 1970

> *"La verdad os hará Libres".*

Después de la publicación de "Cuestiones de Método" y "Crítica de la Razón Dialéctica" no puede ignorarse la empresa sartriana -de unir el materialismo dialéctico con la filosofía existencial-. Es un hecho del pensamiento filosófico actual y como tal hay que asumirlo. Su aceptación o rechazo no puede surgir de aprioris ajenos al intento mismo y por ello antes de cualquier juicio se impone un análisis tanto del materialismo como del existencialismo en aquellos aspectos de su temática que son fundamentales para comprender en qué términos puede pensarse o situarse existencialmente al hombre en el materialismo dialéctico. Sartre no intenta otra cosa que ubicar al hombre concreto en los esquemas materialistas, que a su juicio no está aún ubicado en ellos debido al determinismo del sistema. Encara la realización del proyecto a nivel de planteo filosófico y desde su concepción de la filosofía como saber totalizador, no sólo del saber humano sino también de la totalidad del devenir.

Conocer los elementos que emplea en su obra nos exige un rastreo prolijo del problema Ciencia - Filosofía, no sólo dentro del existencialismo sino también dentro del materialismo dialéctico, dedicando minuciosos análisis sobre todo a la ubicación de las ciencias del hombre (psicología, fisiología, sociología, etc.), tanto en un sistema como en otro, para poder acceder luego al planteo de una antropología de la totalización, elaborada a partir de las premisas del materialismo y capaz de comprender y ubicar al hombre en el devenir de la totalidad.

Seguramente resultará de interés cómo un filósofo existencialista de la talla de Sartre, para quien el hombre es pura y completamente una libertad total, conjuga su incondicional y originalidad del individuo humano con una concepción como la marxista, que desde la raíz misma de la dialéctica encuentra que la libertad es conocimiento de la necesidad. El camino a seguir para acompañar al pensamiento sartriano hasta el final de su Crítica será largo y tedioso, pero merece plenamente el esfuerzo. Sólo así se podrá comprender si, cuando al final de la misma define a la libertad como el "reconocimiento de la necesidad", ha dejado las premisas que lo consagraron en el campo del pensamiento con "El Ser y la Nada" para nutrirse en el materialismo dialéctico, o por el contrario, ha llegado a "existenciar el marxismo" como proclama en "Cuestiones de Método" al definir la función del existencialismo.

Por otra parte, es necesario aceptar sin rodeos que la libertad es algo esencialmente inherente al hombre y que cualquier intento de filosofar sobre su ser o su actuar deberá definirse al respecto si plantea con honestidad el problema.

En esta primera parte en que se comenzará con el análisis de Ciencia - Filosofía tanto en el Existencialismo como en el Marxismo, quizás no se alcance a perfilar con claridad la meta buscada, pero es sin duda indispensable el esclarecimiento nocional antes de comenzar el análisis de la problemática.

CIENCIA Y EXISTENCIALISMO

La palabra existencialismo connota hoy -y no sólo en medios poco relacionados al quehacer filosófico- una filosofía que se caracteriza y agota en la temática del existente humano. La angustia del hombre que marcha hacia la nada parece ser lo único que algunos pueden descubrir en este pensamiento que cobra vigor día a día y que en su entraña es bastante más coherente y profundo de lo que en un primer análisis puede aparecer.

Si bien es verdad que el existencialismo, tal como hoy lo aceptamos, nació como reacción al olvido del hombre (existencia) causado por un idealismo esencialista, según el duro juicio de Sören Kierkegaard, pensador que quizás sin sospechar la magnitud de la empresa embarcó al pensamiento contemporáneo en la senda del antropocentrismo, tampoco es menos cierto que el existencialismo ya ha superado ampliamente el marco de una pura reacción frente al idealismo que olvida al hombre para constituirse en una forma de pensamiento que sin perder el contenido que le dio origen abarca el campo total de una Cosmovisión contemporánea.

De intento se dejará de lado toda la temática común de la filosofía que nos ocupa, no por retacearle importancia sino para dedicarle la mayor atención posible al problema que plantean para ella las ciencias. Éste es sin duda alguna el aspecto menos conocido del existencialismo, pero no por ello el menos significativo, sin tener en cuenta que su olvido parcializa grandemente a la totalidad del sistema.

En Sören Kierkegaard la consideración de las ciencias no ocupa lugar de importancia. Casi podría afirmarse, sin temor a cometer errores, que el Gran Danés en su afán de reivindicar la importancia de la experiencia existencial individual, única e irrepetible, pasó por alto sin rodeos el mundo de la ciencia. En cambio sus sucesores se ocuparon extensamente del tema y lograron un resurgimiento renovado del mismo. El primer existencialista que toma el problema de las ciencias de manera sistemática es Karl Jaspers. Su concepción, rica en matices propios a pesar de su cuño tradicional, es basta y completa y por ello nos detendremos en cada uno de sus pasos.

LA CIENCIA EN LA FILOSOFÍA DE KARL JASPERS

K. Jaspers ingresó al campo de la filosofía proveniente del campo científico. Sus primeros estudios universitarios posteriores a los de humanidades en el Gymnasium de Oldemburgo fueron los de derecho. Posteriormente se graduó en medicina y en psicología. Sus primeras publicaciones pertenecen al campo de la medicina y de la psicología y recién en 1932 aparece su obra central en filosofía: "Philosophie". En ella desarrolla Jaspers su pensamiento mostrando como a cada uno de los modos de lo "abarcador" le corresponde un modo de pensamiento. "Lo abarcador es lo que siempre se anuncia -en los objetos presentes y en el horizonte-, pero nunca deviene objeto. Es lo que nunca se presenta en sí mismo, más a la vez aquello en lo cual se nos presenta todo lo demás".[1]

Lo abarcador es el ser que en sí mismo siempre retrocede ante nosotros manifestándose a través de sus modos. Lo abarcador en lo que se revela el ser mismo es el mundo, y lo abarcador que soy yo y somos nosotros es la conciencia en general. Pero Jaspers no se detiene aquí. El hombre como existente es portador de la conciencia y es también él quien rompe la inmanencia para dar lugar a la trascendencia. "De hecho, el salto de la inmanencia lo ejecuta el hombre y precisamente de una vez: del mundo a la divinidad y del existente del espíritu consciente a la existencia".[2]

Mundo, yo y divinidad son, pues, los modos en que se manifiesta lo abarcador y que como objetos del conocimiento dan lugar a los tres modos del saber: ciencia, filosofía y teología.

La ciencia consiste en la exploración directa del mundo y se caracteriza por la objetividad e imparcialidad. La ciencia es exacta y su certeza obliga en su campo. Su objeto es el ser empírico y el hombre en tanto que elemento del mundo. La Filosofía, en cambio, no es objetiva ni cierta y su objeto lo constituye el ser del hombre como "yo", que trasciende la primera esfera y en cuanto yo personal es irreductible a cualquier fenómeno objetivo y por tanto inalcanzable para la ciencia.

La teología tiene por objeto lo trascendente, lo otro, lo absoluto. Pero este objeto no es experimentable y por lo tanto es indefinible en el campo del conocimiento. Sólo puede hacerse una aproximación negativa sobre el mismo.

Antes de seguir adelante se nos impone tener muy en cuenta una distinción que es fundamental para luego comprender las relaciones entre las ciencias y la filosofía existencial de Jaspers, y es la que el autor

---

[1] Karl Jaspers: "Filosofía de la Existencia". Aguilar. Madrid, 1961. Pág. 44.
[2] - Ibid., Pág. 48.

señala entre Verdad y exactitud científica. La Verdad rebasa la objetividad indiscutible que caracteriza la ciencia, trasciende lo verificable para abarcar aún lo inefable (Existencia); ya que se nos manifiesta en todas sus posibilidades a través de los modos de lo abarcador, según la interpretación que hace Luis Rodríguez Aranda del pensamiento jasperiano.

"...aprehendemos la Verdad unívoca en la validez de las afirmaciones que están consolidadas por una intuición dada y una evidencia lógica. Contra toda sutileza dubitativa, encontramos, además, los objetos de las ciencias metódicamente exactas. Mediante nuestro intelecto, experimentamos su evidencia necesaria y también el consentimiento realmente unánime respecto a sus resultados por parte de todo ser razonable. Existe un reino válido de la verdad, si bien angosto, delimitado con precisión y es el reino de los conocimientos exactos para la conciencia en general".[3]

Enumérense aquí las características del conocimiento científico: necesidad, indubitabilidad y exactitud, pero también limitación. La verdad de la ciencia está cercada por el único modo de lo abarcador que deviene objeto verificable, experimentable para la conciencia en general. Es evidente en esto la influencia de la tradición kantiana que otorga similares peculiaridades a la única ciencia posible: las matemáticas. Pero Jaspers no se cierra como Kant en esta esfera, sino que lejos de negar la posibilidad de una verdad no científica, la afirma haciéndola superar a aquélla. "Si la 'Conciencia en general', espacio de las ciencias, es para nosotros al mismo tiempo el espacio en que se hacen claros los juicios, sin embargo su concluyente exactitud no es, de ningún modo, la verdad por antonomasia. La Verdad, más bien, surge de todos los modos de lo abarcador".[4]

Esa verdad que supera los límites de la mera exactitud verificable es la verdad-ser, la verdad que nos es esencial, en tanto que existencias auténticas. Así concebida la verdad escapa a las posibilidades de la ciencia superándola. Aquí precisamente es donde la filosofía defiere de

[3] - Karl Jaspers: "Filosofía de la Existencia". Aguilar. Madrid, 1961, Pág. 63.
[4] - Ibid., Pág. 67.

las ciencias al dejar de lado los estrechos márgenes de lo objetivable para nutrirse del surgimiento originario que la posibilita.

DESCRIPCIÓN DEL CONOCIMIENTO CIENTÍFICO

El conocimiento científico pertenece al reino de la objetividad mensurable, al reino del fenómeno donde son válidos los principios del husserlianismo. Así gana en precisión y exactitud al renunciar la posibilidad de acceder al Ser. "Conocimiento real científico no es conocimiento del ser. El conocimiento científico es particular, sobre objetos determinados, no sobre el ser mismo juzgado".[5] Esto trae una consecuencia lógica: la ciencia no puede orientar la vida del hombre porque éste en su ser auténtico no es objetivable al modo como aquella lo requiere. "El conocimiento científico no puede dar ningún objetivo para la vida. No establece valores válidos. Como tal no puede dirigir".[6] Seguidamente señala Jaspers que la ciencia no puede responder sobre su propio sentido, porque sus bases en tanto integrantes del ser o debe ser, escapan a su campo de acción.

IMPORTANCIA DE LA CIENCIA PARA LA FILOSOFÍA

La filosofía abarca el conocimiento total del ser y del hombre y por tanto está por sobre las ciencias y en relación dialéctica con las mismas. Esto es algo indiscutido en el existencialismo jasperiano, pero no implica en modo alguno desconocimiento de la indispensabilidad -si cabe el término- de las ciencias para la filosofía. El problema aparece enfocado en su perspectiva histórica y si bien no acepta el dogmatismo de que hace gala la ciencia de su época, la declara indispensable en el descubrimiento del mundo. Una filosofía sin ciencia sería pura y simplemente una filosofía mutilada porque le faltaría los múltiples conocimientos parciales y singulares que sólo la ciencia puede lograr. "El camino de la ciencia es ineludible para la filosofía, porque sólo el conocimiento de este camino impide que, dentro del filosofar, se siga

---

[5] - Karl Jaspers: "Filosofía de la Existencia". Aguilar. Madrid, 1961, Pág. 32.
[6] - Ibid., Pág. 32.

manteniendo -y precisamente de un modo impulcro y subjetivo- el conocimiento real que tiene su lugar en la investigación metódica más exacta".[7]

Hasta aquí podemos notar un claro intento de delimitar los campos científico y filosófico a la vez que se los relaciona en armónica unidad. La filosofía no puede oponerse a la ciencia ni identificarse con ella en el pensamiento de Karl Jaspers.

LA FILOSOFÍA: ORIENTADORA DE LA CIENCIA

La filosofía responde a un pensamiento original que surge nuevo en cada época aunque enraizado en la historia. Karl Jaspers no reniega de la tradición filosófica, se nutre en ella y desde ella trata de aprehender el ser en el momento presente del devenir. Esta aprehensión del ser, de su sentido, de la Verdad, es necesaria siempre porque de lo contrario no sólo perece la filosofía sino también la ciencia. La causa de esto es que la ciencia no puede encontrar su sentido dentro de la totalidad porque sus conocimientos especializados y objetivos, aunque indubitables, son siempre parciales. La filosofía, entonces, desde la generalidad debe iluminar para la ciencia el sentido de la totalidad. "Por el contrario, la claridad filosófica es ineludible para la vida y para la pureza de la ciencia más auténtica. Sin filosofía la ciencia no se comprende a sí misma, y hasta los investigadores, aunque algún tiempo puedan proseguir la conquista de los conocimientos especializados en virtud del conocimiento de los grandes pensadores, sin embargo, tan pronto quedan perplejos al faltarles la filosofía, abandonan, en general, la ciencia".[8]

Por último, la filosofía para poder cumplir su cometido debe ser acorde con la época. La filosofía antigua no puede ser nuestra filosofía, solo podemos encontrar en ella el punto de partida de nuestro pensamiento. Ella es prueba de que pensadores antiguos alcanzaron para su época el pensamiento filosófico, distinto del científico y en armonía con él, pero

---

[7] - Ibid., Pág. 33.
[8] - Ibid., Pág. 33 - 34.

no es valedera para orientar nuestra ciencia y nuestra existencia ya que éstas están dadas en situación distinta a las de la antigüedad. "...el pensamiento filosófico existe, sin embargo, siempre originariamente y debe realizarse en toda época bajo las nuevas condiciones".[9]

Por último cabe señalar que el pensamiento filosófico, a pesar de su entronque necesario con la época y con la ciencia, es distinto de ésta. No es una mera generalización hecha a partir de los contenidos de la ciencia, sino un pensamiento capaz de asumir el pensamiento científico, orientarlo y comprenderlo. "La filosofía debe realizar junto con la ciencia el pensar filosófico procedente de otro surgimiento originario distinto al científico"[10] -dice Jaspers-, y define así lo que debe ser la filosofía en el seno de su pensamiento. Para mayor abundancia y claridad en cuanto a distinción de las ciencias y dependencia de la época conviene citar con cierta extensión las consideraciones que hace al respecto: "La filosofía actual, por tanto, quizá pueda comprender a los presocráticos en su sublime grandeza, pero aunque experimente su insustituible impulso, no puede seguirlo. Tampoco puede permanecer en la profunda ingenuidad de cuestiones filosóficas infantiles. Debe encontrar caminos indirectos y verificaciones, en medio de la compleja realidad y de su multiplicidad para conservar la profundidad - profundidad que los niños, de todos modos, pierden la mayoría de la veces al hacerse mayores-. Sin embargo, de ningún modo esta realidad puede permanecer auténtica y convertirse en totalmente actual sin la ciencia.

Lo surgido originariamente nos habla desde los textos antiguos, pero no pueden aceptarse sus doctrinas. La comprensión histórica de las grandes figuras del pasado se diferencia de la apropiación de lo que siempre es actual en toda filosofía. Pues, en primer lugar, esta apropiación llega a ser, por su parte, el fundamento de la posibilidad de la comprensión histórica de lo lejano y también de lo que para nosotros se ha convertido en extraño. El filosofar contemporáneo se ha hecho

---

[9] - Karl Jaspers: "Filosofía de la Existencia". Aguilar. Madrid, 1961, Pág. 36.
[10] - Ibid., Pág. 37.

conveniente mediante su propio surgimiento originario, y éste no puede desenvolverse ni descubrirse sólo mediante la ciencia".[11]

CIENCIA Y FILOSOFÍA EN EL EXISTENCIALISMO SARTRIANO

"Se trata siempre de pensar a favor o en contra de la historia. Si uno admite, como yo, que el movimiento histórico es una perpetua totalización, que cada hombre es en todo momento Totalizador y Totalizado, la Filosofía representa el esfuerzo del hombre totalizado por reaprender el sentido de la totalización. Ninguna ciencia puede reemplazarla, ya que toda ciencia se aplica a un terreno del hombre ya recortado".[12] Este texto sartreano resume con genial precisión la concepción sobre Ciencia y Filosofía que mantiene su autor. Analizar la misma en sus pormenores implica seguir con cierta atención el contenido de "Cuestiones de método", obra dedicada por completo al tema y que marca dentro del existencialismo, las últimas pautas del estado de la cuestión.

Antes de cualquier análisis es interesante notar que en la concepción sartreana aparece junto a la nueva visión la concepción clásica: la filosofía es rectora de las ciencias. La vieja y siempre joven postura de la Grecia eterna corona nuevamente el esfuerzo de uno de los más calificados pensadores de nuestro siglo, caracterizando así una filosofía, que como el existencialismo, ha pretendido romper con los moldes del pensamiento en busca de horizontes auténticamente humanos. Pero indudablemente hay un cambio gigantesco: la filosofía que asume el saber no es una sabiduría inmutable y estática sino histórica y dialéctica. Su cometido es asumir la historia para que las ciencias -que sólo conocen una parcela de la realidad- no pierdan el sentido total del devenir que condiciona al hombre, en quién cobran sentido las totalizaciones históricas. Para Sartre el proyecto consiste en intentar una antropología capaz de la "totalización", porque cada ciencia logra una cierta representación del objeto y totaliza parcialmente un sector de

---

[11] - Ibid., Pág. 37 - 38.
[12] - Bernard Pingaud y otros: "Sartre, el último metafísico". Paidós. Bs. As., 1968, Pág. 147.

la práctica. Esta antropología difiere por método y objeto de las ciencias, ya que es dialéctica en tanto que éstas son analíticas y además su objetivo totaliza los objetos parciales de las ciencias humanas. "La antropología seguirá siendo un confuso montón de conocimientos empíricos, de inducciones positivas y de interpretaciones totalizadoras, hasta que no hayamos establecido la legitimidad de la razón dialéctica, es decir, hasta que no hayamos adquirido el derecho de estudiar a un hombre, o a un grupo de hombres o a un objeto humano en la totalidad sintética de sus significados y de sus referencias a la totalización en marcha, hasta que no hayamos establecido que todo conocimiento parcial o aislado de esos hombres o de sus productos tiene que ser superado en una totalidad, o se reducirá a un error por ser incompleto",[13] dice el filósofo francés en el prólogo a su "Crítica de la razón Dialéctica" y caracteriza así el papel de la Antropología que propugna desde su ideología (existencialismo) y para quién las actuales ciencias del hombre (Psicoanálisis, etnografía, sociología, etc.), sólo pueden significar como ciencias auxiliares. Por otra parte, Sartre confiesa que el hecho de que el Marxismo, única filosofía de nuestra época a su juicio, carezca de esta antropología, lo ha llevado a consumar su intento. "La carencia del marxismo nos ha determinado a intentar esta integración por nuestra cuenta, con los medios de nuestra opinión, es decir, según principios que dan su carácter propio a nuestra ideología y que vamos a exponer".[14]

La cuestión inmediata que se nos plantea para seguir el curso del pensamiento sartriano es ver hasta dónde identifica el filósofo esta antropología totalizadora del saber con la filosofía. Hasta ahora no hemos analizado el concepto de "filosofía" del autor. Sólo nos hemos acercado a él a través de algunas precisiones sin determinar en qué consiste en última instancia este saber que no puede ser reemplazado por las ciencias.

Al comienzo de "Cuestiones de Método", Sartre responde ampliamente a este interrogante analizando la esencia de la Filosofía según su concepción y la luz del devenir dialéctico de la historia. "Para nosotros,

---

[13] - Jean Paul Sartre: Prólogo a Crítica de la Razón Dialéctica. Losada. Bs. As., 1963, Pág. 11 - 12.
[14] - Jean Paul Sartre: "Cuestiones de Método". Bs. As. Losada, 1963, Pág. 79.

la Filosofía no es; la consideremos de una manera o de otra, esta sombra de la ciencia, esta eminencia gris de la humanidad, no es más que una abstracción hipostasiada. De hecho, hay filosofías. O más bien -porque nunca se encontrará más de una que esté viva- en ciertas circunstancias muy definidas, una filosofía se constituye para dar su expresión al movimiento general de la sociedad, y mientras vive, ella es la que sirve de medio cultural a los contemporáneos. Este objeto desconcertante se presenta a la vez con unos aspectos profundamente distintos, cuya unificación está haciendo constantemente".[15] He aquí la solución: la Filosofía ha dejado de ser la sabiduría perenne, la verdad inmutable que desde la cima inaccesible sostiene los principios del saber y del obrar humano para ser una interpretación totalizadora del saber de una época. No podemos pensar dentro del sistema sartriano con categorías ajenas al sistema mismo, y por ello si queremos entender su proyecto debemos aceptar con él -al menos como método- que en cada edad de la historia "vive" una filosofía y "vive" en tanto que es capaz de interpretarla gracias a que puede unificar los conocimientos sectoriales en función de la "clase ascendente", del momento. Esto es más que una simple deducción de premisas sartrianas, es una consecuencia que saca Sartre mismo al condicionar la Filosofía a la historia. "Pero para ser verdaderamente filosófico este espejo se tiene que presentar como la totalización del saber contemporáneo: el filósofo lleva a la unificación de todos los conocimientos regulándose gracias a ciertos esquemas directores que traducen las actitudes y las técnicas de la clase ascendente ante su época y ante el mundo"[16]. Este papel sólo puede ser desempeñado hoy por la antropología siempre que reúna las condiciones que le asigna el autor y ello por varios motivos que más adelante señalaremos. Además nuestra "época" asiste a la muerte de las anteriores filosofías que han caído en crisis precisamente por haber perdido la adecuación a la Historia o por haberse detenido mientas ésta seguía su curso. Nuestra circunstancia empuja entonces el nacimiento de una filosofía viviente que se perfila ya antropológica dados los antecedentes que la generan. Por otro lado, una filosofía que no tenga por objeto al hombre es un absurdo total en la concepción sartriana y ello por dos razones: en primer lugar porque a pesar de su profunda originalidad Sartre es existencialista y, por tanto, el "sentido" lo da la

[15] - Jean Paul Sartre: "Cuestiones de Método". Losada. Bs. As., 1963, Pág. 15.
[16] - Ibid., Pág. 16.

existencia humana, única capaz de develar el ser y no a la inversa, y en segundo lugar porque el hombre es el sujeto de la Historia y, en consecuencia, el eje condicionado y condicionante del proceso dialéctico que es la realidad.

"En tanto interrogación sobre la praxis, la filosofía es al mismo tiempo una interrogación sobre el hombre, es decir, sobre el sujeto totalizador de la historia".[17] Esto lo afirmó enfáticamente Jean Paul Sartre respondiendo sobre el futuro de la filosofía a Bernard Pingaud.

LUGAR DEL MARXISMO EN LA CONCEPCIÓN SARTRIANA

José Luis Aranguren, joven pensador español contemporáneo, ha juzgado que para Jean Paul Sartre el marxismo es el Faktum del cual hay que partir, el Saber por antonomasia. Según Aranguren, la "Crítica" es el intento de rehacer el marxismo, devolviéndole la vigencia que ha perdido en las últimas décadas.[18]

Alude sin duda a dos verdades que son pilares con el pensamiento del Sartre de hoy: 1) La Filosofía viviente del siglo XX es el materialismo dialéctico; y 2) Este materialismo dialéctico (Marxismo) se ha detenido, pero esta detención es momentánea y accidental. Hay en él fuerzas y potencialidades suficientes para retomar la vigencia porque en nuestra época todavía no han sido superadas las circunstancias que lo han motivado. Esta detención, este salirse de la marcha de la historia es lo que permite la presencia de ideologías como el existencialismo que llaman la atención sobre el olvido del hombre, de las particularidades, de lo complejo, de lo individual. Sören Kierkegaard nutrió su obra oponiendo "su existencia" individual, concreta, desesperada y por ello auténtica y humana al logicismo ideal de Hegel, y su filosofía encontró

---

[17] - Bernard Pingaud y otros: "Sartre, el último metafísico". Paidós. Bs.As., 1968, Pág. 147.

[18] - "La razón dialéctica", o sea el marxismo es para Sartre, como para Kant, la ciencia físico-matémátrica, el Factum de que hay que partir el saber con Mayúscula. La "crítica" ha de consistir en rehacerlo dialéctico y en existenciarlo". Citado en comentario editorial de "Crítica de la Razón Dialéctica". Editorial Losada, Bs. As., 1963.

razón de ser, "vida", en el olvido hegeliano del hombre singular. Hegel logizó a tal punto el devenir del espíritu que perdió en el interior de su sistema al espíritu concreto que es el hombre y ello posibilitó y justificó al existencialismo de Kierkegaard. Un siglo más tarde el existencialismo sartriano encuentra "vida" en el olvido del hombre perpetrado no sólo por la filosofía de la época -el Marxismo-, sino también por las ciencias del hombre, como son la sociología, el psicoanálisis, la psicología, etc.

"Hoy la experiencia social e histórica del saber queda fuera del Saber. Los conceptos burgueses apenas se renuevan y se desgastan rápidamente, los que se mantienen carecen de fundamento: las adquisiciones reales de la sicología americana no pueden disimular su incertidumbre teórica; tras un comienzo fulminante el psicoanálisis se ha estancado. Los conocimientos de detalle son numerosos pero les falta la base. En cuanto al marxismo, tiene fundamentos teóricos, abarca a toda la actividad humana, pero ya no sabe nada: sus conceptos son diktast, su fin no es ya adquirir conocimientos, sino constituirse a priori en saber absoluto. Frente a esta doble ignorancia, el existencialismo ha podido renacer y mantenerse porque seguía afirmando la realidad de los hombres, como Kierkegaard afirmaba contra Hegel su propia realidad".[19] Sobre el mismo tema insiste más adelante y dice refiriéndose al marxismo: "El resultado es que ha perdido totalmente el sentido de lo que es un hombre, para colmar sus lagunas no tiene más que la absurda Psicología pavloviana".[20]

Precisamente esto hace que el existencialismo como ideología cumpla una misión histórica, cual es la de corregir el desvío sufrido por el materialismo dialéctico que ha traicionado sus propias leyes. Ha dejado de ser dialéctico y ello ha hecho que pierda al hombre que es esencialmente un ser dialéctico e histórico. Lo más grave en esta pérdida -siempre a juicio de Sartre- es la incapacidad de comprender la concreta individualidad humana que aqueja hoy al marxismo. Esto es grave en una concepción existencialista que niega una esencia o naturaleza común que permitiría, según el mismo Sartre, una ciencia del hombre a nivel de generalizaciones conceptuales. "Pero no puedo contar con hombres que no conozco fundándome en la bondad

---

[19] - Jean Paul Sartre: "Cuestiones de Método". Losada. Bs. As., 1963, Pág. 34.
[20] - Ibid., Pág. 78.

humana o en el interés del hombre por el bien de la sociedad, dado que el hombre es libre y que no hay ninguna naturaleza humana en que pueda yo fundarme".[21]

Si no hay una "naturaleza humana" abstraíble, el único camino para conocer al hombre es conocer este hombre, que no es otra cosa que la figura que dibuja a través de su compromiso. Es en cierto modo "una serie de empresas" que es el conjunto de relaciones que conforman esas mismas empresas, y por lo tanto no hay otra manera de acceder a él que su concreta existencia individual y singular. Pero, ¿cuál es el Marxismo que pierde al hombre concreto? Un juicio apresurado de esta crítica sartriana podría llevarnos a un grave error. Sartre no pretende señalar como pérdida del individuo su consideración a nivel dialéctico en el devenir de la historia que hace el materialismo ni mucho menos. Creer esto es no entender la postura sartriana. La crítica al marxismo -si es que existe- es a una coyuntura histórica sufrida por éste y que momentáneamente lo ha sacado de sus bases materialistas y dialécticas.[22] Solo así puede entenderse la postura final de Sartre frente al materialismo dialéctico al adoptarlo abiertamente como su filosofía por ser la única que tiene sentido en nuestro tiempo, valer decir, en el momento histórico que vivimos. "Sin embargo hay que comprendernos: esta esclerosis no corresponde a un envejecimiento normal. Ha sido producida por una coyuntura mundial de un tipo particular; el marxismo, lejos de estar agotado, es aún muy joven, casi está en la infancia, apenas si ha empezado a desarrollarse. Sigue siendo, pues, la filosofía de nuestro tiempo; es insuperable porque aún no han sido superadas las circunstancias que lo engendraron".[23]

Aquí se clarifica el planteo del pensador francés. El pensamiento vigente de hoy es el Materialismo Dialéctico porque es vivo aquí y ahora. Pero queda un interrogante que los escritos sartrianos no responden: ¿Que ocurrirá con el materialismo cuando sean superadas las circunstancias que lo engendraron? Morirá para dejar paso a otra

---

[21] - Jean Paul Sartre: "El existencialismo es un humanismo". Editorial Nova. Bs. As., 1947.

[22] - Podría afirmarse que lo que Sartre llama "Marxismo detenido" no es Marxismo, ni materialismo dialéctico, sino una mala praxis de tal filosofía. En este caso en lugar de una actualización del Marxismo lo que busca el existencialismo sería una praxis auténticamente marxista, es decir materialista y dialéctica, aún no lograda.

[23] - Jean Paul Sartre: "Cuestiones de Método". Losada, Bs. As., 1963, Pág. 35 - 36.

filosofía que asuma la totalización del saber en ese momento o gracias a su dialéctica pueda reasumir las nuevas circunstancias, adaptándose a los cambios del devenir de lo concreto?

La tentación de buscar la respuesta es fuerte, pero como lo que se persigue es presentar hasta dónde ha logrado Sartre la síntesis materialismo-existencialismo, los límites impuestos al presente trabajo no permiten emprender la aventura, sólo señalar el camino que queda por recorrer desde la perspectiva del existencialismo.

LA CIENCIA EN EL MATERIALISMO DIALÉCTICO

La temática del marxismo se presenta como una visión científica del mundo que busca transformarse en una acción francamente racional. Esa perspectiva surge de la situación real, de que estamos acostumbrados a oír una cantidad de afirmaciones categóricas y dogmáticas, que no son fruto de un examen concreto y cauteloso de los hechos. Y esta situación se da por razones históricas que devienen y determinan esta inversión entre la aspiración científica y sus resultados. Frente al análisis y síntesis de esta temática aclaramos que la analizaremos desde un punto de vista dado por el planteo primario de Ciencia-Filosofía y no en cuanto su hacer como ideología. Pretendemos partir de las fuentes originarias de la doctrina, pues suponemos que es el único camino que nos ayudará con su original concepción.

No escapa a nuestra observación que la temática actual de la ciencia es muy amplia y variada y por esa razón marcaremos perfiles generales y nos acercaremos a algunas situaciones más en particular. Partimos de la realidad de que el marxismo se mueve principalmente en el mundo de las ciencias del hombre y pensamos que debemos adecuar nuestros esquemas a un enfoque nuevo de esta situación, ya que lo clásico no está adecuado para enfrentar la problemática planteada desde una visión materialista y dialéctica.

Carlos Marx parte de la posición que ciencia se identifica con teoría del conocimiento, deviene de esta razón que la pretensión del saber científico es penetrar la esencia de las cosas hasta en sus más profundos procesos. De este modo no tiene interés la investigación positivista que se contenta con las apariencias sin indagar la necesidad intrínseca del fenómeno. Pretende analizar la realidad como proyecto, preguntándose por la razón de ser del fenómeno. El conocimiento, luego, es una manifestación de la esencia a través de sus modos de constituirse fundamentalmente históricos. Ante todo se persigue seguir la formación de lo real, analizando que por el modo de producción, existe una realidad social en una estratificación de existencias, que en cuanto historia de lo concreto, aumenta el número de las determinantes.

Pero además no solamente se preocupa por la verificabilidad, sino que debe descubrir la necesidad de las determinantes. De ahí surge su crítica revolucionaria, al comprender de las mismas su temporalidad, su dialéctica, sus formas de existencia, su esbozo del futuro.

Las pretensiones del marxismo frente a la ciencia, tendrían entonces algunas premisas fundamentales:

•   Se trata de un conocimiento de la esencia constituida por la praxis. (En la segunda parte del trabajo, al enfocar esta problemática, y concretar la visión de la teoría de los analizadores, ampliaremos esta noción bajo el enfoque de la psicología dialéctica).

•   Esta situación anterior de conocimiento explicará el comportamiento y la necesidad del objeto.

•   El conocimiento de la necesidad y las condiciones concretas de su superación (posibilidad) nos darán ejercicio de la libertad.

•   Considera el materialismo dialéctico que la ciencia de hoy es alienada porque su conocimiento es parcelado y disperso sin llegar a ser realmente totalizador de lo real.

Psicología y Biología en el Materialismo

El problema de las ciencias biológicas y la posición del materialismo se vio fortalecida a fines del siglo pasado y a principios del actual. En esa época se encontró en los fenómenos biológicos la interpretación de los mismos por explicaciones químicas, físicas y mecánicas. En esos momentos estas razones fueron reconocidas por científicos de la talla de Haeckel, Giard, Delage, Houssay y otros.

La crítica posterior de estas explicaciones efectuadas por los biólogos con la experimentación y la filosofía idealista demostró en algunos casos los límites de las mismas. El materialismo cayó en descrédito y se refugió en un empirismo estrecho. En el análisis por parte efectuado por los materialistas dialécticos, determinan que se llegó a esa situación porque en esa época el materialismo era de corte mecanicista no habiendo sido realmente marxista.

MATERIA Y MOVIMIENTO

Al enfocar esta problemática tomemos lo que dice Lenín: "La única propiedad de la materia cuya admisión define el materialismo filosófico, es la de ser una realidad objetiva, la de existir más allá de nuestra conciencia".[24] Deducimos que con esta concepción la palabra "materia" no se une a ninguna concepción especial, atómica u otra. A la vez el conocimiento científico y práctico del mundo le da un contenido concreto que va variando a la vez junto con este conocimiento. En relación al tema dice Federico Engels: "La forma del materialismo debe modificarse inevitablemente con todo descubrimiento que en el dominio de las ciencias naturales, haga época"[25] y además "Un sistema de la naturaleza y de la historia que lo compendie todo, y de la conclusión de todo, de una vez para siempre, está en contradicción con las leyes esenciales del pensamiento dialéctico: lo que de modo alguno impide, por otra parte, sino que, al contrario, implica que el conocimiento sistemático del mundo externo haga de generación en generación gigantescos progresos".[26] Vale decir, la materia cambia incesantemente, está en continuo movimiento.

---

[24] - Lenin: "Materialismo y empiriocriticismo". Obras Completas. Editorial Cartago. Bs. As., 1965.
[25] - F. Engels: "Ludwing feurbach"
[26] - F. Engels: "Anti - Dühring". Editorial Librería Bergne. Madrid.

"El movimiento es el modo de existencia, la manera de ser de la materia. Jamás, y en ninguna parte, ha habido ni puede haber materia sin movimiento, como el movimiento sin la materia".[27]

El movimiento a que se refiere no hay que tomarlo con sentido mecanicista, hay que enfocarlo en sentido de proceso, en sentido de cambio.

Resumiendo: Tenemos la materia que es una realidad objetiva, que existe más allá de nuestra conciencia y está en continuo cambio.

LÓGICA DE LA CONTRADICCIÓN

Las combinaciones que llamamos objeto -señala Plejanov- se encuentran en estado de permanente transformación más o menos rápida. En tanto las combinaciones dadas permanezcan siendo estas mismas combinaciones, debemos interpretarlas según la fórmula "si es sí, no es no". Pero en la medida que se transformen y dejen de existir como tales, debemos recurrir a la lógica de la contradicción, es preciso que digamos: "si y no"; "existen y no existen". Así como la inercia es un caso particular del movimiento, también el pensamiento conforme a las leyes de la lógica formal (conforme a los principios fundamentales del pensamiento) es un caso particular del pensamiento dialéctico".[28]

En el Anti-Dühring, dice: "Todo ser organizado, asimismo, en el mismo instante es y no es el mismo, en cada instante elabora materias que ha incorporado del exterior y secreta otras, en cada instante algunas células de su cuerpo mueren y otras nacen; una y otra vez, luego de un intervalo mayor o menor, la sustancia de su cuerpo se renueva completamente, reemplazada por otros átomos de suerte que todo ser organizado es, ininterrumpidamente, el mismo, y sin embargo, otro.[29]

"La vida, pues, igualmente, es una contradicción "existente en las cosas y en los fenómenos mismos", una contradicción que se plantea y se

---

[27] - Ibid.
[28] - F. Engels: Dialéctica de la Naturaleza. Editorial Problemas. Bs. As., 1947.
[29] - F. Engels: Anti - Dühring. Editorial Librería Bergne - Madrid.

resuelve constantemente; y, en cuanto la contradicción cesa, cesa también la vida, y la muerte entra en escena"[30].

Entonces fuerzas antagónicas pulsan siempre bajo la apariencia de fenómenos simples. La muerte y la vida, lo nuevo y lo viejo, lo positivo y lo negativo. Luego, estas fuerzas opuestas o en contraste se hallan presentes en los fenómenos particulares. La interacción entre estas cualidades opuestas es parte del movimiento natural de las cosas y explica las peculiaridades de su desarrollo.

CAUSAS Y ACCIONES RECÍPROCAS

Dice Engels: "Causa y efecto son ideas que como tales, no tienen validez más que aplicadas a tal caso particular, pero ni bien consideramos el caso particular dentro de su conexión general con el conjunto del universo, la causa y el efecto se confunden, se diluyen dentro de la concepción de la acción y reacción universales, donde causa y efecto están en perpetua contradanza; lo que aquí y ahora es efecto deviene, en otra parte, y en otro momento, causa, y viceversa".[31]

El materialismo no pone en duda la causalidad, sino que dentro del carácter universal y múltiple de las relaciones en el mundo, ésta no las expresa más que en forma unilateral, parcial e incompleta. Vale decir que, el materialismo no niega el principio de causalidad sino que lo amplía y lo generaliza.

CANTIDAD Y CALIDAD: EL AZAR

Si en el pensar dialéctico no hay que ver una antítesis entre los conceptos de causa y efecto, tampoco hay que verla entre los conceptos de cantidad y calidad. Al analizar el azar a nivel materialista, no se plantea que éste esté libre del determinismo, sino que sus causas escapan a los recursos científicos actuales. Los cambios y

---

[30] - Ibid.
[31] - F. Engels: "Dialéctica de la Naturaleza". Editorial Problemas. Bs. As., 1947.

transformaciones de los fenómenos naturales no siempre devienen en línea recta, con empujes graduales o cambios en la misma dirección, sino que más tarde o más temprano aparecen bruscos desvíos e inversiones. Pasada cierta temperatura el agua es gas y a otra se congela. Más allá de un cierto punto la excitación se convierte en inhibición. De esta forma las alteraciones cuantitativas se convierten en cualitativas. "El azar -dice Engels- no es sino uno de los polos de un conjunto cuyo otro polo se llama necesidad. En la naturaleza, donde también parece dominar el azar, hace ya tiempo que hemos demostrado para cada dominio particular la necesidad inmanente y las leyes íntimas que se aplican a ese azar".[32]

La condición de la materia, sea la que fuere, da saltos, lo que despoja a estos saltos de todo azar, es que ello ya estaba preparado, cuyo carácter no previsto es debido a que nosotros no lo sabemos descubrir.

Al analizar la diferencia entre cambio brusco y cambio gradual no posibilita una antítesis absoluta: pues tal cambio, brusco en su totalidad, si lo consideramos en sus elementos es gradual; y tal otro, gradual en su conjunto, es una suma estadística de cambios bruscos. A la vez tomar en cuenta que esta diferencia entre pasaje brusco o gradual es fundamentalmente relativo al estado actual de los conocimientos y de las posibilidades de acción.

CARÁCTER HISTÓRICO DE LOS FENÓMENOS

Otro de los temas importantes a tomar en cuenta es que dentro de las diferencias fundamentales entre materialismo mecanicista y dialéctico, el segundo aporta el carácter histórico de los fenómenos. En biología tiene una importancia fundamental.

Las especies difieren, los individuos no son idénticos, cada célula tiene sus caracteres propios, ello surge de evoluciones históricas particulares, muchas de ellas generalmente ignoradas. Esta posición del materialismo dialéctico obliga a concretar y estudiar profundamente el caso en

---

[32] - Ibid.

particular no confiando de soluciones abstractas y generales, vale decir, estudiar su situación actual, su historicidad y evolución.

LA CONCIENCIA

Aceptando que la materia organizada tiene su raigambre en la materia viva y ésta a su vez en la materia bruta y que a través de esta evolución surge el hombre, aparece una nueva problemática: la presencia del pensamiento y de la conciencia.

Esta realidad del pensamiento y la conciencia no la discernimos en la materia bruta. En un primer momento los materialistas de viejo cuño (mecanicistas) oscilaban en tendencias antagónicas; unos, como Darwin, Bücher, C. Vogt tomaron una posición de antropomorfismo generalizador y le dieron a los animales, aun a los más inferiores, dotes de pensamiento, voluntad, sensaciones y hasta sentimientos humanos. En cambio otros optaron por una solución eminentemente mecanicista, resucitando, aunque con un nuevo contenido científico, la teoría cartesiana de los animales máquinas. Esta última posición engendró un trabajo experimental muy fructuoso y útil, pero en el campo de la fisiología, perdiéndose su contenido entre la antinomia libertad-necesidad. A esta antinomia la resuelven afirmando que la libertad es la comprensión de la necesidad, y las mismas son comprendidas en relación al avance del descubrimiento de las leyes naturales, de su comprobación y de su dominio técnico. Vale decir que el dominio de la naturaleza y su transformación va engendrando un cierto grado de libertad al hombre. Aunque esta libertad es aún muy joven, de hecho nos distingue francamente del animal. Pero aun esto no implica que haya una diferencia radical e irreductible entre ambos.

Luego también existió un sociologismo vulgar en relación a esta problemática que al decir de los materialistas actuales "nada tiene de común con el marxismo". Este tema tratado ha engendrado grandes polémicas en el seno del materialismo, arribando sus cultores actuales a adoptar una franca actitud dialéctica. Sin la rigidez de los conceptos mecanicistas, ni dejándose tampoco llevar por el sociologismo. Para aclarar lo anterior y llegar a una visión aproximada pero clara del tema agregaremos algunos conceptos importantes: tropismo, instinto, reflejo condicionado, analizadores externos, etc.

Tropismo: Tomando en un ser vivo un estímulo externo, sea éste por ejemplo la luz, el calor, etc., provoca como reacción un movimiento, y lo refuerce o lo debilite estamos frente al fenómeno de Kinesis. Pero si este mismo estímulo sirve de orientación para este ser vivo y el mismo se desplaza en la dirección del estímulo estamos frente a lo que se llama tropismo. Frente a la especificidad de los estímulos, tenemos: geotropismo, hidrotropismo, quimiotropismo, etc.

Este tropismo es un fenómeno de vida mecánica, una serie de reflejos sin posibilidad de elección. Un ejemplo dramático pero típico es el del insecto que atraído por la luz se precipita a las llamas.

Instinto: Frente a ese concepto clásicamente se dice: que un acto instintivo es un acto adaptado, ejecutado sin previo aprendizaje realizado uniformemente por todos los individuos de la misma especie, con desconocimiento de los medios y su relación al fin. Por lo general se le opone a un acto inteligente que necesita aprendizaje, es individual, tiene finalidad y no es uniforme en la especie.

El materialismo ha puesto en duda esta concepción tomando base en la observación de los hechos concretos, por ejemplo, el pichón de avestruz criado en incubadora carece del instinto de picar, pues si no se les enseña golpeando con algo puntiagudo en el suelo no lo realiza. Otro ejemplo: si las aves que construyen un nido no han vivido, visto o construido uno de ellos -al menos alguno de los componentes de la pareja-, la resultante de esta situación es que lo realizan en forma muy diferente, informe, a veces inutilizable. Desde la teoría materialista este concepto se irá aclarando cuando nuestra visión avance y se encuentren en el conjunto de este trabajo las relaciones entre tropismos, instintos, reflejos e inteligencia.

La aproximación a las consecuencias hasta ahora es: los instintos no son ajenos al aprendizaje.

Otro ejemplo interesante lo dan las mariposas machos, que son atraídas por las hembras maduras desde lejos, pero si se le extraen las glándulas odoríparas a las mismas, la mariposa macho se dirige a las glándulas. Quiere decir que esto es un quimiotropismo.

Reflejos: El concepto de reflejo fue elaborado por Descartes en 1650. Y se considera la respuesta secretoria o motriz a un estímulo sensitivo. Este concepto anidó en el zurrón del olvido hasta que I. P. Pavlov lo tomó tres siglos después, aplicándolo con visión al segmento más elevado y menos conocido del sistema nervioso central: La corteza cerebral.

No solamente Pavlov se sintió atraído por la investigación de la fisiología cerebral sino también Claudio Bernard, quien en el discurso de recepción de la Academia Francesa el 27 de mayo de 1869, decía: "Pensamos que el progreso de la ciencia moderna permite hoy abordar la fisiología del cerebro...

Hay que renunciar a las opiniones de que el cerebro constituye una excepción en el organismo, que es el sustrato de la inteligencia y no su órgano. Esta idea no es solamente una concepción anticuada sino también una concepción anticientífica, nociva al progreso de la fisiología y de la psicología. ¿Cómo comprender, en efecto, que un aparato cualquiera del dominio de la naturaleza, bruta o viva, pueda ser el asiento de un fenómeno sin ser su instrumento?... Nosotros descubrimos por todas partes una relación necesaria entre los órganos y sus funciones. He aquí un principio general al cual ningún órgano puede sustraerse".

"La fisiología debe, pues, tomar como ejemplo ciencias más avanzadas, deshacerse de las trabas filosóficas que entorpecen su marcha. Su misión es buscar la verdad con calma y confianza; su objetivo establecerla de una manera imperecedera, sin tener jamás temor por la forma bajo la cual pueda aparecer".

EL PROBLEMA DE LA SEXUALIDAD HUMANA

(CURSO SOBRE LA TEMÁTICA). UNIVERSIDAD CATÓLICA DE CUYO 1970, SAN JUAN

"Nada es difícil para los que aman"

San Jerónimo

"Si no se halla la civilización en el corazón del hombre,
no se halla en ninguna parte"

G. Duhamel

El problema como tal es complejo y encierra múltiples aspectos. Al encarar su tratamiento hay que evitar cuidadosamente el error de perder su real perspectiva de problema del hombre y considerarlo autónomo en lugar de buscar las causas del mismo en el fenómeno humano total que lo comprende. Hoy el sexo pretende -y recibe de nuestra sociedad estructurada en función de un mercado de consumo y no del hombre- una consideración de realidad independiente, que lejos de poseerla es contraria a su misma esencia, y en ello podemos ubicar la causa más profunda de los erróneos enfoques que confunden cada vez más el criterio al respecto.

Por su naturaleza de problema humano el hablar de sexo exige, como supuesto necesario, no dejar de lado nada de lo que constituye el acontecer del hombre en su realidad irrepetible; en su existencia histórica y el ejercicio de su libertad. En esta perspectiva hablaremos de "sexualidad humana" como algo que se da en el contexto del drama humano total y por ello uniremos "sexualidad" y "hombre", mostrando cómo es totalmente imposible el planteo contrario. Nuestro punto de partida será, pues, QUÉ ES EL HOMBRE, y por tanto, desde la totalidad de la visión filosófico-socioantropológica trataremos de comprender la sexualidad humana.

El sexo es algo inherente, no sustante. La academia de nuestro idioma adopta la acepción biológica de "condición orgánica que distingue el macho de la hembra en plantas y animales". Si rastreamos su origen como vocablo encontraremos que proviene del latín SEXUS y que significa lo mismo que en nuestra lengua. Vemos así que el sexo es algo que existe en plantas y animales; el hombre aparece como sexuado dentro del reino animal. Esto muestra que el sexo es algo que acontece a otras realidades que son sustantes -plantas, animales, hombres- y que en sí mismo es inherente. La consecuencia de esto es que la sexualidad será diferente según las exigencias de aquellos seres en los cuales se concreta. Ahora nos interesa la sexualidad humana, no cualquier sexualidad (que por otro lado no existe) y por ello nuestra idea de sexo y de hombre irán juntas.

¿QUE ES EL HOMBRE? Precisar una respuesta es difícil, quizás porque no puede darse una respuesta totalmente terminativa de algo tan complejo y dinámico como lo es el ser humano. Vamos a intentar una aproximación descriptiva, de tipo fenomenológico-existencial a esta realidad que llamamos hombre.

El hombre es el único ser en que se devela el ser. Vale decir, es el único ser consciente de que existe. Decir lo mismo en términos teilhardianos equivale a definirlo como materia organizada en un grado de centreidad tal que permite la aparición de la conciencia desde la preconciencia siguiendo la ley de la complejificaciónn creciente, ley que explica (siempre en el interior del teilhardismo) la aparición de lo cualitativo en la evolución de lo cuantitativo.

Hasta aquí pónense de relieve dos cosas: 1) Es un ser consciente; 2) Es un ser libre. Es libre porque el conocimiento de su propio ser implica el conocimiento de sus necesidades y de sus posibilidades, cosa que le permite decidir sobre su actuar, que no es otra cosa que un permanente decidir. Pero esta aproximación es muy vaga. Hay que precisar más. Este hombre, consciente y libre se nos presenta como ser social, que necesita de este todo operativo que es la sociedad para ser hombre, porque un hombre fuera de la sociedad es una utopía tan grande o mayor aun que una sexualidad independiente de los seres que la sustentan. Si lo social es algo constitutivo del acontecer humano -y de hecho lo es-, nos encontramos con que toda relación humana es una relación social. Esto trae aparejada una serie de consecuencias: 1) El hombre es plenamente hombre en relación con otros. No podemos separa jamas el YO del TÚ, relación dialógica en la que se plasma lo humano. 2) Toda relación humana en la esfera del YO-TÚ debe respetar al otro en cuanto hombre y por tanto no puede comprometer: a) su conciencia, b) su libertad, c) su ser social. En una palabra: La relación es humana mientras afiance al otro en cuanto Hombre, mientras lo "hominice" en términos de Teilhard de Chardin o lo "humanice" en términos clásicos. En caso contrario es una relación desnaturalizada por no cumplir con las exigencias de "lo humano" o lo "hominizado". Si un planteo egoísta considera al "otro" no en cuanto hombre, sino en tanto "cosa", abrase roto el equilibrio social humano y se habrá comenzado con una alienación relacional que implicará otra y así sucesivamente. Esto trae aparejado la ruptura o desequilibrio de la dialéctica del cuerpo social, enfermando el todo, rompe la armonía estructural y acaba en lo que hoy conocemos con el nombre de sociedad en crisis o sociedad enferma que no es otra cosa que el resultado de no haber respetado siempre y en toda su dimensión el ser del hombre.

Este ser consciente, libre y social es un ser sexuado. ¿Cómo será su sexualidad?. ¿Qué exigencias demandara su ejercicio?. La respuesta es simple: la sexualidad humana en su ser y en su ejercicio estará determinada por las exigencias de la conciencia, la libertad y el carácter social de quienes la ejercen.

La sexualidad no es un obstáculo para el logro de la plenitud humana del varón o la mujer, sino que tiene que integrarse en esa plenitud como algo cuya ausencia rompe la totalidad de lo humano. No hay plenitud humana asexuada. Aceptar esto es un error tan grave o mayor que el de posponer el hombre al sexo. El sexo es inherente al hombre y concebir éste sin aquél es una utopía.

Tampoco es aceptable hablar de "lo masculino" y de "lo femenino" como de esferas independientes pues no existen fuera de la dinámica de especie. En efecto, ¿qué sentido tiene lo femenino si no es en relación a lo masculino?; ¿qué sentido tiene lo masculino si no es en relación a lo femenino?. No se trata de negar o discutir características propias de la mujer o del varón, pero sí de hacer notar muy especialmente que no puede afirmarse una psicología masculina o una femenina como cosas independientes y poseedoras de sentido por sí mismas. Esto es construir una ciencia sobre una abstracción (lo femenino, lo masculino) con la pretensión de aplicarlo luego a seres reales que no pueden encuadrarse en categorías ideales. Plenitud humana implica plenitud femenina y plenitud masculina interrelacionadas en una única totalidad. Plenitud humana es más que plenitud sexual. No hay plenitud sexual sin plenitud humana porque lo sexual es un aspecto del hombre, una parte, y la perfección de la parte implica necesariamente la perfección del todo. Es ilusorio, entonces, dar reglas, buscar normas, buscar soluciones y pensar soluciones para el problema sexual sin ir al problema total del hombre porque ello equivale a atacar efectos mientras se toleran sus causas.

De la misma manera que no puede pretenderse normalidad sexual sin normalidad humana, no puede pretenderse equilibrio humano sin equilibrio social. Los elementos que componen una estructura dinámica no pueden tomarse en forma aislada si se quiere tener una visión real. Si se los aisla se desquicia la auténtica perspectiva del problema y se está frente a un grave riesgo de equivocar las conclusiones. Nos encontramos así obligados a encarar el problema de la sexualidad humana inmerso en el problema del hombre y éste a su vez inmerso en el contexto social. Quiere decir esto que más de un problema sexual será en sus causas un problema existencial, que si queremos solucionarlo tendremos que dejar la pura teorética sexual y señalar la determinante existencial a suprimir si queremos superar su efecto en la esfera del hombre, que en este caso se manifiesta en lo sexual.

Si algo puede notarse en la sociedad que nos toca vivir es el hombre sexual continuamente presentado y abordado y una ignorancia o indiferencia total frente a problemas tales como: "hambre de amor al prójimo" o "hambre de Dios". ¿Por qué?. Culpar de esta realidad a los medios de difusión en general que no vacilan en utilizar el sexo como instrumento publicitario y a la "técnica deshumanizada" es índice de que queremos eludir la causa real de este estado de cosas. Los medios de difusión y la técnica presentan tales características porque están siendo utilizadas para producir lo que de hecho producen, sin tener en cuenta para nada que tales efectos son sufridos por el hombre que en este caso es utilizado por la técnica en lugar de que ésta esté a su servicio. El hombre de nuestros días vive una situación inhumana o infrahumana, según el tipo de alienación que le toque encarnar y por lo tanto no alcanza de hecho a la plenitud humana. La libertad de elección ha cedido o transferido en parte -o totalmente - a ese gran monstruo que es la propaganda técnicamente organizada y finca sus anhelos no en lo que realmente quiere, sino en aquello que se presenta como deseable. El prójimo como relación de amor, Dios como meta de paz y goce superior exigen una libertad ejercida que muchas veces se lucha frente a una circunstancia que aunque no se acepta, se nos impone por carecer de posibilidades de superarla haciendo nulo el ejercicio de la libertad que entonces deja de ser real para ser meramente nominal. El hombre de nuestros días inteligentemente condicionado a través de una técnica que tiene como fin intereses propios, ha renunciado a todo esto en aras de una desproblematización -que no es verdadera paz- obtenida a través de una despersonalización que masifica y que obedece a una concepción masificante del hombre (se dice, se hace, se usa, el mundo de lo inauténtico).

La técnica de nuestros días produce cada vez mayor cantidad de bienes de consumo, que necesariamente debe consumirse para que tal técnica no sucumba, y por lo tanto se ve en los hombres al mercado consumidor destinado a recibir lo que se le impone -aunque presentado como demanda del mismo mercado- y no lo que quiere o necesita. Ésta es la prueba de mayor evidencia que muestra la deshumanización de nuestra época, porque mantener tales áreas humanas de alta capacidad de consumo impone una economía que deja a otras áreas humanas en la indigencia económica, a tal punto que carecen de posibilidades de vivir humanamente. Quienes pertenecen a esta ultima presentarán problemas de subalimentación, analfabetismo, etc. Y en el aspecto sexual alto índice de enfermedades venéreas, prostitución y desorganización familiar. Los componentes de las áreas con gran posibilidad económica presentaran el mismo problema bajo una faz diferente: infidelidad matrimonial (tolerada muchas veces por intereses ajenos a la pareja en sí), desequilibrios psíquicos y nerviosos relacionados a una serie de situaciones impuestas en la vida sexual por conformismo que carecen ya de razón de ser y que en última instancia se manifiestan perturbando el equilibrio personal de los afectados. Intentar una solución de tipo sanitario, con información masiva sobre profilaxis y curaciones frente al primer aspecto del problema y creer que el segundo radica en causas individuales que afectan a los componentes de la pareja es semejante al intento de curar una carie a quien muere de cáncer.

Si bien es útil y necesaria la educación e información sobre el particular y la instalación de centros sanitarios especializados (donde lo exijan las circunstancias), ello sólo servirá para paliar efectos; pero si lo que se busca es suprimir el problema en su raíz, hay que suprimir las causas. En las áreas de infradesarrollo tales causas habrán desaparecido cuando sus pobladores cuenten con reales posibilidades de llevar una vida humana en todos sus aspectos (posibilidades de estabilidad y seguridad económica, vivienda propia, educación completa para sus hijos) y todo esto excede los alcances de la mera información educativa o de la solución médica sanitaria para situarse en el área de la estructura económica. Si en ella no se buscan las soluciones definitivas, todo el resto del esfuerzo, aunque necesario e indispensable, se verá reducido al fracaso a largo alcance.

El gran mecanismo organizado que es la propaganda de hoy logra, mediante la inteligente utilización del juego dinámico entre EROS y THANATOS (su base y fundamento), capitalizar cualquier campo de la apetencia humana, especialmente la sexual, para mantener un status quo alienante por la deshumanización que provoca.

Nuestras pantallas de televisión nos ofrecen "MUJERES QUE MATAN" (medias), "PERFUMES ASESINOS" (perfumes masculinos), "RELOJES PARA VANIDOSOS"; nuestras revistas nos muestran artículos y estadísticas sobre el sexo y el matrimonio, el divorcio, la infidelidad, etc. Con una frecuencia que intriga. Ya se han hecho cotidianos títulos tales como: "MI HIJA SOLTERA ESTÁ ENCINTA", "LA VIDA SECRETA DE UNA DIVORCIADA", "FUE MI AMANTE Y EL DE MI HIJA", "CÓMO DEBEMOS EXPLICAR LO SEXUAL A LOS NIÑOS" y las carteleras cinematográficas tampoco quedan disminuidas en esta puja por impactar.

Verdaderamente es digno de atención el hecho de que en estos momentos haya una preocupación colectiva por "lo sexual", que de la noche a la mañana se ha convertido de TABU a TEMA OBLIGADO. ¿Por qué esta avalancha de sexo en prensa, cine, radio y televisión? ¿Qué se persigue con ello? Impactar sin duda alguna, pero... ¿con qué fin? Quizás para convencer falazmente que se buscan soluciones y lograr así el adormecimiento necesario para frenar todo cambio hacia una situación más humana.

Muchas veces con la buena voluntad puesta en la búsqueda de soluciones los profesionales nos convertimos en elementos de promoción y afianzamiento de las causas productoras de la alienación, porque, al perder la verdadera perspectiva de humanistas buscamos adaptar a un medio (que es nefasto por deshumanizado) para superar el conflicto en lugar de intentar una humanización real a pesar del compromiso que ello implique.

El problema es el Hombre, no el sexo; y el Hombre para existir humanamente necesita de un medio humano. Buscar soluciones de tipo sexual para problemas humanos es confundir la parte con el todo, hacer cientismo en lugar de ciencia y permitir que una propaganda pansexualizada (a la vez parte de una estructura más compleja y profunda) condicione al hombre para mantener una infraestructura cosificante.

Orígenes y significado del movimiento existencial en psicología

Curso realizado en la Universidad Católica de Cuyo (Escuela de Psicología de la Facultad de Filosofía y Humanidades), 1970, San Juan.

Se desarrolló entre psiquiatras y psicólogos una creciente conciencia de que existen serios baches en el conocimiento de los seres humanos. ¿Podemos estar seguros de que vemos al paciente tal como verdaderamente es, de que lo conocemos en su propia realidad, o estamos simplemente proyectando sobre él nuestras propias teorías? ¿Cómo podemos tener seguridad de que nuestro sistema, por muy bonito que sea en teoría, tenga que ver con la personalidad viviente de quién está sentado ante nosotros? ¿Cómo podemos saber que estamos viendo al paciente en su mundo real, en ese mundo que vive, se muere y existe y que es para el terapeuta un mundo aparte concreto y diferente de sus teorías generales de cultura?

Así, el análisis existencial se funda en la idea de que al hombre no se lo puede comprender aplicándole ningún cliché teórico mecanicista, biológico o psicológico. La psicoterapia basada en el análisis existencial estudia el historial vital del paciente a quien trata de comprender. No explica ese historial ni sus idiosincrasias patológicas conforme a la enseñanza de ninguna escuela psicoterapéutica. En vez de eso trata de comprender ese curriculum vitae como modificación de la total estructura de la posición particular del paciente en el mundo. El rasgo común con otras escuelas, es la aparición de la terapéutica existencialista. Se propone fundamentalmente analizar la estructura de la existencia humana. Esto ayudará a comprender la realidad latente en todas las situaciones de los seres humanos en crisis. La palabra existencialismo es el esfuerzo por comprender al hombre eliminando la escisión entre sujeto-objeto, que torturó al pensamiento y la ciencia occidental desde poco después del renacimiento.

Los existencialistas se proponen primordialmente volver a descubrir a la persona amiga, entre el encasillamiento y deshumanización de la civilización moderna y para lograrlo se embarcan en el análisis psicológico de profundidad. Pero no centran su interés en las mismas reacciones aisladas, sino en el ser psicológico del hombre concreto que está viviendo su experiencia. Se emplean términos psicológicos atribuyéndoseles un sentido ontológico.

El existencialismo es una filosofía que acepta al hombre en estado perenne de devenir. Lo que equivale virtualmente a estar en crisis permanente. Pero crisis no significa desesperación.

Al hablar de existencialismo no podemos dejar de lado los aportes hechos por Kierkegaard para quien el ideal de una ciencia completamente independiente es una ilusión.

Fue un precursor del relativismo y de otros sistemas según los cuales el ser humano embarcado en el estudio de los fenómenos naturales, se encuentra en una relación particular y significativa con los objetos que constituyen su estudio y debe incluirse él mismo como parte de esa ecuación. El hombre-sujeto nunca puede desvincularse del objeto que estudia. Esto nos abre amplias perspectivas de realidades interiores subjetivas y tales realidades pueden estar en contradicción con ciertos hechos objetivos.

Descubre todo un continente de nuevos conocimientos sobre la dinámica interior al adoptar el principio de que lo significativo para el paciente o para la persona que estamos estudiando es su relación con un hecho, una persona o una situación.

Nietzsche quería impulsar la reflexión para descubrir la realidad latente, tanto la razón como la "sin razón". Intentaba sacar a la luz de la existencia los materiales inconscientes de la grandeza y de las fuerzas humanas, lo mismo que su morbosidad e instintos autodestructivos. La voluntad de poder es una categoría ontológica, es decir, un aspecto inseparable del ser. No significa agresividad, ni afán competitivo, ni otro mecanismo por el estilo; designa al individuo afirmando sus derechos, su existencia y sus potencialidades, denota el valor de "ser una persona". Poder en el sentido clásico de potencia.

"El hombre no anhela el placer sino el poder". La felicidad consiste en el más vivo sentimiento de poder. Poder en expansión, desarrollo, realización de potencialidades a través de la acción. Constituye la dinámica y necesidad esencial de la vida. El ser humano puede perder su propio ser por su propia elección. La afirmación del ser crea los valores de la vida. Encontramos en Nietzsche intuiciones psicológicas profundas y agudas, consideradas en sí mismas. En la Genealogía de la Moral (1887), encontramos esta afirmación: "Todo instinto al que no se le deja juego libre, se vuelve hacia adentro". El eterno tema de Nietzsche era desenmascarar la autodecepción. Desarrolla la tesis de que el altruismo y la moralidad son el resultado de la hostilidad y el rencor reprimido que cuando la potencia del individuo se repliega dentro de sí, se produce la mala conciencia. No es más que el instinto de libertad que al verse obligado a replegarse bajo tierra se siente impulsado a desahogarse sobre sí mismo. La psicoterapia existencial es el movimiento que por una parte recurre al análisis científico, y por otra integra el cuadro de comprensión del hombre a un nivel más profundo y más amplio: al hombre como ser humano. Se basa en el presupuesto de que es posible construir una conciencia humana que no necesite desarticular al hombre, al pulverizar su humanidad para estudiarlo. Combina la conciencia con la ontología.

Según Víktor Frankl, vemos cómo a través de la logoterapia, se tiende a tornar consciente lo espiritual, es decir que el hombre cobra conciencia de su responsabilidad y conduce a una potenciación de la existencia humana: ser-hombre es ser-consciente y ser-responsable.

CONTRIBUCIONES DE LA PSICOTERAPIA EXISTENCIAL

La terapéutica existencialista consiste en comprender al hombre como ser. No niega la validez de los dinamismos, si se opone al estudio de los esquemas específicos de comportamiento a su debido tiempo y lugar.

Pero esto sólo puede entenderse dentro de la estructura existencial de la persona que tratamos. El primer objeto de estudio es la existencia de un "encuentro" instantáneo con otra persona, que acude a nosotros como un ser vivo y que se mueve en un plano muy diferente del que nosotros conocemos acerca de él.

Cuando pretendemos conocer a una persona, debemos subordinar nuestro conocimiento sobre ella al hecho básico de su existencia real. El encuentro con el ser de otra persona tiene el poder de conmovernos profundamente y, potencialmente, puede desencadenar un proceso de ansiedad, así como también crear un estado de gozo. En cualquiera de los dos casos posee el secreto de agitarnos profundamente.

Se comprende que el terapeuta se sienta tentado por su propia comodidad a evitar el encuentro, pensando en el otro como un paciente más o fijándose únicamente en ciertos mecanismos de conducta. Pero si empleamos predominantemente ese enfoque técnico es evidente que pagamos alto precio por inmunizarnos contra la ansiedad: y es que nos aislamos del otro y además falseamos radicalmente la realidad, pues no vemos efectivamente a la otra persona. No disminuye la importancia de la técnica el indicar que debe subordinarse a la realidad de las dos personas que se sientan frente a frente en la sala.

Sartre escribe: "...si analizamos al hombre hasta reducirlo a sus datos originales, a cierta fuerzas adheridas al sujeto como propiedades de un objeto, indudablemente podemos acabar formando un catafalco imponente de sustancias a las que podemos bautizar luego con el nombre de mecanismos, dinamismos, esquemas, etc. Pero enfrentamos un dilema o decimos que nuestro ser humano se ha convertido en una especie de arcilla amorfa que tiene que recibir pasivamente esos impulsos, o lo reducimos a un simple manojo de tendencias irreductibles. En ambos casos desaparece el hombre y ya no es posible encontrar el individuo que pasó por esta o aquella experiencia". Si admitimos que la persona es una totalidad "no podemos esperar reconstruirlo añadiendo las distintas tendencias que hemos descubierto en ella".

SER Y NO SER

El ser pertenece al mismo tipo de realidades que el amor y la conciencia, que son términos que no podemos segmentar ni abstraer sin perder de vista precisamente lo que intentamos captar. Es difícil dar una definición de SER, pues ser es lo que se resiste a un análisis exhaustivo de la experiencia, destinado a reducirlo paso a paso a elementos cada vez más desprovistos de valor intrínseco o significativo, es aquello que queda después de haber hecho un análisis sobre todo lo habido y por haber. Hemos averiguado todo menos el ser. El complejo infinito de factores determinantes integrados en una persona a la que aceptan y que posee un caudal por mínimo que sea de libertad como para darse cuenta de que esas fuerzas actúan sobre él, es el ser.

Ser es una fórmula verbal que implica que alguien está en vías de devenir algo. Ser como nombre común, es la fuente de la potencialidad. El ser es la fuerza potencial por lo que la bellota se convierte en encina y cada uno deviene en lo que realmente es. Solo podremos comprender a otro ser humano viendo hacia dónde se mueve y lo que está deviniendo y sólo podemos conocernos transformando nuestra potencia en acción. Así se ve que el tiempo para los seres humanos es el futuro, lo cual quiere decir, que la cuestión fundamental es: ¿Adónde estoy apuntando? ¿Qué estoy haciendo?, etc. Así, el ser en el sentido humano no es algo que se produce de una vez y para siempre. No se desarrolla automáticamente, pues la autoconciencia es un elemento intrínseco e inseparable del hombre. Éste es un ser concreto que tiene que darse cuenta de sí mismo y hacerse responsable de sus actos si quiere llegar a ser él mismo, y es también ese ser concreto que sabe que en cierto momento futuro ya no será. El hombre es un ser que esta presente "ahí"; es decir, que es capaz de adoptar una actitud frente a su existencia en un momento dado. Es el ser que puede ser consciente y por lo tanto responsable de su existencia. La frase YO SOY indica la relación del individuo con su mundo y con su yo. Es la experiencia de la propia existencia un prerrequisito para la solución de los problemas concretos. Es un hecho primario, distinto del descubrimiento de las habilidades especificas (pintar, trabajar).

Una condición necesaria para la experiencia del yo soy es el hecho de poder confiar en otra persona. Pero esa conciencia del propio SER se produce fundamentalmente en la experiencia del propio yo, que es una experiencia del DASEIN (del ser-ahí), realizado en el reino de la autoconciencia. Si realmente es auténtico mi sentido de existencia, no puede ser lo que otros me han dicho que debo ser, sino el mismo punto de apoyo de Arquímedes desde el cual yo soy quien debe juzgar la exigencia de los demás. El sentido de ser le da a uno la base para el sentido de la propia estimación y no es sólo el reflejo de la opinión de los demás. Comprende la experiencia total de la persona, tanto inconsciente como consciente. Está enraizado en la experiencia de la existencia propia. Es mi capacidad para observarme como ser dentro del cosmos. El sentido de ser presupone la aparición de la autoconciencia en el niño entre los 2 primeros meses y 2 primeros años de la infancia. Puede ser fuerte sólo para debilitarse después a medida que el niño aprende a dejarse llevar por las corrientes conformistas, a experimentar su existencia como un reflejo de la apreciación que le tienen los demás. Pierde así su originalidad. Al tocar el tema del ser no podemos eludir el problema del NO SER. Nunca puede suponerse la existencia como automática, no sólo puede suprimirse y desaparecer, sino que a cada momento la amenaza el no ser. Sin la conciencia de los peligros que amenazan nuestro ser en forma de muerte, de ansiedad, de las desvirtualizaciones de nuestras potencialidades en el conformismo, nuestra existencia resultará insípida, irreal y llevará la marcas de la autoconciencia práctica.

La muerte infunde a la vida su realidad, haciendo de la existencia algo real y concreto. La muerte es el único hecho de mi vida que no tiene valor relativo, sino absoluto. Los estados neuróticos de ansiedad, hostilidad y agresividad, se desarrollan precisamente porque el individuo no ha sido capaz de manejar debidamente sus manifestaciones y reacciones normales.

LA ANSIEDAD Y CULPABILIDAD EN UN SENTIDO ONTOLÓGICO

La ansiedad es la experiencia inminente de la amenaza de no ser. Es un estado del devenir del individuo al darse cuenta de que su existencia amenaza ruina, de que puede hundirse y convertirse en nada. La ansiedad es ontológica, es una amenaza contra el ser, contra el ser-en-el-mundo. La ansiedad implica un conflicto interior. Se produce en el punto psicológico en que el individuo se enfrenta con la aparición de alguna potencialidad o posibilidad de llenar su existencia. Pero esa misma posibilidad implica la destrucción de la seguridad presente, lo cual provoca automáticamente la tendencia a negar la nueva potencialidad.

Por eso la ansiedad está relacionada con la libertad. Si el individuo no gozara de cierta libertad, aunque fuera solo un hilito, para llenar alguna nueva potencialidad, no experimentaría ansiedad. Kierkeggard describió la ansiedad como "el vértigo de la libertad".

Por lo tanto, la ansiedad es la condición del hombre al enfrentarse con la perspectiva de realizar sus potencialidades. Ahora damos un paso más y afirmamos que la culpabilidad es la condición de la persona que reniega de esas potencialidades y renuncia a realizarlas.

Si tú te cierras tus posibilidades, te haces culpable contra ese don que se te ha dado en tu origen. Sobre esta base existencial se fundan todos los sentimientos de culpabilidad en cualquiera de sus infinitas formas.

Tiene ciertas características: afecta a todo el mundo, todos deformamos en mayor o menor grado la realidad de nuestros semejantes y ninguno desarrolla plenamente sus potencialidades. No proviene de prohibiciones ambientales, ni de la introyección de normas, tiene sus raíces en la propia conciencia. Si se la reprime puede degenerar en culpabilidad neurótica. Si la persona en cuestión acierta a comprenderla y aceptarla deja de ser neurótica. La culpabilidad ontológica no provoca la formación de síntomas en concreto, provoca efectos constructivos en la personalidad.

En concreto puede y debe engendrar humildad, afirmar la sensibilidad en el trato con sus semejantes y aumentar los impulsos creadores en la explotación de las propias potencialidades.

SER-EN-EL-MUNDO

Convivir significa vivir juntos en el mundo, y es conocer dentro de un horizonte cósmico. Los analistas existenciales insistieron constantemente en que las dos fuentes principales de ansiedad son la pérdida del sentido del ser y la pérdida de nuestro mundo. En los escritos de Reichman y Sullivan se describe el estado de la persona que ha perdido su mundo. Muestran cómo la literatura psiquiátrica se ocupa cada vez más de los problemas de soledad, aislamiento y alienación. El problema de la pérdida de la sensación de su mundo no es sólo falta de relaciones interpersonales, sino que sus raíces llegan por debajo de la capa social hasta la alienación del mundo natural. Es una experiencia particular de aislamiento que se ha llamado soledad epistemológica.

Los analistas existenciales afirman que la persona y su mundo forman un todo unitario y estructural. Los dos polos que son el mundo y el yo, relacionados dialécticamente. El yo implica el mundo y el mundo al yo, ninguno puede entenderse sino es en relación con el otro. El mundo es la estructura de relaciones significativas que existe en una persona y en cuya configuración toma parte. Así el mundo abarca los sucesos del pasado que condicionan mi existencia. Pero en cuanto me relaciono con ello tengo conciencia de ellos, los llevo conmigo, moldeándolos, formándolos inevitablemente cada vez que me pongo en contacto con ellos. Pues tener conciencia del propio mundo significa estar estructurándolo.

Además incluye la posibilidad que se abre ante cualquier persona.

El mundo del hombre es un mundo abierto, nunca una cosa estática, algo ya hecho con que se encuentra el individuo, y que éste no tiene más que aceptar, ajustar o combatir, sino más bien un molde dinámico que yo debo ir formando y estructurando mientras estoy en posesión de mi autoconciencia.

Biswanger concibe al mundo como aquello hacia lo cual ha trepado la existencia y conforme a lo cual se ha amoldado la misma existencia.

LOS TRES MUNDOS

Tres aspectos simultáneos del mundo que caracterizan la existencia de cada ser en el mundo:

Unwelt: mundo biológico, ambiente, mundo de los objetos que nos rodean. Todos los organismos lo tienen, ése es el mundo de la naturaleza y de su ciclos, del sueño y de la vigilia, de nacer y morir, de apetencias y de satisfacciones; el mundo de lo finito y del determinante biológico; o sea, el mundo lanzado al que todos tenemos que ajustarnos de alguna forma.

Sería un error creer que éste es el único modo de existencia.

Mitwelt: Comundo, mundo de los seres de nuestra especie, mundo de nuestros semejantes.

No debe confundirse con las influencias del grupo sobre el individuo ni con otra cosa de determinismo social.

En una agrupación humana se desarrolla un sistema de relaciones infinitamente más complejo, en el que la relación de cada uno determina en cierto modo su significado dentro del grupo. Los animales tienen un ambiente, mientras el hombre tiene un mundo.

La relación implica siempre conciencia de atención recíproca y eso ya constituye el proceso de sentirse mutuamente afectado por el encuentro. Implica, por lo tanto, responsabilidad con nuestros semejantes.

Rigenwelt: Mundo propio, relaciones personales del individuo consigo mismo. Fenómeno de la autolucidez, conocimiento propio.

Presupone la autoconciencia y la autorrelación y únicamente se presenta en los seres humanos. Pero no constituye una experiencia exterior y subjetiva, sino más bien el fondo que nos ayuda a ver el mundo real en su verdadera perspectiva y el fundamento de nuestra relación. Es la captación de lo que significa para mí determinada cosa en el mundo.

Estas tres caras del mundo siempre se interreflejan y condicionan mutuamente, yo existo en el Unwelt, en el mundo biológico constantemente, pero la forma en que yo no adapto mi necesidad de sueño, al tiempo con cualquier instinto, es decir la manera en que yo reflejo en mi propia conciencia uno u otro aspecto de Unwelt; afecta esencialmente el significado que adquiere para mí y condiciona mis reacciones frente a él.

El ser humano vive simultáneamente los tres, que no representan tres mundos distintos, sino tres facetas simultáneas de ser-en-el-mundo. Mundo en el que el individuo puede darse cuenta del destino con que sólo él se debate en ese momento.

Si se acentúa uno de ellos, se pierde la realidad de ser-en-el-mundo.

TRASCENDIENDO LA SITUACIÓN INMEDIATA

Es una característica de la existencia humana, es la capacidad de trascender. Para comprender una persona concreta como algo existente, dinámico, en constante flujo de devenir, no podemos prescindir de la trascendencia. Esta facultad está expresa en el mismo existir: es decir, salirse, situarse fuera. La existencia implica una emergencia continua en el sentido de evolución, de trascender el pasado y el presente en dirección al futuro.

Trascender: significa traspasar las cumbres, describe todo lo que el ser humano está realizando, siempre que no esté gravemente enfermo e impedido temporalmente por la desesperación o la ansiedad.

Podemos ver esta evolución emergente en todos los procesos vitales. Implica la capacidad del hombre normal para trascender la situación de momento, se patentiza en toda clase de conducta. Una forma de trascender sería rebasar las fronteras del momento temporal presente; tal es el caso de los pacientes con lesiones cerebrales. Pierden la capacidad de abstraer y pensar en el plano de lo posible y se hallan atacados o atados a la situación inmediata en que se encuentran reducidos.

Se patentiza en ese poder único que tiene el hombre de pensar y hablar en símbolo.

También en ese volver sobre sí mismo y responsabilizarse de sus actos. Que puede comprometerse a responder de la palabra que ha dado.

La concepción existencialista está basada en el fenómeno de que el hombre es un ente que no sólo puede preguntarse sobre su propio ser, sino que deberá hacerlo si es que ha de realizar su potencialidad.

A propósito de esto, se ve que se trata de una manera inadecuada de enfocar los dinamismos de la adaptación social, como introyección e identificación, etc., cuando se pasa por alto el hecho fundamental de todos, a saber, la facultad del hombre de darse cuenta en ese momento de que él es el que responde a la expectación social, el que elige o no elige, guiarse por sus determinadas normas.

En esto se distingue el conformismo rutinario social, de la auténtica actitud social, libre, original y creadora.

Autoconciencia implica autotrascendencia. Ninguna tiene realidad sin la otra. La capacidad de trascender la situación inmediata presupone indudablemente el Eigenwelt; es decir, acción y reacción y que la persona sea al mismo tiempo como sujeto y objeto.

SENTIDO DE VIDA

Es la responsabilidad ante un deber. Estos deberes del hombre parten del sentido concreto de una vida humana. El sentido de la vida humana que se plantea expresamente o de una manera tácita, debe ser considerado como problema humano, ya que es la verdadera expresión del ser humano de por sí.

Al hombre le está reservado el experimentar todo el carácter cuestionable del ser; y consideramos que es la esencial distinción entre el hombre y la bestia.

Este problema no se plantea de un modo típico solo en años de la adolescencia, sino que en ocasiones parece ser planteado por una vivencia cualquiera que sacuda y haga estremecer al hombre. Así como en la adolescencia no representa nada patológico, tampoco debe considerarse patológico la "angustia existencial del hombre" luchando con el contenido de la vida.

Análisis de la existencia en cuanto forma específica de ontoterapia guarda relación con el hombre que sufre espiritualmente pero que no debe ser considerado enfermo en sentido común. En ese sufrimiento causado por la problemática humana lo que constituye el verdadero objeto de la terapia que arranca del ser en situación hacia el porvenir.

Teniendo en cuenta que el ontoanálisis no puede sustituir a la ontoterapia, sino contemplarla en ciertos y determinados casos, como por ejemplo en los síntomas psicopáticos en los que puede facilitar al enfermo aquel punto de apoyo existencial especialmente sólido, que el hombre sano y corriente necesita menos; pero que el hombre psíquicamente inseguro necesita de un modo apremiante como compensación de su inseguridad.

La problemática psicológica de un hombre no es un simple síntoma, debe aceptarse como dice Oswald Schwarz como una aportación que hace el paciente, que debemos ayudarlo a realizar.

Esto es aplicable también a aquellos inestables por razones exógenas, que se encuentran en un estado de desequilibrio psíquico, hombre a quién se le ha muerto el ser a quien amaba, puede perderse en el sentido de su temporalidad. Se verá privado de aquellas energías existenciales que se logran con una concepción del mundo que afirma el sentido de vida. Esto no implica que deba tener un clara formulación conceptual.

Es necesario desplegar en toda su plenitud el sentido de vida particular, es necesario en efecto que el hombre no se aferre a un sentido de vida siendo lo suficientemente ágil como para pasar a otro donde encuentre la posibilidad de realización y encuentro en el devenir del otro, como partícipe de mi proyecto hacia lo humano.

La vida imprime al hombre en este sentido una cierta elasticidad, una adaptación elástica a las posibilidades que se le ofrecen. ¡Cuántas veces nos encontramos ante pacientes que nos dicen que su vida no tiene sentido alguno ya que su actividad carece de un sentido superior! Lo terapéutico es hacerle saber o mejor dicho ver como trabaja, y si ocupa o no realmente el lugar en que se haya situado.

Cualquier hombre corriente que cumpla con sus deberes concretos que le plantean su familia y su profesión es a pesar de la "pequeñez" de su vida, más grande y ocupa un lugar que cualquier "gran estadista" que tenga en sus manos la posibilidad de disponer de un plumazo de la suerte de millones de hombres, pero que no gobierne sus actos ni tome sus decisiones con arreglo de la conciencia del deber y de la libertad.

RESPONSABILIDAD COMO PREMISA DE LA LIBERTAD

Libertad tiene ya como premisa la responsabilidad, ni el suicidio se puede evadir de la responsabilidad ya que es un acto de la libre voluntad no de libre conciencia. "Quién dispone de un por quién para vivir es capaz de soportar casi cualquier cómo" (Nietzsche).

No cabe duda de que la conciencia de una misión en la vida posee un extraordinario valor psicoterapéutico y psicohigiénico. No hay nada que más ayude al hombre a vencer, por lo menos a soportar, las dificultades objetivas y las penalidades subjetivas que la conciencia, la cual determina una misión que cumplir que, concebida como algo personal, hace a su portador insustituible, irreemplazable, y confiere a su vida el valor de algo único. Y ello sólo es la búsqueda de la libertad.

Lo terapéutico es afianzarle la responsabilidad del cumplimiento de su sentido de vida, reconociéndose como un ser concreto con su parte peculiar hacia lo que conduce un camino que se presenta una sola vez, o sea, realización de posibilidades originales.

Aquel paciente que no reconoce el sentido de su vida e ignora las posibilidades únicas de su existencia podemos decirle que su misión primera y más urgente consiste en encontrar el camino que le permita avanzar resueltamente hacia su sentido de vida, con todo lo que tiene de peculiar. El problema del sentido de vida está mal planteado o carece de sentido si se refiere en abstracto a la "vida" y no en términos concretos a "mi vida", tal como se presenta en cada caso. El hombre debe responder a la interrogación de la vida. Debe responsabilizarse ante estos interrogantes por medio de la conciencia en vías de desalienación.

SENTIDO DE LA MUERTE

Esa finitud debe darle sentido a la vida en lugar de quitárselo para encontrar el proyecto hacia la "libertad deviniendo".

SENTIDO DEL DESTINO

La misma peculiaridad de la vida lleva consigo la peculiaridad de todo destino exclusivo e insustituible en cada hombre, lo que lo torna responsable de la conformación de su destino. Tener un destino significa tener cada uno su destino.

Siempre y cuando este concepto no se preste a justificar mi falta de autenticidad.

SENTIDO DE LA LIBERTAD

La libertad sin proyecto no es posible. La libertad sólo puede serlo frente a un proyecto. Un comportarse con el proyecto. El hombre es libre, pero no en el vacío, sino que lo es en medio de vínculos que son el punto de apoyo de su libertad.

La libertad debe contar con vínculos lo que no significa sometimiento, lo mismo que el psiquismo debe contar con el impulso.

Si queremos definir al ser-en-el-mundo debemos verlo como un ser que va librándose en cada caso de aquello que lo determina (como tipos biológicos, psicológicos, biológicos, sociológico). Es decir que, si bien se somete a ellas, también las va trascendiendo; superando o conformando, esto define el carácter dialéctico del hombre. Uno de sus rasgos esenciales es el permanecer preferentemente abierto y problemático para sí mismo. Su realidad es siempre una posibilidad y su ser un poder: "su poder ser más propio", o un "ser él".

Lo que es no es sino lo que devendrá y lo que puede devenir ya lo ha sido.

En cuanto al determinismo psicológico del hombre entendido como aquellos factores anímicos que se interponen ante la acción de la libertad, la misma situación es condición de la libertad. El hombre tiene la capacidad de decidir, de tomar una resolución, optar libremente; es él quien quiere.

No cabe duda que el yo, como instancia psíquica de la libre voluntad, necesita de la dinámica de los impulsos. Sin embargo el yo no obra nunca pura y simplemente por impulsos. El navegar a vela no consiste en que el barco simplemente sea impulsado por el viento; el arte del marino que tripula un barco velero consiste, por el contrario, en saber utilizar la fuerza del viento haciendo que oriente el barco en una determinada dirección, en saber, incluso muchas veces, navegar contra el viento.

Erwin Straus dice que no es posible descartar de la realidad de la vida la realidad del devenir, el factor histórico. En el hombre pueden darse como finalidad y meta del mundo.

El sentido de vida se basa en la razón desalienada, o sea, en el conocimiento. La vida no tiene más sentido que el placer; si así lo fuese, concluye E. Straus, habría que llegar a la conclusión de que la vida carece de sentido. El hombre estaría de más. La vida, como dice el tango, "sería una herida absurda...."

LA OPERATIVIDAD DE LA ENTREVISTA DENTRO DEL ANÁLISIS EXISTENCIAL

Mediante la entrevista, en el "encuentro", el análisis existencial es un modo de comprender al ser humano y su existencia. Sus representantes creen que uno de los obstáculos principales para comprender al hombre en la civilización occidental es la importancia exagerada que se da a la técnica; siempre se pensó que la comprensión sigue a la técnica; si damos con la técnica adecuada podemos designar el enigma del paciente. El existencialismo sostiene lo contrario, a saber: la técnica sigue a la comprensión.

La tarea sustancial y la responsabilidad del ontoterapeuta consiste en comprender al paciente como un ser y como un ser-en-el-mundo. Todos los problemas técnicos están subordinados a esta comprensión, con ella se echan los cimientos para que el ontoterapeuta pueda ayudar al paciente a reconocer y experimentar su propia existencia, éste es el proceso básico de la terapéutica. Esto es darle la perspectiva que la técnica necesita.

Se analiza el Sueño, como un sueño particular que ilumina la existencia dentro de su mundo, de este paciente de carne y hueso: qué es lo que dice sobre el punto, hacia dónde se dirige, etc. El contexto o clima lo forma el paciente, no como una cadena de dinamismos psíquicos, sino como un ser humano en trance de elegir, de adquirir un compromiso y de orientarse hacia algo positivo; este concepto es dinámico y de una realidad tangible y presente.

El terapeuta existencialista utiliza una determinada modalidad con un paciente determinado. Sin llegar a un aire de vaguedad e irrealidad que se dan en las escuelas eclécticas, que pretenden librarse de la esclavitud de las técnicas tradicionales, para seleccionar lo mejor de cada una, como si no importasen los principios básicos de las distintas teorías. La entrevista existencialista se distingue por el sentido de lo real y concreto. Sabe tener flexibilidad y elasticidad para poder variar de un paciente a otro y de una fase a otra en el mismo tratamiento. Hay que tener en cuenta los siguiente: ¿Qué es lo que manifestará mejor la existencia en este momento de la historia particular de este individuo? ¿Qué es lo que iluminará con más claridad su ser-en-el-mundo?

Con respecto a las conductas conocidas con el nombre de <u>represión y resistencia</u>, Voss opina que el conflicto básico es la aceptación o rechazo con que reacciona el paciente ante sus propias potencialidades. ¿Qué es lo que impide al paciente que acepte sus potencialidades? Esto lleva directamente a la cuestión de la libertad existencial de la persona.

Lo importante es que el individuo tenga cierta posibilidad de aceptar o rechazar. El otro hecho de reprimir o negar su libertad presupone su posibilidad.

Respecto de la Resistencia, Voss se pregunta qué es lo que hace posible y responde que es la tendencia a refugiarse en la humanidad abstracta, en la masa anónima y a renunciar a las potencialidades peculiares, únicas y originales que forman la personalidad.

Este "conformismo social" es una forma generalizada de resistencia en la vida, incluso la misma aceptación de las doctrinas e interpretaciones del terapeuta por parte del paciente puede ser también una forma de resistencia.

Una consecuencia de la terapéutica existencialista es la importancia que concede a la <u>Presencia:</u> se toma como real la relación entre paciente y terapeuta, este último forma parte del "Campo relacional" del paciente, pues participa en su campo experimental. Este término hace referencia a que el terapeuta es un experto, pero si no es ante todo un Ser Humano, su técnica va a ser inútil y muy posiblemente perniciosa.

La Comprensión no es un don ni una intuición, si no el auténtico estudio del hombre.

La Presencia en las sesiones no significa en ningún modo que el terapeuta imponga sus ideas, sentimientos, ni su personalidad al paciente. El terapeuta no debe anticiparse, sino seguir en cada momento el afecto y la iniciativa del paciente. El terapeuta, al mirar a la otra persona desde el punto de vista técnico, bloquearía la presencia, pues supone una forma rígida, preestablecida de actuar.

Otro aspecto importante a tener en cuenta en la situación del existencial encuentro, es hacer que el paciente experimente su Existencia como Real, que se dé plena cuenta de ella, lo cual implica percibir sus posibilidades y capacitarse para actuar en base de ellas.

Todo el proceso terapéutico tiene como misión iluminar la existencia. La función del analista consiste en estar allí presente en la relación, mientras que el paciente encuentra su camino y aprende a vivir su propio Eigerwelt. Debe ayudar a la persona a que experimente su existencia; cualquier curación de síntomas que esté llamado a curar debe ser un subproducto de esto.

Otra implicación que se distingue en la terapéutica existencialista es la importancia del <u>Compromiso</u>; "La verdad existe únicamente conforme el mismo individuo la va produciendo en la acción". La significación del compromiso, de la entrega, no radica en que sea bueno o no, sino en que es un prerrequisito para la verdad. Es esto un punto vital para la psicoterapia, la decisión precede del conocimiento, suponemos que a medida que el paciente adquiere conocimiento irá tomando más decisiones, pero esto es una verdad a medias porque el paciente no puede darse el lujo de obtener conocimiento hasta que esté dispuesto a decidir; tome una decisión sobre su vida y adopte las resoluciones sobre la marcha.

Utilizamos el término decisión en el sentido de actitud decisiva frente a la existencia, una actitud de Compromiso; visto así, el conocimiento sigue a la decisión.

Esto lo podemos comprobar cuando vemos en un paciente que no puede recordar ciertos elementos vitales y significativos de su pasado hasta que se encuentra dispuesto a decidir con respecto a su futuro. Es decir que selecciona los recuerdos que puede evocar, las porciones de su pasado que selecciona consciente e inconscientemente para que influyan ahora y, por consiguiente, la estructura concreta que va a adoptar su pasado. Este compromiso no es solo consciente, también lo es no-consciente.

Sea por ejemplo aquella persona que no tiene un compromiso con su vida, sus sueños sosegados, vulgares, pobres; en cambio, cuando una orientación decidida hacia su propio ser despliegue sus sueños, entrará en el proceso creador de explorar, moldear, organizar, formándose en relación con su futuro. Lo mismo sucede desde el punto de vista neurótico, los sueños luchan por cubrir, evadir, tapar; lo importante es que en ambos casos lo no-consciente va unido al compromiso.

La terapéutica existencialista busca la actitud del Dasein, del ser autoconsciente que toma su propia decisión; es decir, haber superado la dicotomía sujeto-objeto en la unidad de la acción. Y eso será cuando decida desenmascarar las ilusiones, emprender el cambio y el desarrollo interior. Es este el momento en que la terapia existencial puede ayudarle a encajar el impacto real de esas experiencias. Pero cabe preguntarse qué hacer con el paciente que no encuentra en su propia existencia ese punto de apoyo para entregarse. Un punto de apoyo que reviste real importancia es hacerle ver al paciente que el no reconocer cuánto no-ser es capaz de asumir, y si es capaz de asumir el no-ser en sus dos concepciones: muerte o conformismo, significa estar ante la amenaza de la destrucción del ser. Además, es necesario sacar al paciente la creencia en la omnipotencia del terapeuta, nacida en la creencia de que nada puede ocurrirle porque éste lo cuida.

Nietzsche dice que "nadie toma la vida tan en serio como aquel que está completamente en su poder cometer el suicidio". Lo importante existencialmente es tomar la vida en serio. Tomando en cuenta las palabras de J. P. Sartre: "sacarle la seriedad a lo serio".

Otro punto a tener en claro en la concepción existencialista es el peligro a la generalización, es decir, a caer en el palabrerío vacío olvidando su sentido esencialmente concreto y real.

El autor consultado, Rollo May, se refiere a la actitud frente al concepto no consciente. Nos dice que si bien algunos lo rechazan como cheque en blanco no es posible prescindir del concepto descubierto por Freud. Dice Binswanger que: "Como la extensión radical del ser es una de las más grandes contribuciones de nuestros días, hay que conservarla. Elaborando la concepción de no consciente de este ser individual, irrepetible y concreto en su singularidad".

CONCLUSIÓN

El ser humano no es un problema sino un misterio (Gabriel Marcel).

El ser humano como sujeto de psicoterapia debe ser considerado como una totalidad.

El mundo es una sucesión de estímulos. El más poderoso de ellos es el mismo hombre.

El hombre solo puede realizarse íntegramente en la comunicación, en-el-ser-para-otro y con el otro.

Según Sartre, el Ontoanálisis se trata de un "encuentro" entre dos "existencias". Enfermo y psicoterapeuta son miembros de una empresa común, hay participación o, mejor dicho, coparticipación, en la que cada uno desempeña un papel específico. Es importante y útil que el enfermo comprenda que esta relación es un hecho y que también lo es el hecho de que él está de un lado y el psicoterapeuta está del otro y que pudo ser a la inversa.

El enfermo debe comprender que el psicoterapeuta lo mira como un sujeto y no como un objeto.

Relación Interpersonal.

Este sentido de comunicación interhumana es el que prevalece en el ontoanálisis. El ser para otro. Es una entrega, si el ontoanalista no se entrega al Otro con la misma fuerza que a su propio proyecto de existencia, entonces su propio proyecto de existencia queda cercenado; por que él influye, le ayuda al enfermo cualquiera sean las consecuencias.

En el Ontoanálisis se pone énfasis en la "sinceridad" de la relación, no en la intensidad de los sentimientos de ambos.

La base de toda clase de relaciones duales, como las postuladas en la reciprocidad: no puede entregarse el enfermo que no siente que su médico se entrega a su vez.

Los elementos que aparecen en el enfermo frente a esta situación son mezcla de sentimientos oscuros, contemplación maravillada, reminiscencias, connotaciones ocultas o manifestaciones, voliciones frustradas.

La interpretación de la autenticidad del ser; el enfermo debe comprobar que esos sentimientos son suyos y no pueden ser de otra persona. El médico debe darse cuenta si corresponden o no al proyecto fundamental o accesorio o si son solo una máscara que el enfermo adopta para sobrevivir asegurándose lo que podríamos llamar una "factura" de indemnidad para las deformaciones de su vida real, a la cual no se atreve a enfrentar.

Si el enfermo niega alguno de ellos, por ser inconvenientes inmorales o ansiógenos, debe ponérsele frente a la verdad inmediatamente, si es posible, no demorando la confrontación.

A través de las entrevistas o "encuentros" entre entrevistador y entrevistado, el entrevistado parte de un hombre concreto, no del hombre universal. Éste que está "aquí y ahora frente a mí".

El psiquiatra o psicólogo existencial "escucha" al paciente que le trae "sus conflictos" y lo ayuda a disminuir "los fantasmas que hacen a su angustia". Para ello procura su "inserción en la realidad del otro", mediante "charlas" en las que trata temas filosóficos, políticos, arte, ciencia, sociología, geografía, religión: conocimientos generales que hacen a la cultura y actualidad. El paciente será quien haga con su propia personalidad el motivo.

El paciente podrá así verbalizar su conflictiva con la vida, irá "tomando conciencia" frente a la realidad en un "largo proceso" que implica "cambio". Se irá en procura de una "humanización" que aquí implicará el interjuego de elementos tales como: "inserción del hombre en la historia", "inserción del hombre en el medio y el medio en el hombre, y ambos en el contexto social", "consideración del hombre como ser en continuo desarrollo" y "el reconocimiento de la individualidad concreta e irrepetible de cada se humano".

El terapeuta trabaja con elementos que son indispensables para lograr que el paciente se "transforme". El paciente no se conforma que es resignación para emprender la propia transformación, es decir que lucha con la naturaleza por imponer su humanidad, en el sentido de vivir el presente, proyectar el futuro superando las condiciones de su pasado.

El terapeuta trabaja en las entrevistas con: paciencia: no hay apuro, no es tiempo cronológico sino tiempo vivido, es decir, hay un tiempo largo o corto según la concientización que el paciente va adquiriendo.

El terapeuta trabaja con conciencia, es decir: respetando las leyes objetivas, no transformándolas con su propia subjetividad.

El terapeuta trabaja con con-ciencia, es decir: el marco teórico en este caso filosófico con que sustenta su labor.

El paciente irá poco a poco eliminando prejuicios, comprometiéndose en el cambio, es decir, una vez liberado de presupuestos alienantes, no se dejará llevar por corrientes conformistas, irá descubriendo una vida auténtica. Aprenderá a experimentar su propia existencia, y para no ser como un reflejo de la apreciación en que lo pueden tener los otros y perder así parte de su originalidad y sentido de ser "existencial" en ese compromiso con sus posibilidades, el paciente ve cuanto ser-es y cuando no-ser es capaz de asumir. Es decir cuanto no- ser se le opone y puede resolver. Paulatinamente y firmemente logra su autoafirmación.

Deben terapeuta y paciente realizar su proceso de comprensión dialéctica. Es decir, aprehender las relaciones entre los hechos ya que todo es determinado y todo determina.

Así el terapeuta irá posibilitando en el paciente lo humano. Es decir que no juzgara: comprenderá al paciente pero no a través de un planteo ideológico. Así, por ejemplo, la homosexualidad no es buena o mala (planteo moralista), solo es.

Para posibilitar lo humano no podrá el terapeuta decir solamente en qué consiste lograrlo, permitirá al paciente hacer praxis de la vida: "mi acción concreta define quién soy". Existenciar la posibilidad.

El terapeuta hará uso de la razón entendida como elementos de la conciencia y como elementos subjetivos de la realidad objetiva.

Esto permitirá al paciente trascender la situación inmediata. Ser en el devenir, salirme, situarme afuera. Es decir, trascenderse.

El terapeuta debe comprometerse en el cambio porque sólo así no mutilará su propio proyecto de vida. Y ambos podrán responsabilizarse en un responder; se puede confiar en él y en un prometer; él puede comprometerse ante su palabra.

"Ésta es la modalidad más humana para que el otro se asuma como ser humano consciente y responsable y no como una cosa".

ALGUNAS PRECISIONES
EPISTEMOLÓGICAS SOBRE
PSICOSOCIOLOGÍA

II CONGRESO DE PSICOLOGÍA SOCIAL, MAR DEL PLATA, 1971

La epistemología nominalmente se define como "Doctrina de los fundamentos y métodos del conocimiento científico" y tiene su raíz semántica en los vocablos griegos "episteme", ciencia, conocimiento científico y "logos", tratado. Una definición real de "epistemología" nos situará de inmediato en el campo de la filosofía de las ciencias, la cual es designada por este vocablo con un sentido sumamente preciso. Como muy bien lo nota André Lalande en su "Vocabulario Técnico y Crítico de la Filosofía", epistemología no es el estudio de los métodos científicos (eso pertenece a la metodología y forma parte de la lógica) ni es tampoco una especie de síntesis de las leyes científicas. "Es esencialmente el estudio crítico de los principios, de las hipótesis y de los resultados de las diversas ciencias, destinado a determinar un origen lógico (no psicológico), su valor y su alcance objetivo", concluye A. Lalande (obra cit., págs. 376-377). De esta manera podemos considerar a la epistemología distinta e independiente de la teoría del conocimiento, aunque ésta sea su introducción y auxiliar, casi indispensablemente en tanto y en cuanto su objeto es el estudio del conocimiento en la diversidad de las ciencias y de los objetos. Esta recibe el nombre de gnoseología y se ocupa del acto o de la facultad de conocer sin problematizarse por el campo de la ciencia en que ocurre el fenómeno del conocimiento. Tampoco le interesa a qué ciencia pertenece determinado contenido de conocimiento o si tal contenido puede considerarse ciencia independiente o parte de una ciencia mayor de acuerdo con su origen y a los principios que la rigen. Estos últimos problemas son estudiados por la filosofía de las ciencias o epistemología. (La raíz semántica de gnoseología es también griega y proviene de gnosis, conocimiento y logos, tratado). Esta postura corresponde a la filosofía francesa y española, pues tanto los tratadistas ingleses como italianos consideran sinonímicas las significaciones de epistemología (tal el caso de Baldwin, Dictionary, 414 B y remisión a 333 B y siguientes) y gnoseología.

La distinción a que adherimos entre epistemología y gnoseología si bien es real a nuestro entender, no nos llevará a ignorar o soslayar los problemas de tipo gnoseológico que se presentan en el campo que nos interesa. Sólo en aras de mayor claridad, trataremos de agotar primero la problemática estrictamente epistemológica para luego ocuparnos de la gnoseología. Además, es imposible separar totalmente ambas disciplinas porque son coimplicantes.

En consecuencia y tomando el sentido o significado de epistemología en su versión próxima de Filosofía de las Ciencias consideraremos los problemas que a la luz de tal Filosofía se plantean en el campo de la psicosociología o psicología social. Trataremos de responder a interrogantes tales como: ¿es ciencia?, ¿a qué ciencia pertenece?, ¿puede afirmarse que constituye una disciplina científica autónoma o debemos considerarla parte de otra ciencia?

Como presupuestos previos sobre qué se entiende por ciencia, noción clave dentro de cualquier planteo epistemológico y siguiendo siempre a Lalande en su "Vocabulario Técnico y Crítico de la Filosofía", podemos definir a la ciencia como "conjunto de conocimientos y de investigaciones que tienen un grado suficiente de unidad, de generalidad, y susceptibles de elevar a los hombres que se consagran a ellas a conclusiones concordantes, que no resultan ni de consecuencias arbitrarias, ni de gustos o intereses individuales que les son comunes, sino de relaciones objetivas que se descubren gradualmente y que se confirman por métodos de verificación definidos" (Obra cit. pág. 183, tomo I).

Si queremos restringir aún más la significación de ciencia podemos acotar que se comportan los siguientes caracteres: a) Especificación formal de la materia: Cada ciencia difiere por su objeto formal o punto de vista desde el cual considera su objeto (o materia); b) Sistematización de sus conocimientos: podemos decir que cada ciencia posee su propia sistemática; c) Rigor de la prueba (en cuanto se refiere a veracidad del conocimiento).

Ahondando un poco más en la noción "ciencia" podemos adherir a la tesis sustentada por Maritain que clasifica a ésta según los diversos grados de abstracción, y coloca a las ciencias experimentales en el primer grado de abstracción, es decir, a nivel de experiencia sensible y munida de un tipo de análisis empiriológico sobre su objeto; análisis que podrá ser empirométrico o empirioesquemático según sea matematizada o no la ciencia que nos interese. En este caso, como punto de partida nos interesa la psicología, ya que el problema epistemológico propiamente a dilucidar es si la psicosociología es parte de la psicología (ajustándose a las exigencias del conocimiento científico) o puede considerarse independiente o perteneciente a otra ciencia (a la sociología en este caso).

Al respecto hemos de partir de la aceptación sin más de que la psicología es una ciencia. Se dejará de lado todo cuestionamiento a este aserto para reconocer al psicólogo la posesión de un saber científico autónomo en el universo de las ciencias experimentales. Hemos de adherir además -sin perjuicio de posteriores precisiones- a la postura clásica y actual que considera a la Filosofía como rectora de la psicología y no a las matemáticas "...Porque a pesar de resolverse sus conceptos en el ser sensible y observable, precisamente en cuanto sensible y observable, la biología experimental y la psicología experimental no intentan la reconstrucción de un universo hermético de fenómenos matemáticos, y es normal que el tipo de explicación deductivo cuya atracción experimentan sea del tipo filosófico, no matemático"[33].

Esto no implica un desconocimiento del papel auxiliar de las ciencias matemáticas y químicas en la explicación de los seres vivientes, sino una consideración de los mismos casos como instrumentos ya que el drama humano (objeto formal de la psicología) no puede reducirse a una cuantificación matemática sino que se requiere una explicación de su totalidad; cosa imposible en el campo matemático pero lograble

---

[33] - Jaques Maritain: Los grados del saber, Club de Lectores 1968, Pág. 114.

desde una perspectiva de la antropología filosófica, cada vez más cerca de nuestra moderna psicología.

La psicosociología o psicología social es una disciplina de nuestros días. Su historia se confunde con nuestro presente y de ahí su radical problema epistemológico. ¿A qué ciencia pertenece: psicología o sociología? ¿Es autónoma?

Los trabajos originarios sobre psicología social no son anteriores a 1900. Si bien se encuentran trabajos en Europa y América del Norte, éstos no guardan unidad y se diluyen en consideraciones puramente sociológicas o psicológicas. Autores de la primera época fueron: Tarde y Le Bon, representantes de la tendencia psicológica y Durkheim de la escuela sociológica. Wundt, Tönnies, Simmel y otros trabajaron en Alemania. En Estados Unidos de Norteamérica son sumamente numerosos los autores y casi todos ellos pretenden un origen americano para la psicología social (Ward, Summer, Giddings, Ellwood, Baldwin, etc.).

Puede, sin embargo, concordarse con Jean Maisonneuve en reconocer como auténticos precursores de la psicosociología a Bogardus que en 1931 publicó "Fondementes de la Psychologie Sociale" y a Cooley autor de "Introducción a la Sociología" en 1933. Mead habló sobre "actitud psicosocial" en sus cursos de Chicago, según la recopilación de Morris (Mind, Self and Society, 1934).

Actualmente son numerosos los trabajos que se están publicando en este campo, y como sucede siempre que se explora un panorama nuevo con posterioridad a la investigación o en forma paralela, se comienza a discutir la ubicación de los nuevos conocimientos en el panorama de las ciencias. En el caso de la psicosociología la discusión apareció con sus primeros intentos debido a que Tarde en 1900 hablaba ya de que la misma era un capítulo de la psicología. Como era de esperar, el sociologismo no aceptó tal postura por cuanto la consideró fruto de un individualismo idealista que considera al hombre una realidad prácticamente separada de la sociedad.

Durkheim sostuvo contra Tarde la necesidad de una sociología totalmente independiente de la psicología fundado en que la mentalidad humana depende casi exclusivamente de las estructuras, las condiciones, las normas y modelos sociales. Tanto una postura como la otra son el reflejo de una concepción parcializada del hombre. Para Tarde el individuo lo es todo y la sociedad es solo una suma de individuos. Para Durkheim, en cambio, el absoluto es la sociedad y el hombre concreto un mero producto de las estructuras sociales. Aquí la problemática epistemológica ha sido planteada fuera de sus cauces legítimos. El enfrentamiento Tarde-Durkheim no llevaba como meta única el esclarecimiento gnoseológico de las nuevas investigaciones psicosociales, sino que tras esa problemática escondían el intento de justificar sus posturas filosóficas. En efecto, ni uno ni el otro buscaron dilucidar la dificultad precisando los objetos formal y material de la psicosociología como lo hubiera exigido un auténtico planteo epistemológico. Actualmente Jean Maisenneuve, que recoge la controversia, pretende su superación por la insuficiencia de ambas posturas. "Pero con ello no se eluden todas las dificultades, porque aun en forma de aprehender la realidad psicosocial aparecen ciertos dilemas. Uno de los más agudos se traduce de nuevo por la oposición entre una tendencia individualista y una tendencia social. La primera considera la sociedad como una suma de individuos; en ella tiene lugar sin duda los fenómenos colectivos, pero éstos están esencialmente condicionados por la psicología de los sujetos miembros, de sus contactos, de sus relaciones; la psicología social no es entonces más que un capítulo complementario de la psicología clásica: la interpsicología"[34].

"La actitud social, en cambio, reclama una sociología netamente independiente de la psicología, que tenga por objeto todo el campo de las "representaciones colectivas"; la sociedad, en efecto, preexiste al individuo, que está impregnado, formado, dominado por ella"[35]. Percibimos inmediatamente que ambas tesis son insuficientes, la interpsicología corre el grave riesgo de desconocer la especificidad de la mentalidad colectiva, de negar las influencias socioculturales que sufre el yo, aun antes de haber adquirido una clara conciencia de sí mismo. Inversamente, la sociología independiente tiende de modo espontáneo hacia un cierto determinismo; el psiquismo individual se convierte en el

[34] - Jean Maisonneuve: Psicología Social. Paidós. Buenos Aires, 1967, Pág. 89.
[35] - Jean Maisonneuve: Psicología Social. Paidós. Buenos Aires, 1967, Pág. 9.

producto y el eco de los fenómenos colectivos; las relaciones humanas son subordinadas a las funciones sociales[36].

"...En la actualidad asistimos a un movimiento de acercamiento recíproco entre sociólogos y psicólogos: los primeros tienden a incluir en sus estudios la consideración de la 'ecuación personal' y los segundos propenden a aceptar los factores específicamente colectivos y a profundizar la naturaleza y los grados de contacto humano"[37].

Se ha pretendido citar con bastante extensión para mostrar como justifica el autor la legitimidad de la psicología social por vía de los hechos y no por el planteo estrictamente epistemológico. Unos (psicologistas, hijos del individualismo) la reducen a un capítulo de la psicología olvidando la realidad social humana; otros, los que pretenden una sociología absolutamente independiente de la psicología olvidan al hombre concreto al reducirlo a una resultante de las interacciones sociales.

El acercamiento actual entre sociólogos y psicólogos para una mejor comprensión del hombre da pie al autor para justificar la superación de la antítesis basándose en los hechos. Vale decir, una constatación fenomenológica de lo que ocurre en el campo de la psicología (búsqueda del elemento social) y de la sociología (tener en cuenta las exigencias de la psicología del individuo) justifica la psicología social en el terreno científico. "Lo propio del hombre es ser simultáneamente un ser sociable y un ser socializado; con eso queremos decir que es a la vez un sujeto que aspira a comunicarse con sus semejantes, y un miembro de una sociedad que existe previamente, que lo forma y lo controla de buen o mal grado. Y lo propio de la psicología social es el captarlo en esa especie de encrucijada de las influencias externas y las espontaneidades; constituye así, no ciertamente una ciencia independiente, sino un estudio especial que no se confunde ni con la psicología clásica ni con la sociología"[38].

---

[36] - Jean Maisonneuve: Psicología Social. Paidós. Buenos Aires, 1967, Pág. .9.
[37] - Jean Maisonneuve: Psicología Social. Paidós. Buenos Aires, 1967, Pág. 10.
[38] - Jean Maisonneuve: Psicología Social. Paidós. Buenos Aires, 1968.

El objeto propio de la psicología social está aquí definido como "captación del hombre" en esa especie de encrucijada de las influencias externas y espontaneidades, vale decir, sería lo que en epistemología se denomina objeto formal y distingue las ciencias entre sí. No puede dejar de advertirse que si bien no le da jerarquía de ciencia independiente le atribuye real autonomía tanto de la psicología como de la sociología. Aquí es donde no puede aceptarse la tesis de Jean Maisonneuve por cuanto ella importa una mutilación de la psicología al negarle un campo que le corresponde. En efecto, la mayoría de los autores están acordes en afirmar que el objeto propio de la psicología es el drama humano (no entraremos en distingos entre psicología experimental y filosófica, porque hay una sola ciencia psicológica que puede emplear experimentación o deducción para alcanzar su objeto propio), que clásicamente se ha entendido como estudio o conocimiento del alma, dado que hasta el siglo XIX fue bastante escaso el bagaje de conocimientos psicológicos provenientes del campo experimental. Nos encontramos así con una ciencia, la psicología, cuyo objeto material es el hombre (común a la sociología, biología, antropología, etnografía, etc.) y cuyo objeto formal es el drama o acontecer humano. Ahora bien, el problema aquí consiste en determinar qué comprende el "drama humano". El hombre es un ser multifacético sin lugar a dudas, pero lo que no es posible hacer es separar cada una de esas facetas para considerarla con absoluta independencia de la otra porque ello conlleva necesariamente a falsear la perspectiva de lo real. El hombre es un ser social por naturaleza (y esto se ha reconocido desde Aristóteles que definió al hombre como "animal político" (Pol. 1,2,1253 a 2-3), es decir que la comunidad política surge de la naturaleza humana y, por lo tanto, su vida psíquica es la vida de un ser que no puede vivir fuera de la sociedad. Estas consideraciones nos muestran sin mayores precisiones que no es posible conocer el drama humano si lo estudiamos sin tener en cuenta lo social. No existe un hombre normal aislado de la sociedad, y por lo tanto no existe posibilidad de su estudio. Si bien es verdad que coincidimos con Jean Maisonneuve en afirmar que la historia nos ofrece escuelas psicológicas que han pretendido olvidar el aspecto social del hombre, no podemos aceptar las conclusiones que sobre tal hecho nos ofrece en su libro. Si tal ha sido el cometido de una parte de la psicología que se denomina "clásica" ello no se subsana postulando un nuevo saber autónomo, sino que debe superarse el error en el seno de la misma ciencia. Todo el contenido de la psicosociología propuesto por el autor: a) estudio del contacto humano, b) individuos y grupos, en tanto conforman el drama humano, cae necesariamente en el campo de la psicología. Si se ha dado el hecho histórico de que la psicología lo ha olvidado hay que variar sus rumbos y hacer que lo tenga en cuenta. La otra solución (postular un nuevo saber independiente) es cercenar a la psicología en una época en que recién comienza a alcanzar plenitud, y en vez de obtener una ciencia madura y adulta, capaz de comprender al hombre concreto (el único real y existente como ser social por naturaleza) tendremos varias disciplinas que lo mutilan en un vano intento de aislar sus diversos aspectos.

De la misma manera que la psicología no puede conocer su objeto propio ignorando "lo social" del hombre, la psicología social no puede manejar solamente el aspecto social del hombre en vistas a su repercusión psicológica sin la ayuda de los restantes conocimientos psicológicos. La psicosociología será de esta manera una parte de la psicología, como lo es la psicología comparada, la psicología clínica, etc. Además esta interpretación se ve avalada por la epistemología que niega autonomía a toda ciencia que carece de objeto formal propio; y la psicosociología carece de él.

El objeto señalado por Jean Maisonneuve no puede separarse, sino que integra la totalidad del "drama humano", ya que su conocimiento implica necesariamente el conocimiento de las influencias externas y de las espontaneidades, puesto que el acontecer humano es una situación dialéctica cuya perspectiva se abre a la posibilidad en la cual no hay elementos externos (sociológicos) e internos "espontaneidades" (psicológicos), sino el hecho humano, determinado por su marco de necesidad y su ser dialéctico, ser fundante del conocimiento de la necesidad y por ende de la libertad sociológica cuyo autor y actor es el sujeto del drama y manifiesta su facticidad en el acontecimiento humano (objeto de la psicología). En consecuencia no podemos separar de la psicología la parte de ella hoy denominada psicología social.

A nuestro punto de vista podría oponérsele como dificultad lo siguiente: ¿Por qué no reducir la psicología social a la sociología utilizando como argumento que el estudio de los "grupos" y de los "roles" pertenece formalmente a la sociología? También podría puntualizarse que los métodos de la psicosociología son los propios de la sociología, tal el caso del sociograma, por ejemplo. La respuesta es sencilla. El objeto formal de la sociología está dado por el fenómeno sociológico[39] en lo que tiene de propio, vale decir, en tanto y en cuanto es independiente de la psicología o de la biología.

La sociología estudia el fenómeno social para conocer las leyes que rigen a la sociedad; la psicosociología para conocer el acontecimiento humano, luego sus objetos formales son distintos en virtud de lo establecido por la epistemología con respecto a la distinción entre las ciencias. Pero el "drama" o "acontecer humano" es el objeto propio de la psicología y en consecuencia la psicosociología cae dentro de las posibilidades dialécticas de la psicología.

Esto se aclarará mejor si hacemos referencia al papel que desempeñan las llamadas "ciencias auxiliares" con respecto a la psicología. Se entiende por ciencia auxiliar toda ciencia cuyos conocimientos son utilizados por una ciencia diferente para un mejor conocimiento de su objeto. Tal el caso -por ejemplo- de la química frente a la biología. Si analizamos las relaciones de la psicología[40] con las otras ciencias nos encontraremos con que, dada la naturaleza de su objeto, recibe aportes de un gran numero de ellas. Etnografía, estadística, fisiología, sociología, economía, componen una enumeración que no pretendemos agotar. La ciencia auxiliar -en nuestro caso la sociología respecto a la psicología- pone los conocimientos que posee al servicio de la otra ciencia que los emplea en función propia. Esto no da origen a una nueva disciplina por grande que sea el auxilio que la ciencia auxiliante preste, sino que es una relación rutinaria -si se nos permite este término inusitado en el campo de la epistemología- entre las ciencias. El papel del rol, de la comunicación interindividual, grupal, intergrupal, el grupo, la clase, etc., son estudiadas, investigadas y conocidas por la sociología que investiga sus leyes. Todos estos fenómenos interesan materialmente a la psicología, pero no para conocerlos en sí mismos o para conocer sus leyes (esto es sociología),

---

[39] - El término "sociología" fue acuñado por Agusto Comte para designar la antigua "Física Social".

[40] - También la psicología puede desempeñar el papel de auxiliar con respecto a otras ciencias, por ejemplo: la pedagogía, la medicina, etc.

sino para conocer su repercusión en el acontecer humano individual. A la psicología no le interesa "qué" es un rol o un grupo, sino "cómo" influyen en este hombre. Los conocimientos que necesita sobre tales fenómenos los tomará de la sociología que en este caso es su auxiliar y ella investigará, no el fenómeno social sino su influencia en el drama de cada sujeto concreto.

Esto nos muestra cómo la psicosociología no es parte de la sociología (no le interesan los fenómenos sociales en sí mismos), dejando en pie la conclusión anterior que ubica a la psicosociología en el campo de la psicología.

Para avalar esta conclusión podría desarrollarse un interesante tema acerca de la absoluta necesidad de la psicología de utilizar los conocimientos de la sociología como de las otras ciencias humanas para poder conocer al hombre. Nos basta con señalar y afirmar -en base a lo anteriormente desarrollado- que ha fenecido el tiempo en que la psicología podía lograr algo encerrándose en la utopía de un hombre, al que la sociedad no lo influye para nada. Esa época quedó superada definitivamente no sólo para la psicología sino, para toda ciencia del hombre. De la misma manera que es utópica una psicología que pretenda estudiar una imaginación o una sensación aislada del resto del hombre, es utópica la que pretende tomar al hombre aislado del contexto social. La psicosociología es la prueba fehaciente de que la psicología ha retomado la senda que siempre debió ser suya.

EPISTEMOLOGÍA Y PSICOANÁLISIS

II CONGRESO DE PSICOLOGÍA SOCIAL, MAR DEL PLATA, 1971

Si el papel de la epistemología frente a las ciencias consiste en delimitar su objeto y señalar las exigencias que deben cumplir para ser consideradas tales, ubicar la peculiar problemática del psicoanálisis requiere algunas consideraciones. Si lo definimos como un "método de psicología clínica"[41] no habrá en rigor tal problema por quedar, de ese modo, comprendido dentro de la psicología clínica y por ende de la psicología. Sin embargo actualmente no se habla de "método psicoanalítico" sino de "psicología psicoanalítica", variando así totalmente la perspectiva. El psicoanálisis en nuestros días -y con mayor vigor hace una década- lejos de ser un método más en el ámbito de la psicología clínica se ha convertido prácticamente en una psicología que posee sus principios y hasta su propia concepción del hombre. La causa de esto, si aún para Sigmund Freud -sobre todo en la primera época- el psicoanálisis fue un método de investigación, siendo la curación o la terapia un producto colateral[42], podrían atribuirse a los aciertos de la escuela psicoanalítica obtenidos sin lugar a dudas en momentos en que la psicología no lograba mayores avances desde otros caminos. Ahora no nos interesan las causas del hecho sino el hecho mismo: se ha dado un movimiento de psicología psicoanalítica y por tanto debemos intentar un esclarecimiento de sus límites y autonomía en el seno de la psicología.

Debemos tener en cuenta también que hasta hace muy poco tiempo cualquier planteo de tipo epistemológico o gnoseológico era exclusivo de la filosofía de la ciencia, en cambio hoy es común que cada una de ellas asuma sus dificultades epistemológicas. En sus primeros momentos los psicoanalistas soslayaron todo problema que en el

---

[41] - Andre Lalande: Vocabulario Técnico y Crítico de la Filosofía. Tomo II, Pág. 1050.
[42] - Sigmund Freud: Obras completas. Santiago Rueda editor. Tomo XXI, Pág. - Pág. 315 - 351.

campo de sus investigaciones pudo ser originado por una crítica del conocimiento. Al respecto dice José Bleger: "De esta manera, el estudio epistemológico no está -o no debe estar- fuera de la tarea práctica y diaria del psicoanalista; es decir, no se abandona el psicoanálisis para entrar en la filosofía, sino que la misma está involucrada en el campo operacional de la investigación y la terapéutica psicoanalítica. Dicho de otra manera, el estudio de la forma en que se adquiere y sistematiza el conocimiento psicoanalítico pertenece al mismo psicoanálisis[43].

Resumiendo, podemos decir:

a)   Hoy se habla de una psicología psicoanalítica;

b)   El psicoanálisis tradicional no atendió a problemas de tipo gnoseológico o epistemológico.

c)   El giro tomado hoy por la ciencia exige que el psicoanálisis asuma su propia gnoseología.

Habiendo sobrepasado los límites de un "método de investigación psicológica", la técnica psicoanalítica debe enfrentar la ardua tarea de:

a)   Sistematizar sus conocimientos;

b)   Justificar sus principios;

c)   Demostrar sus conclusiones.

Si nos atenemos a la opinión de Bleger tal cometido sólo puede ser llevado a cabo por quienes pertenecen a la escuela psicoanalítica y por tanto estará fuera de nuestro alcance ya que somos ajenos a la misma. Nuestra visión de la problemática -según tal criterio- estaría animada por un conocimiento determinado por la perspectiva de quien no ha realizado su formación psicoanalítica. Sin embargo, desde el amplio marco de la filosofía de la ciencias intentaremos señalar, al menos, con alguna objetividad, aquellos planteos no superados definitivamente. A

---

[43] - José Bleger: Psicoanálisis y Dialéctica Materialista. Buenos Aires Paidós, 1963, Pág. 22

esto reduciremos el presente trabajo, ya que no sólo los límites que nos hemos impuesto por no pertenecer a la escuela psicoanalítica, sino también los de extensión nos obligan a ello.

En primer lugar Sigmund Freud no sólo dejó de lado todo planteo de tipo gnoseológico sino que en sus escritos no se ajustó a un sistema lógico de demostración. Esto se debe en gran medida a las determinantes del autor, pero ello no exime a los herederos de la escuela de la tarea de encuadrar todo el contenido dejado por su maestro y fundador dentro de una lógica más rigurosa; en caso contrario corren el riesgo de convertirse en repetidores en lugar de seguidores de Sigmund Freud.

La falta de rigorismo científico en los escritos freudianos es un hecho que salta a la vista de cualquier lector acostumbrado a la exactitud y a la lógica demostrativa de las ciencias. Aquí pretendemos decir únicamente que a los escritos de Sigmund Freud les falta rigor probatorio. En esto coincidimos con Roland Dalbiez que en la introducción a su obra "El Método Psicoanalítico y la Doctrina Freudiana", dice: "Cuando para establecer su tesis hubiera debido proceder por acumulación de ejemplos simples y demostrativos, se lanza en interpretaciones que un espíritu crítico no puede sino juzgar inverificables"[44]. Si bien se puede argüir que esta afirmación data de hace más de veinte años (1948) también hay que reconocer que la literatura psicoanalítica no ha hecho todo lo que debiera en este aspecto fundamental de la ciencia[45].

Dice Garma: "Aquellas lecciones, tal como las conocemos en la actualidad fueron escritas por Freud en los años 1915 a 1917, inmediatamente después de haberlas expuesto en público. Es uno de los tantos méritos de Freud el hecho de que, aún en la actualidad, es decir, después de medio siglo, siguen siendo la mejor introducción a lo que es en realidad el psicoanálisis. No se advierte en ellas las huellas de

[44] - Roland Dalbiez: "El método psicoanalítico y la doctrina freudiana". Desclée de Brovwer. Bs. As., 1948. Tomo I. Pág. 2.
[45] - Adolfo Lértora: Refundamentación de la psiquiatría. Talleres Gráficos A.B.C. Buenos Aires,1962. Capítulo II, Conclusiones, Pág. 31. Capítulo III, Conclusiones, Pág. .46. Capítulo IV, Conclusiones, Pág. .76.

los años y conservan todo su ímpetu juvenil y justeza científica"[46]. Podría verse una continua crítica por parte de Sigmund Freud pero siempre desde la misma perspectiva; algunos de sus continuadores pretenden renovar y en particular Erich From, que dice ubicarse dentro de la visión marxista, pero no deja de ser una pretensión, pues desde un planteo infraestructural realiza el parto cósmico de una caracterología ignorando la supraestructura y paraestructura en su devenir dialéctico material. Continúa como cualquier otro representante de esa escuela estructurando su andamiaje teórico sobre los mismos principios básicos. Como dice Adolfo Lértora "...el coqueteo con el marxismo llega en From a un manoseo impúdico"[47].

Pese a nuestras propias resistencias trataremos de elaborar una temática que nos despierta inquietud en su contenido epistemológico.

SIMBOLISMO ONÍRICO EN EL PSICOANÁLISIS

En esta temática es indiscutible la riqueza del psicoanálisis. En las obras de Sigmund Freud encontramos muchas páginas y abundantes experiencias referidas al tema, y sus seguidores han continuado nutriendo la teoría en forma constante. Su importancia para el psicoanálisis es capital ya que representa una de las bases para la interpretación de los sueños, "via regia" en la exploración del inconsciente. "La interpretación de los sueños" (Freud 1900) es clave en la obra psicoanalítica y aún treinta años después de haberla escrito, al prologar la tercera edición en inglés de Brill, dijo su autor: "Contiene aún, según mi apreciación actual, el más valioso de todos los descubrimientos que mi buena fortuna me permitió efectuar. La visión interior requerida llega a uno sólo una vez en la vida". En éste libro encuentran aún los psicoanalistas actuales la fuente segura y eficaz que nutre su técnica y por tanto podemos afirmar sin temor a errores que es eje en la escuela. Pero escribió Freud otras páginas sumamente significativas donde nos ofrece el concepto de símbolo que condensa las ideas que dan por resultado el libro de los sueños. La simbolización

---

[46] - Ángel Garma: "El Psicoanálisis" Teoría, Clínica y técnica. Paidós. Buenos Aires 1962. Prólogo P.II.
[47] - Adolfo Lértora: Op. Cit., Pág. .- Pág. -65.

consiste en reemplazar el fin instintivo por otro objeto, burlando de esta manera el censor y logrando la presencia en la conciencia de todo aquello que está reprimido. De esta manera "lo reprimido" aflora a través de los sueños que han sufrido la deformación onírica (condensaciones, desplazamientos y simbolizaciones) y en consecuencia su desciframiento es de capital importancia para llegar al inconsciente.

El sueño se transforma así en un hecho psicológico, cuyo contenido manifiesto se resuelve en el contenido latente situado en el inconsciente. Esto (considerar al sueño un hecho psicológico) constituye sin duda alguna uno de los grandes aciertos de Freud, lo mismo que el considerarlos significantes. Todo esto representa los pasos dados por la psicología freudiana para acercarse al hecho psicológico particular que tiene lugar en cada sujeto.

A esta altura de las investigaciones surgió como exigencia la clave de los símbolos oníricos, y Sigmund Freud emprendió la tarea de su lectura. Se ocupa del tema en su libro "Introducción al Psicoanálisis" (edición primera 1916 (1º y 2ª parte) y 1917 (3ª parte), editorial Heller, Viena y Leipzig), donde nos da el contenido simbólico de la casi totalidad de las imágenes oníricas; pero antes precisa en qué consiste el símbolo como tal. "Haremos, ante todo, observar que siendo los símbolos traducciones permanentes, realizan hasta cierto punto el ideal de la antigua interpretación de los sueños -y también el de la moderna popular-, ideal del que nuestra técnica nos había alejado considerablemente. Por medio de estos símbolos se nos hace posible en determinadas circunstancias, interpretar un sueño sin interrogar al sujeto, el cual además, no sabría decirnos nada sobre ellos. Cuando llegamos a conocer los más usuales símbolos oníricos y, además en cada caso, la personalidad del sujeto, las circunstancias en que vive y las impresiones tras de las cuales ha aparecido su sueño, nos hallaremos con frecuencia en situación de interpretar dicho sueño sin ninguna dificultad, esto es, de traducirlo por decirlo así, a libro abierto"[48].

---

[48] - Sigmund Freud: Obras completas. Editorial Biblioteca Nueva. Madrid 1968. Tomo II, Pág. 225

Una feliz interpretación del contenido de los sueños exige -según Sigmund Freud- al analista:

a)   Conocimiento de los símbolos (al menos de los más usuales).

b)   Personalidad del sujeto.

c)   Circunstancias en que vive.

d)   Impresiones tras de las cuales ha aparecido su sueño.

Las tres últimas condiciones (b, c, d) prueban el avance de Freud en el conocimiento del hombre concreto y por sí mismas serían capaces de mostrar la significación del sueño como hecho psicológico en cada caso particular. En cambio la primera -que aparece como más importante en el planteo de Freud- conlleva el abandono de la significación particular en aras de la universalidad del símbolo utilizada por Freud. De esta manera el padre del psicoanálisis vuelve en cierta forma- al abstraccionismo formal del que había querido alejar a la psicología. El argumento de que otorga importancia a los elementos de la circunstancia concreta del sujeto, no supera la dificultad, pues tales elementos son los que explican y determinan el símbolo onírico por sí mismos en el supuesto de que se halla renunciado al formalismo. Evidentemente éste no es el caso de Freud que sigue dando al símbolo sentido y lógica universales, no individuales. No negamos -ni puede hacerse- que las pautas comunes del medio influyan en el sentido o significado del sueño de cada individuo, pero influyen como circunstancia concreta y no como símbolo universal de significación independiente de tales circunstancias. En este sentido es donde ubicamos la crítica al simbolismo onírico del psicoanálisis freudiano. Su punto débil radica precisamente en ese alejarse del sujeto para significar en función de pautas abstractas y generales en lugar de individuales y concretas. Un rápido análisis de los símbolos freudianos pondrá al descubierto su universal formalismo. Roland Dalbiez también descubre esta característica en el simbolismo onírico del psicoanálisis: "El simbolismo en el sentido freudiano, no es solamente una representación concreta de otro elemento concreto pero oculto; sobre todo es una representación constante, típica, colectiva"[49]. ¿Cómo justifica S. Freud la constante en la representación significativa si varían la circunstancia y la personalidad del sujeto? Es un interrogante que hasta el presente no ha tenido respuesta en la literatura psicoanalítica, tanto de su fundador como del resto de la escuela; a pesar de que surge de inmediato ante la afirmación de S. Freud: "Procediendo de este modo llegaremos a obtener para toda una serie de elementos oníricos traducciones constantes, como aquellas que nuestros populares 'libros de los sueños' dan para todas las cosas soñadas"[50].

Si bien la objeción antes señalada puede ser considerada como capital para el simbolismo onírico psicoanalítico (se deja expresa constancia de que no se niega el hecho de que el sueño sea un hecho psicológico que posee significación, sino que se pone en crisis la interpretación psicoanalítica de esa significación onírica), pueden precisarse otras en alguna manera relacionadas a aquélla. Tal sería el caso del simbolismo que atribuye Freud a gran número de representaciones oníricas, por ej., las destinadas a los genitales masculinos. Leemos en su obra precitada: "El sueño posee, pues, para los genitales masculinos, un gran número de representaciones que podemos considerar como simbólicas, y en las cuales el factor común de la comparación es siempre evidente. Para la totalidad del aparato genital masculino, el símbolo de mayor importancia es el sagrado número tres. La parte principal y más importante para los dos sexos del aparato genital del hombre, esto es, el pene, halla en primer lugar sus sustituciones en paraguas, tallos, árboles, etc., y después en objetos que tienen, como él, la facultad de penetrar en un cuerpo y causar heridas: armas puntiagudas de todas clases, cuchillos, puñales, lanzas y sables, o también armas de fuego, tales como fusiles o pistolas, y más particularmente aquella que por su forma se presta con especialidad a esta comparación, o sea el revolver"[51].

Se nos ocurre preguntar: ¿Por qué el sagrado número 3?. Quien conoce las fuentes de nuestra cultura occidental y la influencia del pensamiento griego en ella sabrá que el 3 era símbolo de masculinidad en la Escuela Pitagórica antigua, pero no en razón de que significa los genitales

---

[49] - Roland Dalbiez. Op. Cit., Tomo 1°, Pág. 137.
[50] - Sigmund Freud: Op. Cit., Pág. .- Pág. -224 - 225.
[51] - Sigmund Freud: Op. Cit., Pág. 227.

masculinos, sino en razón de que significaba lo santo, superior y perfecto y para nadie es un secreto que en la civilización griega el varón tenía preeminencia total sobre la mujer que cumplía prácticamente el papel del esclavo. El varón era "LO PERFECTO" de la especie y a él debía subordinarse todo. Si casi veinticuatro siglos después aparece simbolizando "lo masculino" no es necesario recurrir a demostraciones para afirmar que tal simbolización no es el fruto de una relación con el inconsciente del sujeto concreto que lo sueña sino que está dada por las pautas culturales ancestrales, y que si este sujeto lo relaciona así es porque pertenece a la civilización occidental y que podemos suponer legítimamente que un chino o un piel roja jamás podrían haber existenciado tal relación simbólica. Cabe volver a preguntar: ¿Si esto es así -y lo es indudablemente- no será más acertado afirmar que el análisis de las circunstancias, de la personalidad y de las impresiones preoníricas nos llevarán a conocer el significado del sueño como hecho psicológico irrepetible sin necesidad de suponer una "traducción constante" para los elementos oníricos? Nosotros creemos que esto es lo correcto y que el simbolismo de los contenidos de los sueños debe explicarse por las "circunstancias particulares" de cada sujeto en lugar de explicar los "contenidos INCONSCIENTES individuales por el simbolismo del contenido onírico". En otras palabras, no debe perderse el hombre concreto, que es en última instancia el problema terapéutico, en función de un sistema significante universal que es lo que ocurre a nuestro juicio en el psicoanálisis.

Si dejamos de lado el número 3 y atendemos a los otros objetos cuyas imágenes son simbolizantes encontramos que pertenecen todos (paraguas, armas de fuego, etc.) a una determinada época que posee un determinado grado de perfección técnica, y por tanto pueden significar para el hombre que se ha desarrollado en ese medio. Todas estas observaciones nos llevan a otro interrogante: ¿Acaso los hechos descriptos por Freud no estarían comprendidos mucho mejor en la hipótesis de que elementos exógenos que actúan sobre el sujeto (pautas culturales en este caso) explican el significado onírico de ese sujeto que debe ser necesariamente sui generis en lugar de postular un simbolismo genérico y abstracto para los contenidos oníricos?

Siguiendo siempre con la lectura de Freud nos encontramos con que los animales salvajes representan a los hombres sexualmente excitados:

"Los animales salvajes sirven para representar, ante todo, a los hombres sexualmente excitados, y después a los malos instintos y a las pasiones"[52]. Repetir indefinidamente citas que prueben que en la literatura antigua y medieval (sobre todo medieval) se denominó instinto bestial o instinto salvaje al instinto sexual resulta ocioso (y hasta imposible en los límites de un trabajo como éste), y ello muestra nuevamente que aquí el símbolo o simbolismo onírico psicoanalítico no es algo encontrado en la lógica propia de los sueños como hechos psicológicos sino algo tomado de una cultura ancestral, y en este preciso caso, de fuerte influencia religiosa, pues para el espiritualismo medieval el sexo pertenecía a lo salvaje, bestial del hombre, porque algunas corrientes concibieron a éste como un espíritu encerrado en un cuerpo de tendencias animales. Si dejamos de lado los símbolos masculinos para analizar los femeninos, nos encontramos con algo similar. "El aparato genital de la mujer es representado simbólicamente por todos los objetos cuya característica consiste en circunscribir una cavidad en la cual puede alojarse algo: minas, fosas, cavernas, vasos y botellas, cajas de todas formas, cofres, arcas, bolsillos, etc. El barco forma parte igualmente de esta serie. Ciertos símbolos, tales como armario, estufa, y sobre todo habitación, se refieren más bien al seno materno que al aparato sexual propiamente dicho"[53] ¿Por qué simbolizan el aparato genital de la mujer? ¿Por qué la habitación simboliza el seno materno y no el aparato genital? Esto no lo dice Sigmund Freud, en consecuencia el porqué se reduce a una afirmación categórica del autor a la cual no se ha munido de la correspondiente demostración. ¿Sería disparatado suponer que una habitación simbolice algo totalmente distinto a la genitalidad femenina? ¿Por qué? Estos y otros muchos interrogantes quedan en pie luego de la lectura de Freud.

Otro dato interesante es el fundamento que da Freud para explicar el que la madera sea un símbolo femenino: "Pero volvamos al símbolo 'casa' y a sus derivados. Cuando en un sueño utilizamos las salientes de las casas como asidero, tenemos que ver en esto una reminiscencia de la conocidísima reflexión que la gente del pueblo formula al encontrar una mujer de senos muy desarrollados: 'ésa tiene donde agarrarse'. En la misma ocasión, la gente del pueblo suele decir también: 'esa mujer

---

[52] - Sigmund Freud: Op. Cit., Pág. 229.
[53] - Ibid., Pág. 228

que tiene mucha madera delante de su casa', como si quisiera confirmar nuestra interpretación que ve en la madera un símbolo femenino y materno".

"Sólo invocando en nuestra ayuda a la filología comparada, podremos hallar la razón que ha convertido el concepto de madera en símbolo femenino y materno. Nuestra palabra alemana HOLZ (madera) tendría la misma raíz que la palabra griega que significa materia o materia bruta. Pero sucede con frecuencia que una palabra genérica acaba por designar un objeto particular. Así, existe en el Atlántico una isla llamada Madeira, nombre debido a los extensos bosques que la poblaban al ser descubierta por los navegantes portugueses. Ahora bien: Madeira significa en portugués madera, palabra derivada de la latina materia que significa materia en general, y es, a su vez, un derivado de mater (madre). La materia de que una cosa está hecha es la parte que de sí misma debe a la aportación materna, antigua concepción que se perpetúa en el uso simbólico de madera por mujer y madre"[54].

Madera es símbolo femenino en la simbólica onírica psicoanalítica porque la filología nos explica que en última instancia los vocablos provienen del tronco común griego. No puede ponerse en duda los amplios conocimientos filológicos del autor, pero de ahí a determinar el sentido onírico de madera por tales raíces idiomáticas hay un salto totalmente en el vacío. ¿Por qué el analista tiene que relacionar madera con mujer? ¿Por qué nominalmente ambos vocablos provienen de una raíz común? ¿Por qué el análisis de las circunstancias y de la personalidad del sujeto así lo indica? Si se responde afirmativamente a la primera opción, se ha perdido por completo el caso particular en aras de una significación lingüística milenaria sólo conocida por algunos expertos. Si la afirmativa corresponde a la segunda opción la simbólica onírica del psicoanálisis no tiene razón de ser. En este caso, es donde se hace patente el insostenible equilibrio freudiano entre la comprensión de "este sujeto" a través de los sueños y el simbolismo formal de corte universal que pretende utilizar como clave para la interpretación de los sueños, sin advertir que ello comporta una vuelta precisamente a lo que pretendió superar. El vocablo alemán SCHIFF (barco) y su relación con SCHAFF (escudilla) juntamente con la leyenda griega de Periandro

---

[54] - Sigmund Freud: Op. Cit., Pág. 230

y Melisa hacen que Sigmund Freud encuentre el fundamento de barco como símbolo femenino en la interpretación de los sueños (Obra citada, pág. 231). Podría abundarse en multitud de ejemplos donde el símbolo ha sido fijado según el folklore, la religión (sobre todo la Biblia) y otras pautas formalistas y abstractas que nos hacen perder el significado del momento dialéctico que atraviesa ese ser único en su aquí y ahora desde su perspectiva onírica significante. Evidentemente, todo esto no obsta para que la escuela psicoanalítica de hoy siga los pasos marcados por su creador sin asumir el problema crítico que se plantea a lo largo de muchos de sus conocimientos. Parecen empeñados en no advertir que es imposible interpretar el caso concreto e irrepetible, precisamente en lo que tiene de irrepetible, como es el problema psicológico, a través de un sistema simbólico en el cual necesariamente se pierde lo individual en aras de lo universal. Dicha orientación (o abandono de la primera) nos inclina a pensar que se pierde en la misión de defender un endogenismo mecanicista cuando sus mismas experiencias podrían ser encuadradas y explicadas en una hipótesis cuya perspectiva fuera un marco referencial más dialéctico, más histórico y más concreto. En resumen, encontramos problemática la simbólica freudiana para la interpretación de los sueños porque éstos en cuanto hechos psicológicos escapan totalmente al formalismo lógico mediante el cual Freud pretende explicar su significación. Formalismo cuyas bases son de un planteo abstraccionista, formalista y cuyo realismo termina demostrándonos que por una circunstancia supraestructural y por la necesidad de "psicologizar" (en la pautas clásicas de la psicología) el psicoanálisis perdió el rumbo ubérrimo de su perspectiva prístina concreta. No podemos interpretar por medio de la lógica formal desde la perspectiva que una de las características del inconsciente es su falta de lógica "formal", en el caso del contenido manifiesto al latente hemos perdido una posibilidad dialéctica de encontrar el significado del hecho psicológico.

No nos extraña entonces que el mismo Freud se viera enfrentado a la más dura de las críticas en este aspecto aun por aquellos incondicionales del psicoanálisis. Él mismo nos lo dice con cierta extrañeza: "...un hecho por todo concepto singular, y que no podemos por menos de señalar aquí, es la general y encarnizada resistencia con que ha tropezado esta concepción simbólica de las relaciones entre los sueños y lo inconsciente. Incluso personas reflexivas y de gran autoridad, que no formulaban contra el psicoanálisis ninguna objeción de principio, han rehusado seguirlo por este camino, actitud tanto más singular cuanto que el simbolismo no es una característica exclusiva de los sueños y que su descubrimiento no es obra del psicoanálisis, el cual ha realizado otros muchos más sorprendentes"[55].

---

[55] - Sigmund Freud: Op. Cit., Pág. 325.

NUEVAS PERSPECTIVAS DE SALUD MENTAL

DOCTOR JUAN MANUEL VALVERDE, 1973

Antes de la primera revolución psiquiátrica, en épocas del Renacimiento, casi todos los enfermos mentales eran considerados hechiceros, brujos o embrujados, aunque no todos los acusados de hechiceros fueran enfermos mentales.

La fusión de demencia, hechicería y herejía era un solo concepto y se excluía la sospecha de que el problema pudiera ser de índole médica.

El concepto de enfermedad mental se usa hoy en primer lugar para oscurecer y descartar con explicaciones los problemas relacionados de índole personal y social, del mismo modo el concepto de hechicería se utilizó con igual propósito desde comienzo de la Edad Media hasta bien pasado el Renacimiento.

En la actualidad buscamos y logramos negar las controversias sociales, morales y personales refugiándonos apresurados en el juego médico.

Durante más de mil años, desde los albores del cristianismo hasta después de la Edad Media, el hombre europeo trató de forjarse otro modelo del mundo, el teológico, que se refiere a lo que también podríamos denominar el juego religioso de la vida y las reglas que lo gobiernan. El examen de los mandatos religiosos y sus efectos en el hombre medieval será interesante por varias razones. Primero porque ilustra los principios de la conducta reglada o de acontecimientos de reglas; segundo porque revela a la hechicería bajo una nueva forma, como antecedente histórico de los modernos conceptos de fingimiento e histeria; y tercero porque las reglas religiosas estudiadas no tienen interés histórico sino que constituyen fuerzas sociales activas en la época actual. En consecuencia, siguen siendo de primordial importancia para los problemas contemporáneos de "salud y enfermedad mental".

Muchos investigadores médicos y psiquiatras contemporáneos (Zilboorg 1935-1941) defienden este enfoque médico psiquiátrico de la hechicería. Según este autor los hechiceros eran enfermos mentales diagnosticados en forma errónea. De acuerdo con esta teoría, la hechicería representa la expresión de un método particular por medio del cual los hombres trataron de explicar y dominar diversas calamidades naturales. Incapaces de admitir su ignorancia y su relativa impotencia, pero también de alcanzar la comprensión científica y el dominio de muchos problemas físicos, biológicos y sociales, los hombres recurrieron a víctimas propiciatorias para explicar esos fenómenos. Las entidades específicas de aquellos forman legiones: los leprosos, las mujeres, los judíos, los negros, los comunistas, los enfermos mentales, etc. Todas las teorías basadas en la víctima propiciatoria postulan que es posible resolver cualquier tipo de problemas si se logra dominar, subyugar, someter o eliminar al transgresor, la raza o enfermedad o cosa por el estilo.

Mientras los médicos aceptaron con entusiasmo la idea de que las brujas eran mujeres histéricas a quienes se les había hecho un diagnóstico erróneo, los científicos sociales tendieron a creer que ellas eran víctimas propiciatorias de la sociedad.

Por lo tanto, el esclarecimiento de la sociopsicología de la hechicería debe ser útil, no sólo para estudiar este fenómeno, sino también en función del problema contemporáneo de las enfermedades mentales.

En la Edad Media, las víctimas propiciatorias eran "Brujas"; hoy o lo son los "pacientes mentales" involuntarios o los individuos que padecen una "enfermedad mental".

¿Cuáles son los valores del sistema social que fomenta el diagnóstico de enfermedad mental? Este interrogante atañe a los valores no reconocidos y en un sentido más general, a los puntos de vista universales de nuestra civilización occidental contemporánea. Uno de los principales valores de nuestra cultura es, sin duda alguna, la ciencia. La medicina como parte de esto, integra dichos sistemas de valores. Los conceptos de salud y de enfermedad y tratamiento son las piedras angulares de una omnímoda y moderna concepción médico-terapéutica universal. Se alude aquí a la ciencia en cuanto fuerza institucional, similar a la teología organizada en épocas pasadas. Es cada vez mayor el número de gente que recurre a esta versión de la ciencia, llamada algunas veces "Cientificismo", en busca de guías prácticas para la vida.

Los psiquiatras que buscan anormalidades biológicas (genéticas, biogenéticas, etc.) creyendo que en ellas residen las causas de las "enfermedades mentales", se hallan comprometidos en forma consciente o inconsciente con este marco de referencia y sus valores ocultos.

Si bien éste es un sistema médico de valores, se trata, sin embargo, de un sistema ético, pues tanto la hechicería como la enfermedad mental se concentran en pautas de desviación de las normas sociales o reglas de conducta. El concepto de enfermedad mental se refiere al cuerpo humano como máquina animal, antes que el hombre como entidad social, en consecuencia, el término enfermedad implica tratar con fenómenos que no se relacionan en primer lugar con factores sociales.

Así como la hechicería era un juego teológico invertido, del mismo modo la psiquiatría general es una especie de juego médico invertido para la ética del juego médico. "La salud" (definida entre otras cosas, como un organismo en buen estado de funcionamiento) es un valor positivo. La felicidad también lo es. Sus opuestos son el organismo que funciona en forma deficiente y su desdicha y depresión.

En la medida en que aceptamos la ética del juego médico las personas enfermas serán mal miradas, por lo menos hasta cierto punto. Esta actitud tiende a suavizarse por la sumisión del enfermo hacia quienes tratan de mejorar su salud. Puede afirmarse que en el marco de la ética médica, el paciente sólo merece un trato benevolente en la medida en que es potencialmente sano. Esto es similar a la posición teológica medieval, según la cual la bruja o el hereje, era digno de atención solo en tanto manifestaba ser un "verdadero creyente" en potencia. En ese caso, se acepta al hombre como ser humano (ej.: merece trato humanitario) sólo porque podría ser sano; en el caso siguiente, porque es posible que sea un buen cristiano. Por consiguiente, ni la enfermedad ni la incredulidad religiosa recibieron el tipo de reconocimiento humanitario que merecían. A raíz del desarrollo del espíritu científico racional en la cultura occidental se aceptó cada vez más el escepticismo religioso. Hoy, sin embargo, en la vida contemporánea predomina el punto de vista médico. De acuerdo con este enfoque no se acepta bastante el hecho general de que la enfermedad forma parte de la vida, tanto como la salud. De esta suerte, se tiende a enmascarar y rechazar la posibilidad de que diversos tipos de incapacidades físicas y comportamientos humanos de toda índole puedan ser modos se existencia o sistemas de vida adecuados. Junto con la difusión del cientificismo médico y la tendencia a desconocer la existencia legítima de problemas de relaciones humanas, se observa sobre todo en EE.UU., el renacimiento de un creciente antagonismo hacia la incredulidad religiosa. Esto puede ser en parte resultado de la equiparación de agnosticismo y comunismo prevaleciente en esta sociedad. Esta simple racionalización puede ocultar empero el temor general a enfrentar, de manera más abierta, los problemas vitales de la existencia humana. La misma popularidad del psicoanálisis y de diversas técnicas psicoterapéuticas podría atribuirse entonces a este agudo deseo de negar, modificar o eludir el enfrentamiento con determinados conflictos de intereses humanos, sean interpersonales, sociales, éticos o económicos.

Los problemas relacionados con la constancia histórica y la posibilidad de predecir son de suma importancia para la psiquiatría. El pensamiento psicoanalítico da por sentado que la predicción es una herramienta legítima de esta disciplina científica. Pero hay que considerar que debemos tener serias reservas con respecto a las preocupaciones por controlar y predecir los hechos psicosociales. La prudencia y el escepticismo exigen que prestemos atención a la epistemología de la psiquiatría y en especial a lo que implican las explicaciones históricas y deterministas de la conducta humana.

Popper designó con el nombre de "historicismo" a la aplicación del determinismo físico a los asuntos humanos. El examen, en gran parte, del moderno pensamiento psiquiátrico revela el rol fundamental de los hechos históricos precedentes como presuntos determinantes de la conducta subsiguiente. La teoría psicoanalítica de la conducta constituye una especie de historicismo. Es preciso tener en cuenta que las teorías historicistas excluyen explicaciones referentes a la evaluación, opción y responsabilidad en los asuntos humanos. Se considera que los hechos históricos (psicológicos-sociales) están determinados por sus antecedentes, del mismo modo que los hechos físicos lo están por los suyos. De acuerdo con esta doctrina el futuro está determinado por el pasado: "Toda versión del historicismo expresa la esencia de que algo es arrastrado hacia el futuro por fuerzas irresistibles". Comparemos esta afirmación con la tesis freudiana de que la conducta humana está determinada por "fuerzas inconscientes", las cuales son a su vez producto de experiencias tempranas e impulsos instintuales.

La similitud esencial entre el marxismo y el psicoanálisis reside en que ambos seleccionan un único tipo de causa precedente que bastaría para explicar casi todos los hechos humanos subsiguientes. En el marxismo (mal comprendido) las condiciones económicas determinan la naturaleza y la conducta humana; en el psicoanálisis los factores histórico-familiares. Ante esta afirmación cabe discutir si el pasado es en realidad un determinante tan poderoso de las acciones humanas futuras, como lo es el caso de los acontecimientos físicos que ocurrirán. Sin embargo esta visión no fundamentada de la conducta personal ha tenido gran aceptación en nuestros días. Es indudable que el pasado moldea la personalidad y el organismo humano de la misma manera que también puede moldear la máquina. Sin embargo es preciso comprender este proceso no en función de "causas" antecedentes y "efectos" consecuentes, sino más bien en función de las modificaciones de toda la organización y el funcionamiento del objeto sobre el cual se actúa.

"Parece en realidad como si los historicistas estuvieran tratando de resarcirse por la pérdida de un mundo inmutable, aferrándose a la creencia de que el cambio puede ser previsto porque está regido por una ley inalterable".

Con respecto a esto Freud recurrió a una sugerencia similar para explicar por qué los hombres creen en la religión. Atribuyó la fe religiosa a la incapacidad del hombre para tolerar la pérdida de un mundo familiar: el de la infancia, simbolizado por el padre protector. Es importante subrayar que si bien Freud criticó a la religión organizada por su manifiesto infantilismo, no fue capaz de comprender las características sociales de la "sociedad cerrada" y los rasgos psicológicos de sus males partidarios. Podemos suponer que el historicismo tuvo para Freud y para quienes lo acompañaron en el precario e incipiente movimiento psiquiátrico, la misma función que cumplió para otros: ofreció una oculta fuente de tranquilidad, que protegía contra la amenaza de un cambio imprevisto e imprevisible. Esta interpretación concuerda con el actual empleo del psicoanálisis como medio de oscurecer y enmascarar los conflictos políticos-sociales-morales, considerándolos como problemas personales.

En este sentido, Rieff (1959) sugirió que la "popularidad del psicoanálisis, en una época que padece de vértigo que proviene de la aceleración de los acontecimientos históricos, puede atribuirse en parte a que Freud reivindicó la naturaleza constante de la historia".

Sin embargo, no existe esa naturaleza constante de la historia; tanto el hombre como la sociedad cambian y a medida que lo hacen cambia con ellos la naturaleza humana.

Así como las leyes físicas son relativas respecto a la causa, del mismo modo las leyes psicológicas lo son en relación con las condiciones sociales. En otras palabras, las leyes de la psicología no puede formularse sin tener en cuenta las leyes de la sociología.

El ejercicio de la psiquiatría representa un esfuerzo por retornar a la salud aquellos que por no soportar las tensiones existentes originadas en la interacción con el medio que conforman su posibilidad han reaccionado, mediante una crisis humana individual, en respuesta a su situación socio-histórica concreta.

El terapeuta, que es quien dirige la tarea, trabaja siempre dentro de los límites de un marco de referencia, que si bien hipotéticamente debe responder a las exigencias de una terapia efectiva, de hecho está condicionado por una formación unilateral (carente de perspectiva holística) o por un medio condicionante adverso, no advirtiendo la totalidad humana en que está inserto el enfermo. Por ello se hace necesario usar todos los marcos referenciales posibles para hacer entronque con el paciente, sacar el esquema en la realidad única del paciente, en su historia personal e irrepetible, que a la vez es el resultado de variables que más o menos manejamos y no conocemos.

El marco referencial que le dio existencia a la psicoterapia es el psicoanálisis. Si bien dio comienzo a una nueva era en la psiquiatría, no escapó a ella en cuanto a condicionamiento antropológico. El psicoanálisis está concebido y estructurado por una realidad humana que no es la actual, a pesar de ello tiene vigencia porque gran parte suya escapa a su marco fundante; esto ha comenzado a advertirse en la escuela psicoanalítica y ha causado la multidivisión que la aqueja.

Curiosamente, en el último congreso psicoanalítico que se realizó en Viena, el pedido de rescate vino desde adentro mismo de la Asociación Psicoanalítica Internacional. El tema central era la agresión y el vocero del pedido de rescate fue MITSCHERLICH que declaró que "los factores sociales son los verdaderos responsables de las conductas agresivas y destructivas. Pronto nadie tomará en serio al psicoanálisis si se sigue insistiendo en que las guerras se producen por el odio que los padres sienten hacia sus hijos y los mandan al frente para hacerlos matar". Esta crítica se refiere obviamente a la teoría del filicidio sostenida por RASCOVSKY.

Si aplicamos el Psicoanálisis al campo social debemos ubicarlo dentro de la estructura socio-económica-política pertinente. Así, la teoría del filicidio como factor causante de las guerras se vuelve insostenible por esta omisión.

Tomemos como ejemplo la violencia dentro de una sociedad clasista. Podemos establecer la siguiente analogía: la clase dominante se comporta frente a la clase dominada como padres violentos frente a sus hijos dependientes y éstos, a su vez, luchan violentamente por su liberación. No nos olvidemos que esta explicación no agota el problema ni olvidemos a la situación económica existente, vigente y concreta.

La interpretación psicoanalítica puede complementar nuestra comprensión sociológica y política pero pierde sentido si la emitimos aisladamente, en vez de ubicarla dentro de una estructura social que Marx volvió inteligible.

El problema fundamental estriba en que como caso terapéutico es irrepetible en su mismidad humana concreta y singular, y si ajustamos su tratamiento a normatividades generales, estamos ignorando precisamente aquello que queremos curar.

Las relaciones que se establecen entre psicoanálisis y marxismo son múltiples y la falta de discriminación entre ambos conducen con frecuencia a superposiciones y confusiones lamentables. Podemos acercarnos a la peligrosa constitución de un híbrido en lugar de una relación fecunda. El actual "freudo-marxismo", en su afán de actualidad, adquirirá un nuevo problema sin superar los que advirtió entre los representantes de la ortodoxia de la escuela y sin duda el marxismo también puede convertirse (sobre todo si pierde su perspectiva dialéctica) en un marco formal que se aleja indefectiblemente de lo concreto.

El psicoanálisis como todo campo científico está sometido a un desarrollo propio e interno en el seno de la evolución de la psicología misma, pero es al mismo tiempo producto y reflejo de cada momento del desarrollo histórico-social y como tal se incluye desde su origen en determinadas estructuras ideológicas o concepciones de vida. De esta manera, el psicoanálisis puede ser considerado como hecho científico, como acontecimiento histórico-social, como integrante de una ideología.

A diferencia del psicoanálisis, el marxismo es una concepción unitaria del mundo, de la naturaleza, de la vida y de la sociedad; que se propone con esta concepción, cambiar las condiciones de la vida de la sociedad. Esta concepción unitaria y el propósito solidariamente unido a ella de cambiar la sociedad, el marxismo lo obtiene y amenaza con su instrumento que es el materialismo dialéctico.

El marxismo es también un acontecimiento histórico-social, pero a diferencia del psicoanálisis y de cualquier otro campo científico no integra sino que constituye en sí mismo una ideología.

¿En qué ordenes de relaciones se pueden estudiar el psicoanálisis y el marxismo?

Primero: El psicoanálisis es un campo científico particular y el marxismo una concepción del mundo, por lo tanto, no cabe la comparación, la integración, ni la exclusión en términos que sí cabrían en el caso de dos teorías científicas o de dos ideologías. La comparación de psicoanálisis y marxismo proviene de un déficit o distorsión del marxismo, o bien, de una extensión abusiva del psicoanálisis.

Para compararlos hay que reducir el marxismo a una ciencia particular o bien ampliar el psicoanálisis hasta convertirlo en una filosofía o concepción del mundo, proceso que no sería una ampliación sino una superfetación. El error de la superfetación se origina cuando se extiende el modelo explicativo de los instintos a los acontecimientos sociales, explicando la paz por el instinto erótico y la guerra por el instinto de muerte.

Segundo: El marxismo puede compararse, concordar u oponerse, contradecirse o integrarse, solamente con otra concepción del mundo, y en este caso, sólo con la ideología en la que se sustenta y con la que se construye el psicoanálisis; tanto en sus teorías, en sus métodos de investigación y en su operatividad y procedimientos terapéuticos. Toda teoría o investigación científica se apoya en una corriente ideológica que puede no ser única, y siendo más de una, en determinados momentos puede integrarse y potenciarse o entrar en contradicción. Este es el caso del psicoanálisis, que parte del materialismo mecanicista, desemboca en el idealismo y utiliza inconsciente e inconsecuentemente la dialéctica.

El materialismo dialéctico, como método y como ideología no puede reemplazar nunca el desarrollo de la investigación y de los conocimientos concretos y particulares correspondientes a un campo científico determinado. En síntesis, el marxismo como método e ideología no sólo no reemplaza a la psicología sino que la exige. Una filosofía correcta no posibilita el despliegue de una ciencia a partir de sus principios, por el solo procedimiento deductivo; una filosofía correcta no descarta sino que impulsa el desarrollo científico en particular de cada campo.

Tercero: El marxismo puede y debe estudiar todo momento del desarrollo científico como resultado de las fuerzas sociales en pugna y en juego; esto constituye la sociología del pensamiento y de la investigación científica, en tal caso, la relación es de una aplicación del materialismo histórico al psicoanálisis y aquí no caven comparaciones.

Cuarto: Relaciones entre psicoanálisis e instituciones: la estructura antedicha impide a los psicoanalistas discutir su propio papel en la sociedad contemporánea. Paradójicamente las sociedades psicoanalíticas han ignorado estos profundos cambios de la sociedad contemporánea.

El psicoanálisis (y esto lo ha dicho y afirmado Sartre a lo largo de toda su obra) si se integra al marxismo deja de ser psicoanálisis para ser dialéctico, queda reducido a un método que se ajusta a un marco referencial basado en las leyes de la dialéctica materialista. En esta perspectiva es muy difícil hablar de freudo-marxismo, pues si el ensamble se ha dado en los reales términos que debe darse, el freudo-marxismo ha dejado de existir como marco de referencia y si no, se ha caído en algo que es tan formalista y cerrado como el psicoanálisis ortodoxo.

Mientras no se abandone la Psicología psicoanalítica o cualquier otra connotación idealista se seguirá haciendo una terapia de acomodación a pautas generales y se seguirá perdiendo sin remedio la peculiaridad del paciente, pero sin embargo la labor psicoterapéutica consiste en rescatar para una vida humana a este hombre, que existe en medio de "dos coordenadas" (su historia y su medio) que lo conforman irrepetible y por lo tanto el ponerlo en condiciones de manejar sus posibilidades existenciales no puede depender de un ajuste a generalidades extrañas a este hombre. Este problema que se intenta ignorar o suspender con paliativos es el que decide realmente la eficacia de la terapia y por ello, el primer paso a seguir es cerciorarnos de que los supuestos responden a la realidad humana, en lugar de condicionarla en forma alienatoria.

Desde hace algunos años el existencialismo pretende ser la filosofía capaz de brindar ese enmarque a la terapia psicológica.

El existencialismo se presenta como una reacción contra el racionalismo general y más precisamente contra el racionalismo absoluto, tal como aparece en Hegel. Puesto que su filosofía racionalista es la más ambiciosa, sistemática y orgullosa, Hegel se lisonjeaba de haber construido un sistema de ideas donde todo, absolutamente todo era explicado y encarado por la virtud de la famosa dialéctica en tres tiempos: tesis, antítesis y síntesis.

El existencialismo es en cierta manera un grito de protesta lanzado por el hombre contra una pretensión. "Podréis decir todo lo que queráis: yo no soy una fase lógica de vuestros sistemas. Existo, soy libre. Soy yo, un individuo y no un concepto. Ninguna idea abstracta puede expresar mi personalidad, definir mi pasado, mi presente, ni sobre todo mi porvenir, agotar mis virtualidades. Ningún razonamiento puede explicarme, yo, mi vida, las elecciones que hago, mi nacimiento, mi muerte. Por consiguiente, lo mejor que puede hacer la filosofía es concentrar su atención sobre el hombre y describir la existencia humana tal como ella es. Esto sólo importa. El resto es vano". Así, poco más o menos, hablaba Kierkegaard, el fundador de la escuela.

Kierkegaard reclama el lugar que le corresponde a la singularidad humana en el mundo de la especulación y condena el intelectualismo en nombre de la trágica soledad del hombre, obligado a existir en medio de las cosas.

Heidegger expresa que el hombre es alguien que en definitiva no superará la existencia de la nada porque está condenado al fracaso existencial. En primer lugar la nada que experimentamos en la angustia no es inerte, es activa, aniquila el ser. La nada no es pura o absoluta: es la negación del ser, el no-ser. La nada que la angustia revela es la existencia bruta, a partir de la cual se constituye el ser destacándose sobre ese fondo oscuro. La angustia es un fenómeno universal: todo hombre la encuentra al menos por momentos. La existencia banal consiste en rechazarla, disfrazarla. La existencia auténtica consiste en acogerla. El hombre debe sumergirse en la soledad y en el silencio, frente a sí mismo, asumiendo su condición y colocarse en la verdad.

Para Heidegger el hombre no existe como "sí mismo" sino es por referencia al mundo. No es una relación accidental que sobreviene a un ser ya constituido, no es tampoco una relación espacial o de simple ubicación; es un lazo ontológico, constitutivo del ser humano. Busca descubrir el sentido del hombre como punto de partida para encontrar el sentido del ser en general. Podemos decir que el hombre para M. Heidegger es un proceso de temporalización. "El hombre es un ser temporal", el tiempo ontológico no debe ser confundido con el tiempo social ni con el tiempo cósmico. Es un tiempo cualitativo y concreto, una manera del ser del hombre: es existencial, el hombre se temporaliza.

De los tres momentos temporales (pasado, presente y futuro) el más importante es el porvenir porque el ser humano es fundamentalmente arrojarse a las posibilidades. "El hombre se inclina hacia posibilidades, que él no es todavía, que quizás no alcanzará, y eso mismo para él es existir". El hombre engendra el presente asumiendo su situación en el mundo. El hombre se encuentra arrojado en el mundo sin haberlo querido y destinado a morir ineluctablemente, pero en Heidegger aparece la libertad, última característica del ser humano que le permite asumir su condición y su situación.

La libertad se ejerce bajo la forma que se le reconoce de ordinario, por la elección del porvenir; de los posibles a realizar. Más allá de la libertad no hay nada, nada más que el abismo oscuro, el caos absurdo de la exigencia bruta respecto del cual ninguna pregunta es posible.

Nos hallamos ante un humanismo cerrado, pues el hombre está solo, abandonado, librado a la angustia, sin socorro, sin otro consuelo que su lucidez. Este enfoque existencialista coloca al hombre concreto en un fracaso endógeno.

El psicoterapeuta existencialista debe situar al paciente en condiciones de que él resuelva su existencia porque de lo contrario no se logra salud sino dependencia y se desvirtúa el sentido mismo de la psicoterapia individual.

El paciente es el hombre que tiene problemas en su compromiso y posibilidades de existencia, pero el enmarque de este existencialismo obligará al psicoterapeuta a trabajar para lograr un hombre cuya salud consistirá en aceptar el trauma existencial como signo de su humanidad. Esta es la gran paradoja del existencialismo: pretender una existencia auténtica que consiste en vivir para la muerte.

La psicoterapia tiene que condicionar al hombre para que acepte su magra existencia. Pues el hombre es un ser culpable (Heidegger) que comienza con el nacimiento y termina con la muerte. La culpa existencial es algo más que un mero sentimiento de culpabilidad, más que una mera función del superyó, sino culpa real y jamás se puede eliminar mediante una cura psicoanalítica. La tarea psicoterapéutica no puede consistir en llevar al hombre a un estado de carencia de "culpa", sino más bien en ayudarlo a reconocer y soportar su culpa.

En este sentido vemos que la psicoterapia tiene como meta la muerte y se destruye a sí misma, porque persigue la destrucción en vez de la salud. "El hombre está llamado a abrir a su existencia aquellas posibilidades que lo conduzcan a la muerte, no a la angustia; sino más bien en responsabilidad y aceptación plena de la culpa". No todo existencialista ve en la muerte la única meta humana.

Sartre en "El ser y la nada", en las últimas páginas dedicadas al psicoanálisis existencial, abre un horizonte, una esperanza para el hombre. Éste ya no es un ser para la muerte sino un ser con posibilidades y esta posibilidad depende de su elección, que no está determinada, condicionada por la acción mecánica del medio sobre el sujeto considerado.

El medio obra sobre el sujeto en la medida exacta que ésta se comprenda o sea en que lo transforma en situación. Ninguna descripción objetiva del medio puede servir. Al renunciar a todas las ecuaciones mecánicas, el psicoanálisis deberá también renunciar a todas las interpretaciones generales de simbolismos. Con la teoría de Sartre el psicoanálisis tendrá que reivindicar cada vez una simbólica en función de cada caso particular. Si el ser es una totalidad no es concebible que puedan existir relaciones elementales de simbolización con significación constante, inalterable, en los casos particulares.

Frente a estos conceptos, el freudismo debe respetar la existencia concreta en su irrepetible individualidad.

En "San Genet", Sartre intenta mostrarnos que la realidad concreta de la vida de un hombre sólo puede entenderse mediante una consideración de la dialéctica de la libertad actual en condiciones materiales dadas.

La libertad misma es un hecho, "estamos condenados a ser libres", no somos libres de no ser libres, abstenerse de elegir sigue siendo elegir. El hombre se encuentra siempre en "situación determinada" que limita sus posibilidades de elección. La libertad consiste en superar esa situación pero sólo puede superarla partiendo de ella y la integra necesariamente en sus proyectos, como un dato de hecho que no puede ser modificado en sí mismo.

Existir en efecto, es ser consciente, pero es también y más profundamente, ser libre. En último análisis, la libertad constituye "nuestro ser en el mundo", en otras palabras, "nuestro ser y nuestro mundo en estricta relación". La libertad es esa misma nada que hace al hombre, la realidad humana que segrega su propia nada. Es un arrancarse, un escapar a toda especie de datos, al ser bruto, al en sí; es trascendencia en el sentido activo de la palabra, es la existencia misma.

El hombre despierta a los otros sus propia existencia y trabaja para realizar un mundo en el cual la libertad sea posible para todos. En consecuencia, existir es hacer del mundo una circunstancia humana a través del tiempo, transformando el medio en medio humano.

De esta unión "Hombre-Medio" surge la necesidad de dejar la vieja idea de hombre aislado de su contorno. Sin duda que la posibilidad de un humanismo en nuestro tiempo implica la superación de lo inhumano. En el juego dialéctico de este humanismo es precisamente donde tiene que cumplir su función de reencuentro con el hombre concreto el existencialismo. Puede lograrse en una línea existencial que se proyecte en la consideración del "hombre como posibilidad de futuro", no la que pretende explicar la tragedia del hombre por una angustia constitutiva e insuperable. Así Sartre se pregunta por el amor y dice: "es por esencia un engaño" pues constituye un sistema de rebotes indefinidos; amar es querer que me amen, en consecuencia querer que el otro quiera que yo lo ame, etc. Imposible de determinar una vez metidos en el círculo infernal. Así, y en definitiva nada puede librar al hombre de la angustia de existir.

Por ende hay que emprender la tarea de lograr la posibilidad de lo humano, convertir por nuestro grado de concientización la filosofía que hasta ahora fue contempladora en transformadora. No bastará decir en qué consiste lo humano, habrá que hacer praxis de la vida para existenciar la posibilidad. De ahí la empresa que subraya Marx de la prioridad de la acción (el trabajo y la praxis social) con respecto al pensamiento.

El humanismo que de aquí se desprende implicará elementos tales como: a) inserción del hombre en la historia; b) inserción del hombre en el medio y el medio en el hombre y ambos en el contexto social; c) consideración del hombre como ser en continuo desarrollo; d) reconocimiento de la individualidad concreta e irrepetible de cada ser humano. Elementos indispensables para que una terapia sea transformadora y no se convierta en máquina.

Estos elementos se encuentran en el pensamiento sartreano al definir al hombre no por lo que es sino por sus posibilidades futuras. De esta manera el existencialismo puede convertirse en pensamiento totalizador del humanismo de nuestro siglo. Así Sartre asume al existencialismo como defensa de la individualidad dentro de la totalidad, reaccionando frente a los esquematismos. Nos encontramos así frente a una empresa ambiciosa: nada menos que con una totalización, como diría Sartre, de todo el conocimiento socio-histórico existente. Esta teoría abarca así toda la gama de la fantasía individual, las relaciones interpersonales, los sistemas sociotécnicos y las relaciones entre grupos. Ve las distintas teorías de la sociología y el psicoanálisis como realizaciones más o menos parciales de algún momento de la dialéctica. Como no son captadas por la razón dialéctica se los magnifica hasta convertirlos en teorías totales.

Pero para Sartre no existen totalidades finales en la historia. Hay solo "totalizaciones-destotalizaciones-retotalizaciones". Una totalización ocupa el terreno. Es desafiada por otra totalización. La primera pierde su validez absoluta, conserva su validez relativa y es absorbida por la segunda si ésta resulta lo bastante amplia. De tal modo se niega lo absoluto, se lo conserva como relativo y se lo subsume en una síntesis posterior. Y esta síntesis a su vez, será subsumida en otra, y ésta en otra, etc. Al ser superados de esta triple manera, un punto de vista, una síntesis, una totalización se convierte en un momento histórico. Nos constituimos y constituimos a los demás en colectividades sociales por medio de actos de totalización.

A la luz de esta totalización se pueden desarrollar teorías que son resultado de diferentes niveles de abstracción y extrapolación de la plena naturaleza concreta de lo humano. Se puede elaborar una teoría del espíritu sin vinculación con el cuerpo. Una teoría de la conducta sin relación con la experiencia, una teoría del individuo sin vínculos con la sociedad, una teoría de la sociedad no relacionada con el individuo, una teoría de las personas o la sociedad no relacionada con el mundo material.

La historia humana no es sólo un pasado nuestro, sino una totalización por nosotros en el pasado, como parte de nuestra orientación de nosotros mismos hacia el futuro. Es la elección de lo que recordamos, la conservación totalizante del pasado en el presente y el futuro.

Lo importante de la psicoterapia es advertir la totalidad humana en la que está inserto el enfermo. Tomando a la sociología como marco referencial, y entonces conectar la psicología con el corte antropológico. Así pues las escuelas psicológicas-psiquiátricas trabajan para equilibrar a un hombre que luego es anulado por su medio.

Lográndose una terapia que tan solo dé adaptación sin plantearse el problema de "si el medio es o no adecuado no se soluciona el problema. Un niño, por ejemplo, se experimenta a sí mismo a veces en un asombroso momento de revelación como "existiendo" cierta identidad. Es él mismo y no otro. Él es un hecho absolutamente separado, absolutamente contingente en el universo, pero su destino se encuentra en sus manos, y en ninguna otra parte. Entonces se reúne con el mundo. Regresa a su familia, y casi siempre pierde pronto su yo en el pantano succionador de las fuerzas alienatorias, masificadoras.

Esta comparación que se hace con el niño y su familia se puede hacer con el enfermo y su medio.

Podemos ver aquí cómo el pensamiento psicoanalítico queda reducido, como dice Sartre, a realidades complejas de la "Conducta" y las experiencias a "seudoirreductibles", tales como no dato constitucional insuperable, a una proporción innata del instinto de vida y de muerte. Y si vemos la vida personal en términos de Sartre, como "constituida-constituyente", como una unidad sintética de lo que hacemos con aquello de lo cual estamos hechos, de modelarnos con aquello de lo cual hemos sido modelados, debemos llegar a la conclusión de que la teoría psicoanalítica, en sus aspectos más débiles, hace caso omiso de nuestro activo constituyente, del momento de hechura, del moldeamiento de la unidad personal; con lo cual reduce a la persona a una resultante de abstracciones instintivas que no dejan llegar a la intencionalidad en cada vida.

Vemos así en el análisis de la elaboración del proyecto Genet el logro de una identidad y autonomía personales eligiendo ser lo que los otros querían que fuese.

Sartre por otra parte rastrea la vida personal hasta sus últimas consecuencias o soluciones, que sólo pueden encontrarse dentro de la propia vida personal. Este "proyecto original" definitivo, o elección original del yo, proporciona la base inteligible para todos los actos y experiencias de la persona. En el marco conceptual limitado de un dualismo psico-organísmico, las técnicas bioquímicas y neurofisiológicas, definitivamente perfeccionadas, y las unidades de conducta instintiva delineada con cuidado, pueden explicar de modo correlativo todos los impulsos psíquicos que podamos concebir. No explica nada en la medida en que la persona de la cual el psicoanalista presumirá estar ocupándose; se ha evaporado del campo del discurso y nos encontramos hablando de otras cosas, y en verdad de nada.

Sólo en el descubrimiento de una libertad por la elección de autofuncionamiento frente a todas las determinaciones, a todos los condicionamientos y predestinaciones podemos llegar a la comprensión de una persona en su realidad plena. Para no caer en reduccionismo: para conocer totalmente al otro, debe establecerse una relación dialéctica, en donde por un conflicto interior de una persona o de un grupo se compone la historia, que cada momento de una serie debe ser entendido a partir de un momento inicial, que la historia opera a cada instante por totalizaciones de totalizaciones, etc. Esta dialéctica es un método de conocimiento y un movimiento en el objeto conocido. El enfoque dialéctico del problema consiste en primer lugar en que en los conocimientos humanos se reconoce el contenido que "no depende del sujeto, no depende del hombre ni de la humanidad", vale decir que se reconoce la existencia de la "verdad objetiva". Al mismo tiempo en todo momento nuestros conocimientos son relativos, incompletos. El conocimiento completo, perfecto, acabado de la realidad es el objetivo del proceso infinito de la cognición. En este sentido, el conocimiento es absoluto e ilimitado, solo por su "naturaleza", por "posibilidad".

La dialéctica materialista de Marx y Engels -escribe Lenin- comprende ciertamente el relativismo, pero no se reduce a él, es decir, reconoce la relatividad de todos nuestros conocimientos, no en el sentido de la negación de la verdad objetiva, sino en el sentido de la condicionalidad histórica de los límites de la aproximación de nuestros conocimientos a esta verdad.

El conocimiento es un proceso complejo, contradictorio. De ahí que en la teoría del conocimiento, lo mismo que en todos los otros dominios de la ciencia, hay que razonar dialécticamente; o sea, no suponer jamás a nuestro conocimiento acabado, invariable, sino analizar que el conocimiento nace de la ignorancia o cómo el conocimiento incompleto e inexacto llega a ser completo y más exacto.

Así como ocurre con el conocimiento, ocurre con la psicoterapia, lo que obliga a pensar en términos de cambio total: adaptar el medio, hacerlo más humano en la misma manera que se adapta el hombre a la vida humana, aunque nos traiga como consecuencia un giro diametral en la tarea psicoterapéutica. En otras palabras, lo que pretende Sartre cuando define a la enfermedad como salida que inventa el organismo a una situación invivible y la terapia consiste en hacer vivible el medio para lograr la salud del sujeto en cuestión.

Sartre reconoce que el existencialismo es sólo una ideología que agota su sentido al existenciar el marxismo a quien juzga insuperable en nuestro tiempo. Sartre, en una carta dirigida a Roger Garaudy, expresa que el pensamiento existencialista coincide con el marxismo y pretende integrarse a él en virtud de sus resortes internos.

Este existencialismo tiene como meta el hombre y como último marco referencial la concepción marxista del mundo. Une así todas las condiciones de un marco referencial psiquiátrico, tanto por ser capaz de traducirse en acción (es verdadera concepción del mundo) como por ser capaz de llegar al hombre concreto.

Además, el hombre está definido por su futuro, cosa que es fundamental en psicoterapia porque sitúa al paciente en un plano de optimismo, le queda todo el futuro para vivir humanamente posible en la medida que logre superar las condiciones de su pasado.

Este existencialismo comprende la realidad del hombre que lucha con la naturaleza por imponer a ésta la humanidad; "el hombre no puede existir en una naturaleza sin transformar la vida del hombre", se desarrolla en una continua polaridad de oposición y superación, entre hombre y naturaleza. El hombre, frente a esta modificación de la materia pretende la humanización creciente del medio, permitiendo así una existencia cada vez más humana del hombre.

El medio de humanización (praxis planificada) es el trabajo y por tanto éste cobra capital importancia dentro de cualquier planteo humanista.

Esta es la razón fundante (que el trabajo es medio de humanización) que exige considerar a éste, lo mismo que a la circunstancia como elementos humanos si queremos realizar una tarea antropológica seria.

Trasladar este enmarque a la labor psicoterapéutica es una empresa delicada. El terapeuta está frente a un hombre singular, con problemas de conducta, de adaptación, de comunicación, de angustia o de cualquier otra naturaleza. Hay que analizarlo, diagnosticar y tratar de curarlo. Para esto puede que posea técnicas para enfrentar la situación, pero como carece por completo de una psiquiatría omnicomprensiva, su tarea se reduce a la aplicación mecánica de la que considera indicada para el caso que se le ha presentado. El resultado de esto es que el paciente sobre su situación es ayudado por una terapia que sólo busca que acepte su estado, proporcionándole para ello medios de adaptación o drogas-calmantes.

Aparentemente este resultado lo busca la psicoterapia y no el terapeuta, que sólo representa un instrumento formal y condicionado para que actúe en esa forma y carece de "posibilidades y conocimientos para actuar de otro modo".

La psicoterapia busca esta finalidad porque es una realidad paraestructural que a través de una superestructura está defendiendo a una infraestructura económica. Cuando definimos el humanismo como elemento necesario en el marco referencial de la psiquiatría (siguiendo a Lefebvre) remarcamos que lo inhumano es la injusticia, opresión, crueldad, represión, tortura, miseria, etc., evitable. Cuando condiciones económicas infraestructurales producen una estructura que se mantiene gracias al sometimiento de muchos seres humanos, que ven tronchadas sus posibilidades de avance en lo específico porque se enajena su trabajo en aras de intereses ajenos a lo humano, las condiciones invivibles de tal sometimiento son evitables y por tanto son inhumanas.

En este contexto toma sentido la definición de Sartre que prologa los trabajos de Laing y Cooper y toma sentido también la consideración de Lefebvre del devenir histórico que transforma la ciencia y conocimientos humanos en instrumentos de lo inhumano y explica los profundos contrasentidos de la ciencia actual, sobre todo, de la ciencia del hombre.

La necesidad de no romper un orden que existe gracias a que muchos se ven imposibilitados de existenciar sus posibilidades, hace que la ciencia condicionada cuide de no romper su propio marco, tal el caso de la psiquiatría actual que se convierte en técnica al servicio de la gran estructura que le ha dado origen y significación, con el fin de contener el avance histórico en los medios humanos que ha comenzado la desalienación.

Este comienzo de desalienación, no práxica sino gnósica, hace que el ser humano vislumbre su quiebra existencial ante la cercenación de sus posibilidades y por ello enferme. En consecuencia, la adaptación y aceptación de una existencia menos humana comienza a aparecer.

Esta psiquiatría comienza a tomar conciencia de su situación. La solución: dejar de lado el marco referencial condicionante para buscar una salida terapéutica de desalienación parece mágica, providencial. El terapeuta somete al paciente a un proceso de desalienación y le da una perspectiva de cambio, pero, ¿de qué sirve si el paciente debe volver al medio enfermo?

Por un lado se pretende que el terapeuta se convierta en un luchador social, en el campo de la política económica, a través de una terapia desalienada; en consecuencia resulta un paciente revolucionario.

Por otro lado, se pretende que con la psicoterapia el paciente sobrelleve su situación sin causarle problemas al medio; en consecuencia psicoterapia de adaptación y aceptación de la situación.

Esta disyuntiva parece insuperable. El terapeuta se verá en la obligación de conocer la realidad humana en que actúa (hombre en el medio) de tal manera que su terapia logre una desalienación condicionada en la medida que le permita la situación envolvente, hecho que hace necesario por las exigencias de una realidad profundamente condicionada y que aniquilará a quien emerja de una terapia que pecó de no darse cuenta del papel que jugará el medio en el futuro del paciente.

La alienación es causa de enfermedad; pero una terapia desalienatoria convertiría al sujeto en un ser de laboratorio, para devolverlo a un medio que sigue siendo tan enfermante como cuando se desencadenó el proceso enfermante y que necesariamente producirá peores resultados que los del proceso inicial, lo que es necesario obviar.

Al parecer la única salida es la adaptación, pero en una perspectiva auténticamente humana; es la desalienación terapéutica que asuma la perspectiva de la realidad (medio-humano), que condiciona alienando; o sea, una terapia de "desalienación alienada desalienante".

BIBLIOGRAFÍA

La verdad y el error, de Selivanov. Editorial Sapiens.

Cuestionamos II, de Mari Langer, Bleger y otros.

Psicoterapia-Reflexiones sobre su ejercicio I, de J. M. Valverde.

Psicoterapia-Reflexiones sobre su ejercicio II, de J. M. Valverde.

Razón y Violencia, de Laing y Cooper.

Lecciones sobre Existencialismo, de Roger Verneause.

El mito de la enfermedad mental, de Thomas Zsaza. Editorial Amorrortu.

Un aporte popular para la comprensión del mundo de hoy

Cambalache

de Enrique Santos Discépolo

I

Que el mundo fue y será una porquería
ya lo sé...
En el quinientos seis,
y en el dos mil también!
Que siempre ha habido chorros
maquiavelos y estafaos,
contentos y amargaos,
valores y dublé...
Pero que el siglo veinte
es un despliegue
de maldá insolente,
ya no hay quien lo niegue.
Vivimos revolcaos
en un merengue
y en un mismo lodo
todos manoseaos!...

II

Hoy resulta que es lo mismo
ser derecho que traidor...!

ignorante, sabio o chorro
pretencioso o estafador!
Todo es igual!
Nada es mejor
Lo mismo un burro
que un gran profesor!
No hay aplazaos
ni escalafón,
Los inmorales
nos han igualao.
Si uno vive en la impostura
y otro afana en su ambición
da lo mismo que sea cura,
colchonero, rey de bastos
caradura o polizón!

I (BIS)

Que falta de respeto, que atropello
a la razón!
Cualquiera es un señor!
Cualquiera es un ladrón!
Mezclao con Stravinsky va Don Bosco
y "La Mignón"
Don Chicho y Napoleón,
Carnera y San Martín...
Igual que en la vidriera irrespetuosa
de los cambalaches
se ha mezclao la vida
y herida por un sable sin remaches
ves llorar la Biblia
junto a un calefón!

II (BIS)

Siglo veinte, cambalache
problemático y febril...
El que no llora no mama
y el que no afana es un gil...
Dále nomás!
Dále que va!
Que allá en el horno
se vamo a encontrar!
No pienses más,
sentate a un lao!
Que a nadie importa
si naciste honrao!
Es lo mismo el que labura
noche y día como un buey!
que el que vive de los otros,
que el que mata, que el que cura
o está fuera de la ley!

CIENCIA, MEDICINA Y PSIQUIATRÍA: REFLEXIONES SOBRE SU COMETIDO

Vº CONGRESO ARGENTINO DE PSIQUIATRÍA 1972 FEDERACIÓN ARGENTINA DE PSIQUIATRAS, CÓRDOBA

"Qué es por tanto la filosofía -quiero decir la actividad filosófica- si no es la labor crítica del pensamiento sobre sí mismo. Y si no consiste, en vez de legitimar lo que ya se sabe, en tratar de hacer cómo y hasta dónde puede ser posible pensar de otro modo".

Michel Foulcault

"Medicina moral implica el estudio de los fenómenos psíquicos considerados en la etiología y sintomatología de las enfermedades. Nadie podrá ser médico completo si no reuniera la fuerza pujante del filósofo a la paciente atención del observador".

Dr. Güemes

Cada vez que se intenta una consideración de las ciencias médicas de nuestro tiempo se cae en el lugar común de admirar extasiados su avance. Siempre es motivo de aplauso la última proeza quirúrgica o el descubrimiento de las propiedades de una substancia química que dará nacimiento a nuevos fármacos. Es ocioso pretender una enumeración probativa de este tipo de hechos porque la prensa en cualquiera de sus formas nos ofrece a diario como noticia -y con perseverante insistencia- la crónica de estos avances médicos. No dudamos que todo ello significa un enriquecimiento del saber como patrimonio de la humanidad, y sabemos también con cabal certeza que se ha obtenido por el trabajo tesonero y abnegado de muchos hombres de ciencia que han oblado su existencia en aras de la investigación. Estas reflexiones pretenden un enfoque distinto de la medicina teniendo en cuenta que esa labor de búsqueda y descubrimiento ha sido posible gracias a toda la humanidad que ha sacrificado mucho para que algunos puedan llegar a la cumbre del saber. Se impone así un serio replanteo al camino que sigue nuestra medicina.

Hoy hablamos de CIENCIAS MEDICAS indicando que vemos en ellas como necesidad la exactitud de la prueba y la medida matemática de las probabilidades. Esto no es extraño porque a partir de la modernidad las matemáticas se convirtieron en fundamento del saber, y la medicina no podía ser excepción. Además, los adelantos de las ciencias físico-químicas le permitieron intentar cosas que hasta ese momento parecían quiméricas empresas. Es de notar que el matematismo moderno en alguna medida nutrió el cientismo posterior, que prepotente desde su fortaleza de exactitud pretende usar los cánones formales -no reales- vigentes sólo en laboratorio o en situación de prueba experimental para reducir a ellos la realidad, y en este caso al hombre.

En la actual literatura científica se encuentran muchas referencias a esta realidad. Karl Jaspers, figura que hoy conocemos como filósofo existencial, pero que en su momento descolló en la medicina, denunció el avasallamiento de las ciencias matemáticas sobre el campo no matematizable e intentó fijar como límite de la ciencia el campo de lo mensurable. De esta manera creyó salvar al hombre de la esquematización anónima de impersonales conclusiones. La postura de Jaspers adolece evidentemente de un prurito antimetodológico que es común a toda la escuela existencial de la primera época, y además peligrosamente desconocedor del papel legítimo de la ciencia que tiene su origen en la alienación del sistema total, pero a pesar de ello la tomaremos como índice de que el problema que señalamos es reconocido aun por aquellos que trabajan con diferentes referencias cognitivas.

Dice Karl Jaspers al respecto: "Por lo pronto, los límites de la ciencia serían claros si se dejaran determinar concisamente:[56]

a) conocimiento real científico no es conocimiento del ser. El conocimiento científico es particular, sobre objetos determinados, no sobre el ser mismo juzgado. Por lo tanto, y precisamente mediante el

---

[56] - Karl Jaspers: Filosofía de la Existencia. Aguilar. Madrid 1961, Pág. 32 y 33.

saber, la ciencia obtiene de modo filosófico el saber más decisivo en torno al no saber, esto es al no saber de lo que el ser mismo es.

b) el saber científico no puede dar ningún objetivo para la vida. No establece valores válidos. Como tal no puede dirigir. Remite, mediante su claridad y su decisividad, a otro surgimiento originario de nuestra vida".

Luego analizaremos más detenidamente el problema que plantea Jaspers, pero ahora nos interesa subrayar una de sus afirmaciones: "El saber científico no puede dar ningún objetivo para la vida". Para Jaspers -en el interior de su sistema de pensamiento- esto ocurre porque la ciencia trabaja con exactitudes parciales y carece del sentido de totalidad que difiere según la época histórica y que sólo puede darlo la filosofía. Las ciencias -entre ellas las ciencias médicas- son "instrumentos" del saber humano que reciben (o deben recibir) su sentido desde una esfera superior que es la filosofía.

Raimundo Paniker observa también la necesidad de la incorporación del campo de lo científico a la "totalidad humana" al considerar como problema actual la independencia lograda por el binomio ciencia-técnica que pretende operar con total desconocimiento de las exigencias humanas. Para Paniker esto era posible hasta hace unos decenios, pero hoy es insostenible (No aceptamos esta afirmación de Paniker en forma absoluta. Para nosotros una perspectiva parcial siempre es alienatoria). Es interesante cómo desde un pensamiento totalmente tradicional (tal es el caso de Paniker) se llega a conclusiones de alguna manera semejantes a las sostenidas por la más reciente antropología, que pretende erigirse en totalizadora o fundante del saber, por ello transcribiremos, a efectos de un somero análisis, el texto del autor: "Hasta hace unos decenios era más o menos posible vivir en un espléndido aislamiento. Los científicos cultivaban su ciencia haciendo caso omiso de los abstrusos filósofos, y éstos seguían sus elucubraciones sin preocuparse de los pobres e inofensivos científicos, más hoy día esta situación es cultural y sociológicamente insostenible. Por un lado los científicos han desembocado, acaso sin querer, pero tanto más estrepitosamente, en arduos -y clásicos- problemas cosmológicos y aun metafísicos. Y, por el otro lado, los filósofos han empezado a darse cuenta de los peligros -aun existenciales- que consigo comporta una civilización puramente científica y técnica, y es entonces cuando recaban el derecho de interpretar los resultados científicos y aun de dirigir la actividad de los técnicos, según las exigencias individuales y sociales del ser humano"[57].

Nos interesa particularmente poner de relieve el cometido que Paniker asigna a la filosofía: dirigir las actividades científicas y técnicas según las necesidades individuales y sociales del ser humano. Tenemos un nuevo indicador de que hay que integrar en una concepción totalizadora y humana el quehacer científico.

De lo expuesto podemos concluir:

a)   La ciencia no puede ser independiente de una filosofía totalizadora que marque el rumbo con perspectiva holística.

b)   La ciencia y la técnica deben responder a las exigencias individuales y sociales del ser humano.

Esto y afirmar que la ciencia no puede ser independiente de una concepción humana del mundo que debe servir al hombre en lugar de servirse de él, y que por lo tanto no es legítimo crear un mundo de la ciencia que desde su propia perspectiva aliene a la humanidad a la que debe servir, es lo mismo. Para desempeñar este papel la filosofía no puede ser mera contemplación teorética, sino que debe integrarse en la praxis de la humanidad; y esto sólo lo logran las concepciones del mundo. Llegamos así a que la ciencia debe enmarcarse necesariamente en una concepción del mundo vigente capaz de dar sentido y orientación a la praxis presente. Con algunas variantes ésta es la línea de pensamiento que sostiene actualmente el existencialismo sartreano al proponer como ciencia fundante una antropología totalizadora. Además es necesario entender en forma definitiva que hablar de ciencia como de una realidad independiente de la "filosofía" es un error ya definitivamente superado. Una filosofía con pretensiones de existir independientemente de los avances científicos es una utopía y la historia muestra el <u>absurdo que ella comportó</u>. Una ciencia que pretende ser ajena a un pensamiento "totalizador" es una ciencia

---

[57] - Raimondo Paniker: Ontonomía de la ciencia. Gredos. Madrid, 1961.

alienada y alienante. Alienada en la medida que elementos extracientíficos le impiden ver a su objeto inserto en la totalidad de lo real, y alienante en la medida que impone esta perspectiva parcial retardando el enfoque auténtico que exige nuestra circunstancia. Las matemáticas, por ejemplo, son un valioso auxiliar de las ciencias físicas -pueden ser también su fundamento como en el caso de las ciencias físico-matemáticas-, pero en las ciencias biológicas no puede cumplir idéntico papel, aunque sí el de valioso instrumento. En este caso particular hay que cuidar que el ser matemático no se confunda con el ser real (si cabe la redundancia), pues hoy es demasiado común creer que los índices y las "medias" de los cuadros estadísticos son la "realidad" a tener en cuenta y la verdad es muy otra. El dato índice y el valor medio no existen en la realidad. Son ficciones formales de valor en el campo del ser ideal que tienen un índice relativo de traducción de realidad permitiendo paralelamente una formulación universal, supraindividual, meta perseguida por la ciencia tanto por influencia kantiana como por tradición griega. No podemos sustraernos a la definición inicial de ciencia elaborada por Grecia hace veinticinco siglos, definición en la que tanto la universalidad como la necesidad eran elementos primordiales (Aristóteles define a la ciencia como conocimiento universal y necesario de las esencias. En esto sigue a su maestro Platón).

Estas disgresiones parecen alejarnos del objeto de nuestras reflexiones, pero nos son de absoluta necesidad para aclarar el problema que nos ocupa, y al que pretendemos aportar una opinión fundada tanto en la reflexión crítica de los marcos referenciales de la medicina como en su ejercicio. Diremos que las ciencias médicas no pueden ser una isla dentro del contexto general de las ciencias y por lo tanto deben considerarse válidas para ella las exigencias que se descubran para las ciencias en general. Podemos decir entonces que la medicina deberá:

a)   estar encuadrada en una filosofía totalizadora (concepción del mundo) y humanista como en su marco referencial.

b)   responder a las exigencias individuales y sociales del ser humano.

De inmediato surge la tarea de indagar si nuestras ciencias médicas responden a estas exigencias. Buscar la respuesta en el aislamiento sería proceder contrariando nuestras convicciones pues creemos que el problema es de la totalidad del saber, y por ello primero nos ocuparemos de las "ciencias" y luego del problema particular de la medicina.

La ciencia en cada época de la historia está condicionada por la situación socioeconómica peculiar que la sustenta infraestructuralmente. No por la inversión que insume la investigación o la creación de nuevas técnicas, sino porque la existencia del científico supone un desarrollo de la humanidad que le permite vivir para el pensamiento, libre de ocupaciones fácticas. Esto ya lo advirtieron los antiguos griegos, y dentro de sus esquemas conceptuales la ciencia ocupó el lugar de ocio del "hombre libre". Evidentemente una humanidad que ha llegado a un desarrollo tal que la hace acreedora de la ciencia y la técnica que hoy poseemos está condicionada por toda una historia que no es solamente una historia geográfico-política, sino también y decisivamente una historia económica.

Nos encontramos así poseedores de una ciencia tributaria de una determinada estructuración de la humanidad, y por lo tanto determinada por los marcos referenciales concretos producidos a través de la historia real de la humanidad, que está bastante lejos de ser los ideales de acuerdo con los cánones de un humanismo auténtico. (Por humanismo auténtico (en la práctica) entendemos aquella situación de organización social real que suprime toda situación inhumana evitable dentro de las posibilidades concretas.). Nuestro momento histórico nos depara un marco referencial bastante diferente del ideal, y por lo tanto la "ciencia" que poseemos no está al servicio del "hombre" según sus exigencias individuales y sociales, sino que está al servicio de los intereses de la infraestructura que la condiciona.

Para mostrar un poco más gráficamente o fenomenológicamente como hoy se denomina el modo descriptivo de prueba, citaremos algunos datos de los utilizados por el Dr. Carlos Vela S. J. en su tratado sobre el desarrollo de América Latina juntamente con algunas de sus consideraciones sobre el empleo de los conocimientos científicos y técnicos.

Dice Vela: "La gran mayoría de los habitantes de América Latina, quizás unos 180 millones de los 260 que la pueblan, tienen una alimentación deficiente en proteínas, y de estos 150 millones, o tal vez más, subsisten a niveles de inanición, con una dieta compuesta casi en su totalidad de féculas" (págs. 200-201). Este estado de la población, por supuesto origina gravísimos problemas sanitarios tales como viviendas prácticamente inhabitables que provocan hacinamiento y promiscuidad con todas sus consecuencias (pág. 238), y alto índice de enfermedades infecto-contagiosas. (Ver detalle de la misma obra en las págs. 243 a 262)[58].

Este estado de cosas sería fácilmente superable si a los recursos naturales de América Latina se los explotara de acuerdo con los avances científicos y técnicos y se los distribuyera con criterio humano. Dice el mismo autor: "Nuestra agricultura no está rindiendo a cabalidad su aporte para el desarrollo ni en alimentos ni en productos para la exportación; no aprovecha debidamente la tierra ni el esfuerzo del hombre que la trabaja; emplea prácticas de labranza que merman la fertilidad y carece de buena administración; desperdicia recursos humanos y priva a millones de hombres de la posibilidad de mejorar; sus productos exportables encuentran dificultades de precios y colocación; en los últimos 15 años ha aumentado a un ritmo solo ligeramente superior al aumento de la población y no cubre la meta mínima fijada en la Carta de Punta del Este"[59].

Evidentemente la ciencia hoy cuenta con conocimientos suficientes para superar todas estas situaciones (máxime si cuenta con naturaleza favorable, como en este caso) que sin duda conforman una situación adversa (inhumana), pero hasta el momento solo se han levantado estadísticas de las zonas de subdesarrollo. Estas zonas se debaten en el círculo vicioso de no avanzar por carecer de técnica, de la que a su vez carecen por no producirla, más retraso cultural o no tener medios para adquirirla. Permanecen en esta situación por no avanzar. En este momento no interesa el análisis de las causas económicas, que inciden en la existencia y permanencia de esas zonas, sino que interesa señalar

---

[58] - Carlos Vela: Desarrollo e integración de América Latina. Selecciones Gráficas. Madrid 1968.
[59] - Op. Cit., Pág. .198 - 199.

cómo la ciencia y la técnica son utilizadas por los grupos humanos que la poseen (sean países o no) para mantener su situación de avanzada de la humanidad. La ciencia -toda ciencia- es pertenencia del grupo humano que la posee por haberla producido o haberla adquirido y consecuentemente la utiliza para mantener su situación. Sólo mencionaremos al pasar el hecho incontestable que ofrece la aplicación a la industria bélica de todos los adelantos de la moderna fisico-matemática, desarrollada y superdesarrollada para mantener la hegemonía de los países que hoy operan como potencias mundiales.

El mismo Paniker en el texto ya citado hace notar lo reciente de la concientización de esta situación tanto por parte de científicos como de filósofos. Recién se comienza a reclamar un cambio de organización, pero la circunstancia imperante es totalmente ajena a la que se pretende desde un pensamiento humanista.

Habiendo puesto de manifiesto -creemos lo suficiente- el problema de la ciencia en la actualidad, trataremos de ubicar en el seno del mismo el problema que ofrecen las ciencias médicas. No es necesario demostrar que la medicina sufre el problema de la ciencia en su relación de parte a todo, pero su peculiar enfoque del hombre como objeto de su quehacer hace que el deterioro que detenta a causa de los condicionamientos actuales resulte doblemente serio.

Al respecto notaremos:

a)   Por muy adelantada que esté nuestra medicina en el campo de las enfermedades infecto-contagiosas es prácticamente muy limitada su influencia para erradicar las mismas. Este tipo de enfermedades prospera en poblaciones marginales ("Villas miseria". "Favelas", "Poblaciones Callampa", etc.) porque hay déficit alimentario, falta de higiene y otra serie de calamidades producidas por la miseria.

De nada sirven los conocimientos médicos sobre su prevención si no hay medios económicos (la carencia que sufren algunos sectores se deben a la mala distribución, por regla general, de la riqueza existente) para permitir un medio sano, y de muy poco la técnica de curación si se carece de la adecuada infraestructura hospitalaria para su correcta aplicación. Además, es muy poco lo que se consigue curando a un enfermo para devolverlo luego al medio enfermante.

b)   Paralelamente hoy asistimos a un continuo aumento de las enfermedades psíquicas, y a nadie escapa que la gran causa de ellas es la presión existencial que debe soportar el individuo en nuestra sociedad. El terapeuta se encuentra también en situación difícil, porque su paciente una vez curado (o mejorado) volverá al medio, el que en gran parte anulará su tarea.

Esto ocurre no por insuficiencia de la medicina, sino porque ésta es impotente frente a una de las más serias causas de la falta de salud, o sea, la sociedad en que vivimos. Las condiciones de salud de hoy son totalmente precarias para el 80% de la humanidad, y esa precariedad obedece a factores económicos, no a falta de conocimientos médicos. En este terreno sólo podrá encontrase una solución cuando se tome como centro al <u>hombre</u> en su totalidad, y no a la <u>salud</u>, que es solo un aspecto del hombre. En otras palabras, no puede lograrse la salud de un hombre que carezca de posibilidades de bienestar total, y por lo tanto es utópico esperar el milagro de una medicina -por muy adelantada y poderosa que sea- abandonada a solas y divorciada de la economía, de la historia, de la sociología, de la antropología, etc.

Esto ocurre y ocurrirá mientras no se elimine la causa, porque la ciencia de hoy carece de un marco referencial auténticamente humano, y en consecuencia no está al servicio del ser humano como individuo social. Hasta aquí lo que se descubre es un análisis de la medicina en relación al científico, hoy bastante lejos de auténticos supuestos humanistas. Nos restan una serie de reflexiones sobre la problemática interna procedente de las mismas raíces, principalmente el de tomar la parte como todo. Hoy medicina connota la suma de técnicas de diagnóstico y terapia, que por muy eficaces, son sólo el instrumento de la medicina y no la medicina misma. El objeto de la medicina como ciencia, la formalidad que la determina, es <u>la salud del hombre</u>, cosa que implica el bienestar total del individuo; todo el conocimiento y el investigar para conseguir este fin no puede ser confundido con las técnicas que se emplean para efectivizarlo. La continua especialización de la medicina -que sin dudas ha traído grandes ventajas- ha convertido al médico en un supertécnico en el tratamiento de su especialidad, que conlleva casi siempre el descuido de la totalidad que es el hombre. Ha convertido la relación médico-paciente en algo impersonal, cuasimecánico, dejándose de lado la consideración humano-individual que requiere todo hombre en toda circunstancia y con mayor razón el hombre enfermo. Esto ha ocurrido porque el médico, en aras de una especialidad cada vez más rica en conocimientos técnicos, ha dejado un poco de ser médico, para ser radiólogo, cirujano, oftalmólogo, etc. En los casos extremos el paciente puede llegar a soportar una serie de experiencias anónimas con cada uno de los especialistas que su caso requiere, sin que en ningún momento se atienda a la quiebra humana que significa el carecer de salud. En esta situación encontramos una desnaturalización del "rol" de médico, ya que éste no cura a un "ser humano", sino que está haciendo una sutura perfecta u obteniendo una muy nítida placa radiográfica que se autojustifica por su propia perfección. Esta labor técnica persigue perfección y exactitud, y como consecuencia descuida la irrepetible individualidad humana en cada caso, produciendo de esta forma una secuela de "enfermos psiquiátricos" derivados de esta rama médica como instancia última de una búsqueda de integración que se hace problemática. Aparece así la psiquiatría como la disciplina médica encargada del "hombre" en su dimensión de ser humano, pero esto es un espejismo, pues es la parte de la medicina que con mayor rigor sufre los embates de un marco referencial que la asfixia. Más adelante dedicaremos a ella un análisis especial.

En resumen, la falta de una concepción humana-holística que funde realmente la medicina provoca en ésta una tecnocracia poco médica y menos humana, que a pesar de su perfección científica no logra plenamente el objetivo de la medicina porque no está al servicio del hombre sino de la técnica misma. Hoy la radiología busca ser la perfecta radiología, la cirugía busca ser la perfecta cirugía, y así sucesivamente, y esa misma búsqueda de perfección narcisista condena al paciente (hombre concreto que no se ajusta a las universalidades formales) a ser ignorado en su problema. El enfermo busca su salud, que es única, individual, concreta, irrepetible, y el médico (o los médicos) están preparados y determinados para entregarle una "salud tipo", según cálculos que obedecen a leyes permanentes y donde la singularidad no tiene significación. Éste es quizás el problema mayor que aqueja a nuestra medicina, provocado por los condicionantes que rigen nuestra ciencia y cuya solución exige una reestructuración total.

Habiendo llegado a esta altura en nuestra crítica se imponen dos precisiones:

a)   Nuestras observaciones no pretenden detectar culpas. Sabemos que éstas no existen en personas concretas, ni siquiera en posiciones médicas, pues éstas también están determinadas a ser como son. Sólo pretendemos mostrar el problema en su dimensión para contribuir a su posible solución.

b)   Creemos que el problema en su raíz profunda está provocado por causas que escapan a la ciencia y por ende a la medicina, para pertenecer a la realidad socioeconómica que nos ha tocado asumir en la historia. Hechas estas salvedades nos dedicaremos a una última acotación sobre la medicina en general para luego ocuparnos de la psiquiatría.

La medicina, que tiene por objeto "la salud del hombre", debe tener muy <u>claro qué salud busca</u>. Entendida ésta como bienestar total del hombre, surge de inmediato la necesidad de que conozca al hombre en toda su complejidad. La perfecta radiografía, la perfecta cirugía, etc., se transforman así en técnicas al servicio de una ciencia médica poseedora de una concepción total de la realidad humana que dirige su cometido. Esta MEDICINA con mayúscula hoy está prácticamente oculta tras un conjunto de técnicas que muchas veces ni siquiera han advertido que están al servicio del hombre. Pero se advierte su necesidad, se concientiza su falta y esto ya implica el comenzar su logro. Esta medicina no puede dejar escapar un solo elemento del ser humano, debe ser totalizadora y supone un humanismo real. No puede constituirse ajena a la economía, a la historia, a la sociología, a la geografía, el derecho, etc. Por que todas estas ciencias conocen aspectos del hombre que es necesario manejar si se quiere conocer su realidad concreta. Su marco referencial será necesariamente una concepción de vida (no mera contemplación, sino praxis de transformación) en continuo avance según la marcha de la historia.

Cuando la medicina transite segura esta senda, habrá asumido su verdadero papel en la realidad humana y habrá superado para siempre el peligro de la asfixia técnica.

De nuestra exposición surge una dificultad aparente: si la auténtica medicina se realiza en el paciente singular, está fuera de los cánones de la ciencia, porque el hacer circunscripto a una individualidad es arte antes que ciencia. Si bien debemos aceptar que el <u>ejercicio de la medicina</u> en tanto que supone relaciones interpersonales tiene algún rasgo en común con el arte, esto no justifica en ningún momento que sea arte. El arte es individualista en su esencia misma y la obra como tal se logra con características de irrepetibilidad independiente del resto del quehacer artístico, pero la salud si bien es algo que hace a un ser individual, concreto e irrepetible, es parte de una salud social. La totalidad humana no permite logros de perfección individual aislados de la perfección del medio en lo que a salud se refiere y por tanto los cánones artísticos no pueden explicar la labor médica. El médico <u>sabe</u> ciencia y su tarea consiste en resolver los casos particulares de acuerdo CON los conocimientos de la ciencia. Esto comporta una situación especial que se resuelve ubicando a la medicina entre las ciencias prácticas (que buscan el conocimiento para su posterior aplicación en la realidad) y considerando al médico ejecutor de esta práctica científica que supone la labor teórica de investigación y estudio. A tal punto el médico es un trabajador de la ciencia médica, que casi todos los avances de ésta se relacionan de alguna manera con su labor, que brinda a los investigadores (a veces el médico mismo lo es) la verificación de su hipótesis teórica.

Psicoterapia: Reflexiones sobre su ejercicio (I)

V° Congreso Argentino de Psiquiatría - Córdoba, 1972
Federación Argentina de Psiquiatría

"El enfermo no es una idea teórica, filosófica; es una noción concreta, viviente, sensible, real, emocionante. Este concepto es el fundamento moral de la medicina".

V. Riesie

"El hombre actual se debe despedir del antropocentrismo, del geocentrismo y aun del heliocentrismo, pues si nuestro planeta es un último grano de arena en el infinito universo, ¿qué es el hombre?. Siempre, empero, nos quedarán nuestros códigos morales, nuestra posibilidad de admirar la belleza de nuestra capacidad de sentir y de ver en cada cosa y en cada ser un profundo misterio".

R. Sanpietro

"Todo lo que es la luz puede caer en las tinieblas. Mas las tinieblas mismas quedan; es la nada, la igualdad en la negación, quien nos acoge como una madre que nos hará nacer de nuevo".

María Zambrano

El ejercicio de la psiquiatría representa el esfuerzo por retornar a la salud a aquellos que por no soportar las tensiones existenciales originadas en interacción con el medio que conforma su posibilidad han reaccionado mediante una crisis humana individual en respuesta a su situación socio-histórica concreta.

Si la definición resulta compleja por la diversidad de elementos que la conforman, su enmarque en el contexto que se realiza (relación terapeuta-paciente-medio humano a que pertenece) es aun más problemática. En efecto, el terapeuta, que es quien dirige la tarea, trabaja siempre dentro de los límites de un marco de referencia, que si bien hipotéticamente debe responder a las exigencias de una terapia efectiva, de hecho está condicionada por una formación unilateral (carente de perspectivas holísticas) o por un medio condicionante adverso.

El marco referencial que le dio existencia a la psicoterapia es sin lugar a dudas el psicoanalítico. El edificio freudiano fue con todo derecho el coloso de una época, y si la trascendió como el comienzo de una nueva era en la psiquiatría no escapó a ella en cuanto condicionamiento antropológico. El psicoanálisis está concebido en y estructurado para una realidad humana que no es la actual. A pesar de ello tiene vigencia porque gran parte suya escapa a su marco fundante. Esto ha comenzado a advertirse en el interior de la escuela psicoanalítica y ha causado la multidivisión interna que la aqueja. La pretensión de quienes representan la autotitulada ortodoxia psicoanalítica (consistente en repetir sin actualizar los pasos y las interpretaciones terapéuticas del maestro Freud) conlleva la necesidad de explicar el hecho psicoclínico individual a través de normas abstractas y universales.

El problema fundamental estriba en que cada caso terapéutico es irrepetible en su mismidad humana concreta y singular, y por lo tanto, si ajustamos su tratamiento a normatividades generales estamos ignorando precisamente aquello que queremos curar. Desde esta perspectiva ya hemos analizado el simbolismo onírico freudiano y hemos mostrado mediante ejemplificaciones completas este problema del marco referencial psicoanalítico y por ello nos eximimos ahora de proseguir con el mismo.

En cuanto a la apertura del marxismo realizada por otra fracción del psicoanálisis podemos decir que se acerca peligrosamente a la constitución de un híbrido en lugar de una relación fecunda. En la medida en que el actual "Freudo-Marxismo" en su afán de actualidad se aferra a un marxismo definido por un momento de su historia y haga de sí su "comarco" de referencia habrá adquirido un nuevo problema sin superar el que advirtió entre los representantes de la ortodoxia de la escuela. Sin dudas el marxismo también puede convertirse (sobre todo si pierde su perspectiva dialéctica) en un marco formal que se aleja indefectiblemente de lo concreto. Este peligro puede trocarse catástrofe si no se lo neutraliza, porque tras el espejismo de estar sobre lo concreto se esconde un larvado logicismo formal que fija en los cánones idealistas el marco referencial en cuestión. Esto y no otra cosa es lo que señala Sartre en CUESTIONES DE MÉTODO al decir: "... naturalmente, los aficionados han edificado en Occidente unas teorías analíticas sobre la sociedad o la historia que desembocan, en efecto, en el idealismo. ¿Cuántas veces no se ha psicoanalizado a Robespierre sin pensar que las contradicciones de su conducta estaban condicionadas por las contradicciones objetivas de la situación? Y resulta molesto que cuando se ha comprendido cómo la burguesía termidoriana, paralizada por el régimen democrático, se vio prácticamente reducida a reclamar una dictadura militar, se lea escrito por un psiquiatra que Napoleón se explica por sus conductas de fracaso. De Man, el socialista belga, aun iba más lejos cuando fundaba los conflictos de clases en el "complejo de inferioridad del proletariado". Inversamente el marxismo hecho saber universal ha querido integrar al psicoanálisis torciéndole el cuello; ha hecho de él una idea muerta que encontraba naturalmente su lugar en un sistema seco; era el idealismo que volvía con una máscara, un avatar del fetichismo de la interioridad. Pero en uno u otro caso, se ha transformado un método en dogmatismo; los filósofos del psicoanálisis encuentran su justificación en los "esquematizadores" marxistas y recíprocamente. De hecho el materialismo dialéctico no puede privarse durante más tiempo de la mediación privilegiada que le permite pasar de las determinaciones generales y abstractas a ciertos rasgos del individuo singular. El psicoanálisis no tiene principios, no tiene base teórica; apenas si está acompañado en Jung y en algunas obras de Freud por una mitología perfectamente inofensiva. De hecho, es un método que ante todo se preocupa por establecer la manera que tiene el niño de vivir sus relaciones familiares en el interior de una sociedad. Lo que no quiere decir que dude de la prioridad de las instituciones. Por el contrario, su objeto depende de la estructura de tal familia particular y ésta no es más que la singularización de la estructura familiar propia de tal clase, en tales condiciones; así, si fuera posible, unas monografías psicoanalíticas pondrían de relieve por sí mismas la evolución de la familia francesa entre lo siglos XVIII y XX, que a su vez traduce a su manera la evolución general de las relaciones de producción"[60].

---

[60] - Jean Paul Sartre: Cuestiones de Método. Editorial Losada. Bs. As., 1963 Tomo 1, Pág.

La extensión de la cita sartreana se justifica plenamente por su certera observación: una teoría psicoanalítica y por ende idealista en un esfuerzo por superar el idealismo se abre a un marxismo que es también idealista. Este peligro acecha a todos aquellos que creen posible el ensamble, pues no ven que el formalismo psicoanalítico esta intrínsecamente imposibilitado de unirse a un marxismo no viciado (único marxismo verdadero, dialéctico y consecuente con la dialéctica, no contemplador sino transformador de lo real) de dogmatismo. La imposibilidad reside en que hay una oposición absoluta entre el formalismo, basado en la inmutabilidad de sus supuestos y la dialéctica que supone negación a toda inmutabilidad. El psicoanálisis (y esto lo ha visto y afirmado Sartre a lo largo de toda su obra) si se integra al marxismo deja de ser psicoanalítico para ser dialéctico, es decir, queda reducido a un método que se ajusta a un marco referencial basado en las leyes de la dialéctica materialista. En esta perspectiva es muy difícil hablar de "freudo-marxismo", pues si el ensamble se ha dado en los reales términos que debe darse el freudo-marxismo ha dejado de existir como marco de referencia y si no, se ha caído en algo que es tan cerrado y formalista como el psicoanálisis ortodoxo. Mientras no se abandone la "filosofía psicoanalítica" o cualquier otra de connotación idealista se seguirá haciendo una psicoterapia de acomodación a pautas generales y se seguirá perdiendo sin remedio la peculiaridad del paciente. En estas perspectivas es evidente que la tarea psicoterapéutica se ve estafada en su esencia por los supuestos que la enmarcan, porque el terapeuta debe rescatar para una vida humana, a "este hombre", que existe en medio de dos coordenadas (su historia y su medio) que lo conforman irrepetible, y por tanto el ponerlo en condiciones de manejar sus posibilidades existenciales no puede depender de un ajuste a generalidades extrañas a "este hombre". Este problema que se intenta ignorar o superar con paliativos es el que decide realmente la eficacia de la terapia, y por ello el primer paso a seguir es cerciorarnos de que los supuestos que habrán de guiarnos respondan a la realidad humana en lugar de condicionarla en forma alienatoria.

Desde hace unos años el existencialismo pretende ser la filosofía capaz de brindar ese enmarque a la terapia psicológica. Desde que Kierkegaard hizo oír su voz para reclamar el lugar que le corresponde a

60 - 61.

la singularidad humana en el mundo de la especulación y condenó al intelectualismo en nombre de la trágica soledad del hombre a existir en medio de las cosas, sus seguidores pretenden monopolizar la existencia humana como objeto de conocimiento y praxis. La historia reciente nos muestra esta experiencia que ha pretendido superar el psicoanálisis y que debido a las distintas tendencias del existencialismo se bifurca también en varios caminos. Para Hendrik M. Ruitembeek esta unión obedece tanto al existencialismo como la actual psicoterapia se preocupa por la "realidad desnuda de la situación humana"[61] que es angustiosa y lo que hay que aceptar como parte necesaria de la existencia. Además ve en Heidegger y Jaspers a los mayores pilares del psicoanálisis existencial, cuyo representante máximo es (siempre a juicio de Ruitenbeek) Ludwig Binswanger que ha utilizado a "Ser y Tiempo" (obra central de Martin Heidegger) como marco referencial de sus trabajos terapéuticos. El hombre que nos entrega M. Heidegger en "Ser y Tiempo" es alguien que en definitiva no superará la experiencia de la nada, porque esta ónticamente ordenado al fracaso existencial. Además no busca descubrir el sentido del hombre, sino que utiliza a éste como punto de partida para encontrar al sentido del ser en general. Éste y no otro es el intento heideggeriano. El hombre no tiene otra salida que acoger la angustia que surge ante su descubrimiento de estar sumergido en el mundo. Además es un ser muriente, porque asume la muerte al comenzar a existir.

De toda esta analítica (bastante negativa por cierto) lo que más puede interesar al terapeuta es la analítica de la temporalidad. En una muy apretada síntesis podemos decir que el hombre para M. Heidegger es un proceso de temporalización. De los tres momentos temporales (pasado, presente y futuro) el más importante es el porvenir porque el ser hombre es fundamentalmente arrojarse a las posibilidades. El porvenir nace del proyecto y el hombre está siempre por-venir. A las posibilidades (porvenir) las limita el pasado que es la parte de nosotros mismos que no podemos cambiar, que está hecho y que nos empuja más hacia unas posibilidades que a otras. El presente lo crea el hombre al asumir la situación (mundo) y se confunde con el mundo. Los tres momentos que se unifican en el hombre hacen que este sea

---

[61] - H. M. Ruitembeek y otros: Psicoanálisis y Filosofía Existencial. Paidós. Bs. As., 1965, Pág. 15.

historicidad. La libertad consiste en asumir esta característica del "Dasein" de elegir las posibilidades de existencia. Este Dasein para M. Heidegger presenta tres fenómenos: conciencia, culpa y resolución. Conciencia es el llamado de la preocupación; culpa es una probación original (e insuperable) del Dasein y resolución es la libre decisión de no evadir (mediante una existencia banal) esa culpa. L. Binswanger juega mayormente con el análisis de temporalidad y el fenómeno "culpa"; pero todo un trabajo queda finalmente trunco pues no conseguirá a través de la terapia más que una resignada aceptación de la quiebra existencial por parte del paciente, pues comenzará por convencer a éste de que la existencia traumática es la existencia humana. Triste paradoja la de este enfoque existencialista que al romper el cerco formal que ocultaba al hombre concreto lo ha condenado a éste a un irremisible fracaso endógeno. La ímproba y muy valiosa labor Binsweigeriana queda de esta manera condenada a no lograr aquello que precisamente fue la meta de su empresa: llegar a comprender cada paciente en su problema existencial individual y ponerlo en condiciones de que lo resuelva. Esto es de suma importancia en toda psicoterapia: el psicoterapeuta debe situar al paciente en condiciones de que él resuelva su existencia, porque de lo contrario no se ha logrado salud, sino que se ha creado dependencia. En este aspecto es donde más ha aportado el existencialismo a la psicoterapia, pues remarca la ineludible necesidad de asumir la propia existencia. Además recalca que esta obligación humana es intransferible. El paciente es el hombre que tiene problemas en su compromiso y posibilidades de existencia, el terapeuta debe ponerlo en condiciones de que los resuelva pero jamas asumirlos él, porque esto desvirtúa el sentido mismo de la psicoterapia existencial. Pero el enmarque de este existencialismo obligará al psicoterapeuta a trabajar para lograr un hombre cuya salud consistirá en aceptar el trauma existencial como sino de su humanidad. Esta es la gran paradoja del existencialismo: pretender una existencia auténtica que consiste en vivir para la muerte. ¿Qué otra cosa es, sino identificar angustia con existencia humana? A esta identificación responde por ejemplo todo el trabajo de Gian Condrau en "Angustia y Culpa, problemas fundamentales de la Psicoterapia" (Gredos, Madrid, 1968). Leemos en él: "El análisis existencial no se ocupa sólo de los sentimientos de culpabilidad o de la conciencia de culpabilidad; Gustav Bally dice, con razón, que el sueño del hombre que llega a liberarse de la culpa por el psicoanálisis está acabado. Considerado analítica-existencialmente, el hombre es ya culpable, en tanto que él es "culpable" de algo precisamente para su existencia. Este ser-culpable, totalmente diferente de un sentirse-culpable indeterminado, comienza con el nacimiento y termina con la muerte. En el marco de ambos acontecimientos, el hombre está llamado a desplegarse y a hacer suyas las posibilidades a él inmanentes. Sin embargo, solamente puede realizar una selección de ellas -para las otras es culpable-. Este ser-culpable es llamado por Heidegger un existencial, es decir, pertenece esencialmente a la existencia humana. La culpa existencial es manifiesta en la conciencia moral. Es, como ya se ha dicho, algo más que un mero sentimiento de culpabilidad o una conciencia de culpabilidad; más que una mera función de un superyó de una u otra índole, sigue siendo culpa real, y jamás se puede eliminar mediante una cura psicoanalítica. La tarea de la psicoterapia no puede consistir en llevar al hombre a un "proto-estado paradisíaco de carencia de culpa", sino más bien en ayudarlo a reconocer y soportar su culpa[62].

No son necesarios comentarios aclaratorios; la psicoterapia tiene que condicionar al hombre para que acepte su magra existencia. Es un "adormecedor" para evitar que el hombre se rebele. Es el contrasentido mayor que puede pensarse, ya que una psicoterapia que tiene como meta la muerte se destruye a sí misma porque persigue la destrucción en lugar de la salud. "El hombre está llamado a abrir a su existencia aquellas posibilidades que lo conduzcan a la muerte no a la angustia, sino más bien en responsabilidad y aceptación plena de la culpa[63].

Ésta es la frase final de la obra de un terapeuta existencial de la escuela heideggeriana. Es consecuente con su marco referencial pero parece más un epitafio que una conclusión terapéutica.

¿Nos obliga esto a desechar definitivamente el existencialismo como soporte teórico de la moderna psicoterapia? Creemos que no. No todo el existencialismo ve en la muerte la única meta humana. Sartre en las últimas páginas de "El ser y la nada" dedicadas al psicoanálisis existencial abre un horizonte de esperanza para el hombre. Éste ya no

---

[62] - Gian Condrau: Angustia y Culpa, problemas fundamentales de la psicoterapia. Gredos. Madrid 1968, Pág. 165 en adelante.
[63] - Ibid., Pág. 166.

es un ser para la muerte sino un ser <u>con posibilidades</u> y estas posibilidades dependen de su elección. Sartre también lo sabe, y con maestría de genio, veinte años mas tarde dará la solución a la dificultad en su Crítica de la Razón Dialéctica.

Pero volvamos al "Ser y la Nada", con la confianza que caracteriza al verdadero humanista, que tiene fe en el hombre y se levanta frente al marco referencial freudiano en nombre de la existencia concreta. Reemplazar sus palabras no tiene sentido porque ellas tienen el mérito de la exactitud.

"El hecho de que el término último de esta investigación existencial deba ser una elección, diferencia mejor aún el psicoanálisis cuyo método y rasgos principales esbozamos con ello, renuncia a suponer una acción mecánica del medio sobre el sujeto considerado. El medio no podría obrar sobre el sujeto sino en la medida exacta que éste lo comprenda, es decir, el que lo transforme en situación. Ninguna descripción objetiva del medio podría servirnos, pues. Desde el origen, el medio concebido como situación remite al para-sí elector exactamente como el para-sí por su ser-en-el mundo, remite al medio. Al renunciar a todas las ecuaciones mecánicas renunciamos a todas las interpretaciones generales del simbolismo considerado. Como nuestro objetivo no puede ser establecer leyes empíricas de sucesión, no podríamos constituir una simbólica universal. El psicoanálisis deberá reinventar cada vez una simbólica en función de cada caso en particular. Si el ser es una totalidad, no es concebible, en efecto, que puedan existir relaciones elementales de simbolización (heces-oro, espada-falo, etc.) que mantengan una significación constante en cada caso, es decir, que permanezcan inalteradas cuando se pasa de un sistema significante a otro"[64].

El papel que debió y debe jugar el existencialismo frente al freudismo es el de hacer respetar la existencia concreta en su irrepetible individualidad. A esto alude insistentemente Sartre desde sus primeros escritos (El Ser y la Nada, 1943 Ed. Lozada), pero ello no ha impedido que un existencialismo esencialista (formalista si se lo reduce a sus elementos últimos) provoque un marco, que como el que hemos

---

[64] - Jean Paul Sartre: El ser y la Nada. Losada Bs. As., 1965, Pág. 698.

señalado, detenga a la psicoterapia en su búsqueda de la salud mental del paciente.

A juicio de Sartre el jasperianismo también carece de posibilidades como marco referencial psiquiátrico, y ello porque en última instancia no tiene como horizonte futuro las posibilidades humanas concebidas como proceso creciente de humanización por cambio, sino que cierra el avance frente a un "envolvente", un horizonte siempre en fuga que le sirve para disfrazar un teologismo. En "San Genet, Comediante y Martir" (novela que ofrece un verdadero análisis existencial del personaje), Sartre intenta mostrarnos que el hombre busca vivir humanamente. Esto no lo puede lograr con sus solos recursos internos, desde sí mismo (endogenismo en general, idealismo y voluntarismo trascendental), sino que debe lograrlo viviendo en el mundo. Existir es hacer del mundo circunstancia humana a través del tiempo (historia), transformando el medio en medio humano.

Esta ineludible necesidad (que nace de la transformación y del conocimiento de la realidad) de integrar la unidad "hombre-medio" de la cual surge la necesidad de considerar a éste "algo humano" y obliga a dejar la vieja idea de hombre aislado de su contorno. (No se nos diga que antes se habló de "circunstancias", porque siempre se ha defendido en forma absoluta la total independencia del albedrío humano, por ej., del medio externo, y se ha condenado en nombre del "determinismo" a todo el que pretendiera pensar un nombre en totalidad con lo externo).

Henry Lefebvre ha escrito hace muy poco tiempo: "Lo humano es un hecho: el pensamiento, el conocimiento, la razón, y también ciertos sentimientos como la amistad, el amor, el coraje, el sentimiento de la responsabilidad, el sentimiento de la dignidad humana, la veracidad, merecen sin disensión posible tal calificativo. Se distingue de las impresiones fisiológicas y animales e inclusive si admitimos la existencia de seres subhumanos hay que conceder al ser humano su dominio propio.

En cuanto a la palabra "inhumano", todos saben hoy lo que designa la injusticia, la opresión, la crueldad, la violencia, la miseria y el sufrimiento evitable..."

"No fue siempre así. Antaño estas nociones no eran tan claras y formulables. Tanto en la vida como en la conciencia de lo humano y lo inhumano se confundían por completo. ¿A qué se debe que actualmente sean distinguidas por la conciencia cotidiana?

Sin duda a <u>que el reino de lo humano parece posible</u>, al hecho de que una reivindicación profunda entre todas y fundada directamente sobre la conciencia de la vida cotidiana proyecta la luz sobre el mundo"[65].

La posibilidad de un humanismo de nuestro tiempo implica la superación de lo inhumano. ¿Puede esto lograrse? ¿Cómo?. Es lo que tiene que posibilitar como respuesta al marco referencial del humanismo de nuestro tiempo, y en el juego dialéctico de este humanismo es precisamente donde tiene que cumplir su función de reencuentro con el hombre concreto el existencialismo. Creemos que puede hacerlo sobradamente, pero la línea existencial que se proyecta en la consideración del hombre como posibilidad de futuro, no la que pretende explicar la tragedia del hombre como una angustia constitutiva e insuperable. No importa qué compromiso exista en lograr la posibilidad de lo humano. Hay que emprender la tarea porque en este momento el grado de concientización nos obliga a convertir en transformadora la filosofía que hasta hoy ha sido contempladora. No bastará decir en qué consiste lo humano, habrá que hacer praxis de la vida para existenciar la posibilidad, y por ello de hoy en adelante al trabajar con este marco referencial nos veremos obligados a buscar el modo de realizar, a la par que se formula o se conoce, la solución para la superación de lo inhumano (situación invivible en el lenguaje de Sartre).

El humanismo que surge de esta filosofía implica necesariamente elementos tales como: a) Inserción del hombre en la historia; b) Inserción del hombre en el medio y el medio en el hombre y a la vez en el contexto social; c) Consideración del hombre como un ser en continuo desarrollo; d) Reconocimiento de la individualidad concreta e irrepetible de cada ser humano.

---

[65] - Henry Lefebvre: El Marxismo. 7º Edición. Bs. As., 1969, Pág. 36.

Estos elementos -y aun otros de verdadera avanzada como lo es el definir al hombre no por lo que es sino por sus posibilidades futuras- encuentran en el pensamiento sartreano su más acabada expresión. En este caso el existencialismo se encuentra en óptimas condiciones, no sólo de señalar el encuentro de la existencia singular sino que, rebasando este cometido puede erigirse en pensamiento totalizador del humanismo de nuestro siglo. Esto no lo ha conseguido al azar, sino que habiendo advertido la necesidad de un replanteamiento de todo marco de pensamiento ha emprendido la tarea contando con fundamentos reales y persiguiendo un "lugar humano" para el "ser humano", cosa totalmente abandonada durante siglos. Esto explica el fracaso de tantos humanismos y las derrotas de tantas empresas psicológicas-psiquiátricas. Se trabajó con honestidad y tesón para equilibrar a un hombre que luego era (o es) anulado por el medio. Esto dio lugar a que comenzaran con una terapia de adaptación (nos eximimos de ejemplificar, pues la "readaptación" tanto a nivel terapéutico como psicopedagógico es ampliamente conocida por todo miembro de la especialidad) sin plantearse el problema de si el "medio era adecuado o no". Al ponerse en nuestros días en plano crítico la aptitud el medio como "medio humano" se ha producido la gran crisis de los marcos referenciales (aún los existencialistas que no han superado el esencialismo), pues ha caído el cimiento donde estaban fundados (dualismos: hombre-medio; materia-espíritu) y ahora deben afrontar la realidad de una unidad que se impone sobre las especulaciones ideales. Esto obliga a pensar en términos de cambio total, y no de adaptación de uno de los polos (falsos, por supuesto). De aquí en más será necesario adaptar el medio (hacerlo humano) en la misma medida que se adapta al hombre a una vida humana aunque nos traiga como consecuencia un giro diametral en tareas psicoterapéuticas. En esta perspectiva piensa Sartre cuando define la enfermedad como: "salida que inventa el organismo a una situación invivible" y la terapia nos acarrea en este caso la ineludible necesidad de hacer vivible el medio para lograr la salud del sujeto en cuestión.

Hasta aquí -cumpliendo la meta de este trabajo- hemos mostrado la falencia de los marcos referenciales tradicionales, las exigencias mínimas de un marco referencial psicoterapéutico y las posibilidades del existencialismo para cumplir este cometido.

Psicoterapia: reflexiones sobre su ejercicio (II)

5° Congreso Argentino de Psiquiatría - Córdoba 1972. Federación Argentina de Psiquiatría

"Somos una especie que piensa. Y para eso somos buenos. No somos más rápidos que otros animales. No nos camuflamos mejor. No volamos mejor. Nosotros pensamos mejor. Este es nuestro genio y la razón primordial del éxito de la especie humana. Creo que la gente que no se atreve a pensar es infeliz".

Carl Sagan

"Sólo una vida vivida para los demás vale la pena".

Alberto Einstein

Para que nuestra labor de análisis de las estructuras referenciales de la psicoterapia y de la causas que provocan a veces su fracaso tenga sentido, se nos hace necesario ahora encarar la formulación de su posible solución.

Comenzaremos aclarando que no cualquier filosofía puede ser sustento o marco referencial de una tarea como la psicoterapia. Será necesario que esta filosofía haya rebasado los límites de mera contemplación teorética para convertirse en filosofía fundante o, lo que es lo mismo, en concepción del mundo. Ningún intento filosófico que no haya sido capaz de convertirse en concepción del mundo puede desempeñar el papel porque carece de incidencia en el operar, y la misma es requisito indispensable para erigirse en orientadora de la acción (en este caso de la acción terapéutica). El problema se reduce pues a buscar entre las actuales concepciones del mundo, la que reúna las condiciones que hagan posible existenciar un auténtico humanismo. Las vigentes son tres: 1°) La concepción cristiana, jerárquica y formal, de origen medieval, que reducida a su mínimo esquema se compone de valores y formas estáticas y jerárquicas a las que hay que ajustar la realidad toda (hombre incluido) de cualquier época. 2°) La concepción individualista que aparece como reacción a la anterior y comienza con Montaigne en los albores de la edad moderna (s. XVI) y toma como realidad fundamental al individuo en lugar de la jerarquía. El individuo encierra en sí mismo la razón total de la humanidad. En la historia esta concepción del mundo se conoce como liberalismo y se caracteriza por su optimismo al basarse en una armonía universal espontánea. 3°) Finalmente la concepción del mundo que nos queda es la marxista. No acepta el estatismo inmóvil y jerárquico de la concepción cristiana ni tampoco se encierra en el análisis de la conciencia aislada como lo propone el individualismo.

Rechaza la subordinación estática e inmutable de los elementos del hombre y de la sociedad entre sí y rechaza también el optimismo de la armonía universal. Surge además con la sociedad moderna, cuando el hombre lucha para dominar la naturaleza mediante la técnica y la ciencia y, por consiguiente, fue formulada frente una realidad social nueva y cambiante para comprenderla y guiar el proceso hacia adelante. En este sentido el marxismo es la concepción del mundo con mayor vigencia, dado que las causas reales que lo engendraron aún persisten. En esta perspectiva es también la única concepción del mundo que puede erigirse en marco referencial de una terapéutica actual.

Antes de proseguir es necesario precisar lo que podría tomarse como una contradicción en nuestro pensamiento. En el primer trabajo referido al tema hemos afirmado que el existencialismo puede con éxito asumir este papel y en el presente dejamos deducir que el mismo no pasa de ser un movimiento filosófico y por tanto incapaz de asumir el papel que le corresponde a una concepción del mundo. Al afirmar que el existencialismo podía asumir tal cometido hicimos un distingo: "sólo el existencialismo de futuro", aquel que considera al hombre como un ser con posibilidades de alcanzar plenitud humana y que busca un cambio real del medio socioeconómico para hacer posible tal plenitud humana. Este existencialismo es consciente de que como movimiento filosófico debe integrarse en una concepción del mundo para repercutir en la praxis porque de lo contrario se reduce a mera teoría. (Mas aún, Sartre reconoce que el existencialismo es sólo una ideología que agota su sentido al existenciar el Marxismo, a quien juzga insuperable en nuestro tiempo. Nos dice: "Lo que en un principio se llamaba existencialismo y marxismo se llama ahora cuestiones de método y, finalmente, es una cuestión lo que planteo". Sólo una: ¿Tenemos hoy los medios necesarios para constituir una antropología estructural e histórica? Encuentra su lugar esta pregunta en el interior de la filosofía marxista porque -como luego veremos- considero al marxismo como la filosofa insuperable de nuestro tiempo y porque creo que la ideología de la existencia y su método 'comprensivo' están enclavados en el marxismo, que los engendra y al mismo tiempo los rechaza"[66]. Recientemente en una carta dirigida a Roger Garaudy ha reafirmado esta postura que quedó definitivamente consagrada a partir de Crítica de la Razón Dialéctica. ¿Y qué decir de esa lenta irresistible atracción que, según Ud., habría ejercido el marxismo sobre nuestras reflexiones? Ya me he explicado al respecto: si el pensamiento existencialista (en todo caso el mío) coincide con el marxismo y quiere integrarse a él, ello es en virtud de sus resortes internos y no por la excelencia de la filosofía marxista. Entendámonos: el marxismo como marco formal de todo pensamiento filosófico de hoy, es irrebasable"[67].

Este existencialismo, hoy rotulado como ateo, tiene como meta el hombre y como último marco referencial la concepción marxista del mundo. Reúne así todas las condiciones de un marco referencial psiquiátrico, tanto por ser capaz de traducirse en acción (es verdadera concepción del mundo) como por ser capaz de llegar al hombre concreto (es existencialismo y en consecuencia se maneja a nivel de existentes). Además, el hombre está definido por su futuro, cosa que es fundamental en psicoterapia porque sitúa al paciente en un plano de optimismo: le queda todo su futuro para vivir humanamente en la medida que logre superar los condicionamientos de su pasado.

De esta manera nos encontramos postulando como marco referencial adecuado para la psicoterapia de hoy al existencialismo sartreano que sin lugar a dudas está inserto en la historia y asume el aquí y ahora

[66] - Jean Paul Sartre: Crítica de la Razón Dialéctica. Prólogo. Losada. Bs. As., 1963. Tomo 1, Pág. 10.
[67] - Roger Garaudy: Carta a Roger Garaudy. Perspectivas del Hombre: Fontanella. Barcelona, 1970, Pág. 122.

irrepetible de nuestro devenir temporal. Las razones hasta aquí ofrecidas consisten en las falencias de los otros marcos referenciales, pero evidentemente ello no basta. En adelante trataremos de ofrecer una fundamentación positiva de la actitud de este pensamiento totalizador.

En primer lugar no cree en una armonía preestablecida a través de estáticos valores, sino que comprende la realidad del hombre que lucha con la naturaleza para imponer a ésta la humanidad. El hombre no puede existir en una naturaleza sin transformar (los casos que pueden traerse a colación son excepciones, que muestran no una vida humana, sino una pervivencia primitiva que de ninguna manera puede llamársele humana). La vida del hombre se desarrolla en una continua polaridad de oposición y superación entre hombre y naturaleza. Ésta se resiste a la transformación (oposición) y aquél logra su dominio mediante una praxis planificada, fruto del conocimiento inteligente (superación de la oposición). Esto se da en el continuo temporal -Historia-, lográndose así mediante la superación de las nuevas oposiciones la humanización creciente del medio, que permite así una existencia cada vez más humana al hombre. El medio de humanización (praxis planificada) es el trabajo y por tanto éste cobra capital importancia dentro de cualquier planteo humanista. Ésta es la razón fundante (que el trabajo es medio de humanización) que exige considerar a éste, lo mismo que a las circunstancias, como elementos humanos si queremos realizar una tarea antropológica seria. En caso contrario quedaremos libres del compromiso que implica rechazar los actuales condicionamientos, pero habremos aceptado falsear la perspectiva antropológica real ajustándonos a preconceptos ideales que condenarán nuestra tarea en su comienzo mismo.

Esta perspectiva de la dialéctica histórica es la que J. P. Sartre ve como única forma posible de concebir el mundo actual. Por ello su existencialismo es un existencialismo optimista, ya que inserta al hombre en la historia y logra superar así la consideración de "ser-para-la-muerte", que surge de las otras doctrinas existenciales.

En cambio, el materialismo histórico -en tanto y en cuanto capta directamente el origen de toda dialéctica: la práctica de todos los hombres gobernados por su materialidad- es al mismo tiempo la experiencia que cada cual puede hacer (y realmente hace) de su praxis y de su alienación y, al mismo tiempo, el método reconstructivo y constructivo que permite captar la historia humana como totalización en curso. Así, el pensamiento sobre la existencia se vuelve a hallar, en seguida, arrojado al proceso histórico, y no puede comprenderlo sino en la medida en que el conocimiento dialéctico se revela como conocimiento de la dialéctica de la materia"[68].

De esta manera nos situamos en el vértice de unión del existencialismo con el materialismo histórico y por tanto frente a un existencialismo -el sartreano- que puede erigirse en marco referencial por haberse incardinado en una concepción del mundo vigente en nuestro tiempo.

Trasladar este enmarque teórico a la labor psicoterapéutica es una empresa delicada. El terapeuta está frente a un hombre singular, con problemas de conducta, de adaptación, de comunicación, de angustia o de cualquier otra naturaleza. Hay que analizarlo, diagnosticar y tratar de curarlo. Para esto puede que posea (y de hecho lo posee, porque la formación terapéutica que recibimos, académica y profesionalmente, ya seamos médicos, psiquiatras o psicólogos, consiste en el conocimiento y aplicación de una serie de técnicas, ya sean de psicoterapia o de aplicación de psicofármacos, etc, que por muy elaboradas y actuales que aparezcan, son herramientas de una psicoterapia, pero no psicoterapia verdadera) técnicas para enfrentar la situación, pero como carece por completo de una psiquiatría omnicomprensiva, su tarea se reduce a la aplicación mecánica de la técnica que considera adecuada para el caso que se le ha presentado. El resultado de esto es que el paciente sobrelleva su situación ayudado por esta terapia que sólo busca que acepte su estado, proporcionándole para ello medios de adaptación a su situación o drogas calmantes. Nótese que decimos que tal resultado lo busca la psicoterapia y no el terapeuta, que sólo representa un instrumento formado y condicionado para que actúe en esa forma y carece de posibilidades y conocimientos para actuar de otro modo. ¿Y la psicoterapia? ¿Por qué busca tal fin? Porque es una realidad paraestructural que a través de una superestructura está defendiendo a una determinada infraestructura económica. Cuando

---

[68] - Roger Garaudy: Carta a Roger Garaudy. Perspectivas del Hombre: Fontanella. Barcelona, 1970, Pág. 122 y 123.

definimos el humanismo como elemento necesario en el marco referencial de la psiquiatría (siguiendo a Lefebvre), remarcamos que lo inhumano es la injusticia, crueldad, opresión, represión, tortura, miseria, etc. evitables. Cuando condiciones socioeconómicas infraestructurales producen una estructura que se mantiene gracias al sometimiento de muchos seres humanos que ven tronchadas sus posibilidades de avance en lo específico porque se enajena su trabajo en aras de intereses ajenos a lo humano las "condiciones invivibles" que causan tal sometimiento son evitables, y por tanto inhumanas. En este contexto toma sentido la definición de Sartre, que prologa los trabajos de Laing y Cooper; y toma sentido también la consideración de Lefebvre del devenir histórico que transforma la ciencia y el conocimiento humanos en instrumentos de lo inhumano, y explica también profundos contrasentidos de la ciencia actual, sobre todo de las ciencias del hombre. La necesidad de no romper un orden que existe gracias a que muchos se ven imposibilitados de existenciar sus posibilidades hace que la ciencia condicionada por este mismo orden, cuide no romper su propio marco, aunque ello la lleve a convertirse en técnica de servicio. Esto le ocurre a gran parte de la psiquiatría actual: se halla en estado de técnica al servicio de la gran estructura que la ha engendrado y le ha dado significación en calidad de valioso auxiliar para contener un avance histórico precisamente en aquellos medios humanos en que ha comenzado la desalienación.

Este comienzo de desalienación (no práxica, sino meramente gnósica), hace que el ser humano vislumbre su quiebra existencial ante la cercenación de sus posibilidades y por ello enferma. Entonces aparece ese gran medio de adaptación y aceptación de las circunstancias actuales, vale decir de aceptación de una existencia menos humana, que es la psiquiatría condicionada (entiéndase que esto no es un intento de distribuir culpas, nada más lejos de este análisis, que sólo pretende mostrar un cuadro fenomenológico del estado actual de la psicoterapia desde un marco dialéctico sartreano y -así lo creemos- existencial). Pero esta psiquiatría comienza a tomar conciencia de la situación y por tanto se encuentra frente a una nueva contradicción concreta. El dejar de lado el marco referencial condicionante para buscar una salida terapéutica de desalienación puede parecer una solución mágica, providencial, pero ocurre algo muy distinto cuando el terapeuta se enfrenta con el enfermo. Este hombre que busca ser curado, puede ser sometido a un proceso de desalienación y puede recibir una perspectiva de cambio, pero éste tropieza con un inconveniente que es el medio donde se vive. En efecto, ¿de qué sirve comenzar una terapéutica de este sentido si deberemos devolver al paciente al medio enfermante? Esta encrucijada está enfrentando a las corrientes terapéuticas a través de posturas aparentemente irreductibles. Por un lado se pretende que el terapeuta se convierta directamente en un luchador social en el campo de lo político-económico a través de una terapia desalienatoria que transforma al paciente en un revolucionario. Por otra, en base a lo que convencionalmente se entiende es el papel de la psicoterapia se pretende que ésta se limite a conseguir que el paciente sobrelleve su situación sin causar mayores problemas al medio. Aquí el papel de la psicoterapia es el de adaptación, vale decir de aceptación de la situación. El plantear esto como disyuntiva insuperable no nos conducirá a nada, pues la primera salida no es médica y la segunda tampoco, aunque por diferentes razones. ¿Qué hacer entonces? El terapeuta se verá en la obligación de conocer la realidad humana en que actúa (no sólo el "hombre" aislado sino el "hombre" en el medio) de tal manera que en su terapia logre una desalienación condicionada en la medida que lo permita la circunstancia envolvente. Esto se hace necesario por exigencias de una realidad profundamente condicionada, que sin lugar a dudas aniquilará totalmente a quien emerge de una terapia reciente que pecó de idealista por no darse cuenta del papel que jugará en el futuro del paciente el medio al que se lo devuelve. No desconocemos que la alienación es en gran medida causa casi total de la enfermedad, pero la mejor terapia desalienatoria llegaría a desalienar al "sujeto" en una medida prácticamente de laboratorio como lo es la del tiempo terapéutico, para devolverlo a un medio que no ha variado, o sea, tan enfermante como cuando se desencadenó el proceso enfermante. Esto producirá sin duda alguna una crisis con resultados peores a los del proceso inicial que es necesario evitar por razones obvias. Al parecer, la única salida es la de la adaptación, pero en la perspectiva auténticamente humana hay que llegar de alguna manera a la desalienación. La única forma posible es consumar una desalienación terapéutica que asuma la perspectiva de la realidad (medio humano) que condiciona al alienando. SERÁ UNA TERAPIA DE DESALIENACIÓN ALIENADA HACIA LA TERAPIA DE DESALIENACIÓN

SOCIOPSIQUIATRÍA

JORNADAS PSIQUIÁTRICAS ORGANIZADAS POR LA FEDERACIÓN ARGENTINA DE PSIQUIATRAS REGIONAL MENDOZA (1974)

"No sólo soy médico porque aprendí a auscultar el corazón de los hombres, sino que soy médico porque aprendí a auscultar el corazón de los pueblos".

Ernesto Guevara de la Serna, "che"

"El objeto más importante de la labor humana es el hombre mismo. Aristóteles sostenía que "el hombre virtuoso es el que por su actividad, guiado por la razón, da nacimiento a las potencialidades específicas del hombre". Goethe, en el Fausto, afirma que "solo merece libertad y vida quien diariamente sabe conquistarlas".

Erich Fromm

La Investigación carente de fundamentos históricos es propia de diletantes".

Stern

SOCIOPSIQUIATRÍA

Ante todo cabe una pregunta: ¿Por qué hablamos hoy de una sociopsiquiatría? El no tener plena conciencia de los motivos que nos empujan y el no conocer los supuestos que para ella debemos manejar, nos pone en peligro de caer en una nueva forma de cientificismo que es necesario evitar si nuestra pretensión es contribuir al avance de la psiquiatría.

La respuesta a la pregunta que nos hemos formulado, nos pone frente a una serie de dificultades ineludibles. La primera de ellas consiste en determinar si la sociopsiquiatría es una escuela psiquiátrica que pretende como marco teórico referencial a la sociología; supuesto que nos llevará a precisar cuál de las escuelas sociológicas contemporáneas habrá de ser asumida, pues a nadie escapa el hecho de que cada orientación en sociología responde a posturas más radicales que en última instancia se resuelven en el campo de la filosofía y esto sin que jamás pueda alejarse totalmente del positivismo originario que la engendró como una "física social".

Si el camino consiste en elegir una determinada sociología tendremos que admitir que en última instancia el "marco referencial" no está dado por la sociología, sino a través de la sociología y en este caso habrá que pensar si no es más sensato conectar directamente a la psiquiatría con los principios orientadores que -a no dudarlo- serán de corte antropológico. Pero hay otro camino que consiste en situar a la sociopsiquiatría en el seno de la psiquiatría y considerada como una escuela psiquiátrica que asume al hombre en su dimensión humana total. Este aserto nos libera de inmediato de la problemática que significa el asumir una "sociología" como marco teórico referencial, pero nos sitúa en una cuestión más radical. Si esto es así estamos suponiendo una respuesta a la pregunta inicial que conlleva un cuestionamiento a las restantes escuelas psiquiátricas pues implícitamente estamos afirmando que hoy hablamos de una sociopsiquiatría, e intentamos su aplicación porque nos hemos convencido que la falencia de las escuelas psiquiátricas estriba en no haber advertido la necesidad de asumir la totalidad humana en la que está inserto el paciente, en lugar de asumirlo a éste como alguien con problemas frente a su medio.

Creemos que en esta línea hay que buscar el sentido y la ubicación de la sociopsiquiatría, en el seno inmediato de la psiquiatría y de las ciencias médicas y a través de ellas en el ámbito del saber humano, porque la psiquiatría forma parte del campo científico tradicionalmente conocido como "ciencias médicas" y se resuelve epistemológicamente según los cánones de las ciencias prácticas y ello implica comenzar el análisis por la problemática que presenta tal rama del saber, ya que lo que hoy es "psiquiatría" ha tenido su origen como disciplina de la medicina y por tanto su historia es médica. Esta historia científica debe ser conocida y analizada para poder comprender qué pasa en el seno de la psiquiatría con las diversas escuelas psiquiátricas y desde esta perspectiva ver también qué significa en este campo la sociopsiquiatría y cuál es su legitimidad.

Las actuales ciencias médicas no han escapado al matematismo científico que ha trocado verdad por exactitud y en consecuencia son los cánones formales -no reales- los que afianzan nuestra medicina. Esto trae un primer desajuste: el hombre, objeto de la medicina e inmerso en el ser real, no en el ser matemático, inserto en el devenir de la historia, queda traducido al campo médico por un logicismo formal intrínsecamente incapaz de captar el devenir de su existencia concreta. En la literatura científica actual hay múltiples referencias a este problema; tal el caso de Karl Jaspers conocido como filósofo del existencialismo pero en su momento figura descollante de la psiquiatría, que señala con indiscutible acierto las limitaciones de la ciencia frente a la realidad total y a la existencia humana. A juicio del talentoso médico y filósofo alemán esto ocurre porque la ciencia trabaja con exactitudes parciales y carecen del sentido de totalidad que difiere según la época histórica y que sólo puede ser dado por la filosofía[69].

Raimundo Paniker, ubicado en una línea de pensamiento tradicional, reclama también la necesidad de incorporar al campo científico la "totalidad humana". En esto el pensamiento de R. Paniker está bastante cerca de los actuales intentos de una antropología fundante, sobre todo en lo que se refiere a la crítica de la actual orientación de la tecnología científica. Dice Paniker: *"... los filósofos han empezado a darse cuenta de los peligros -aún existenciales- que consigo comporta una civilización puramente científica y técnica, y es entonces cuando recaban el derecho de interpretar los resultados científicos y aun de dirigir la actividad de los técnicos, según las exigencias individuales y sociales del ser humano"*[70].

Notemos qué dirección se reclama para las actividades científicas y técnicas: las exigencias sociales e individuales del ser humano. Esto equivale a exigir de la ciencia su sometimiento a una concepción del mundo al servicio del hombre, enraizada en una filosofía integrada al devenir de la humanidad, capaz de dar sentido al presente considerado como un momento de la historia humana. Con algunas variantes esta

---

[69] - Karl Jaspers: Filosofía de la existencia. Aguilar. Madrid, 1961, Pág. 23 - 39.
[70] - Raimundo Paniker: Ontonomía de la Ciencia. Gredos. Madrid, 1961.

línea de pensamiento es la que encontramos hoy en el existencialismo sartreano, sobre todo en su propuesta de fundar la ciencia en una antropología totalizadora.

Además, hoy se hace insostenible pretender un divorcio entre "ciencia" y "filosofía", pues la filosofía alejada de la ciencia se torna utópica y la ciencia que se desprende de un pensamiento totalizador se torna en alienada y alienante. Alienada en la medida en que pierde la conexión de su objeto particular con el todo real y alienante en la medida que impone esta perspectiva parcial como auténtica, cosa que conlleva siempre una caída en lo ideal.

Esto ocurre muy a menudo cuando se confunde el papel de auxiliar de las ciencias matemáticas y se las considera fundantes, papel que sólo pueden desempeñar en el campo físico-matemático, pero jamás en la esfera de las ciencias del hombre. Hoy es común creer que el dato "índice" o el valor "medio" nos entregan la realidad, pero la verdad es muy otra. Estos valores no existen realmente, sino que son existencias formales, de valor ideal con un índice relativo de traducción real, cuya utilización permite la formulación universal de la ciencia; y nuestra ciencia es esencialmente universalista por la tradición griega que la originó y el kantismo que revaloró el pensamiento matemático.

Estas consideraciones, lejos de ser ociosas, son de suma necesidad para una reflexión crítica sobre la medicina y sus diversas disciplinas, tanto en su formulación como en su ejercicio porque ellas forman parte de la totalidad del saber humano y sus falencias casi siempre tienen su origen en el marco referencial que las sustenta. De esta manera nos situamos en la tarea de ver en qué medida se traduce esta situación a la medicina y a su ejercicio, pues en ellas la pérdida de una perspectiva de auténtica realidad se torna doblemente grave en razón de su objeto: el hombre.

La ciencia -y por ende la medicina- en cada época de la historia está condicionada por la infraestructura socio-económica que la sustenta, no en razón de la inversión que insume la investigación o creación de nuevas técnicas sino porque la existencia del científico supone un desarrollo de la humanidad que le permita vivir para el pensamiento, libre de ocupaciones fácticas. Esto ya lo advirtieron los antiguos griegos y dentro de sus esquemas conceptuales la ciencia ocupó el lugar de "ocio del hombre libre". Lógicamente una humanidad que ha llegado a un desarrollo tal que la hace acreedora de la ciencia y la técnica que hoy poseemos está condicionada por toda una historia geográfico-política y socioeconómica que ha sido fundamento de ese desarrollo. Nos encontramos así poseedores de una ciencia tributaria de una determinada organización humana, y por tanto determinada por los marcos referenciales concretos producidos a través de la historia real de la humanidad que distan bastante de ser los ideales de acuerdo con los cánones de un auténtico humanismo[71]. Nuestro presente no es el deseable para la humanidad, pero nuestro saber (incluida nuestra medicina y nuestra psiquiatría) es fruto de ese presente y de su historia, y por tanto uno de sus sostenes. Para graficar algo del presente de la humanidad citaremos algunos datos de la obra del Dr. Caños Vela S.J. en su tratado sobre el desarrollo de América Latina junto con algunas de sus consideraciones sobre la ciencia. Dice Vela: *"La gran mayoría de los habitantes de América Latina, quizá unos 180 millones de los 260 que la pueblan, tienen una alimentación deficiente en proteínas, y de estos 150 millones, o tal vez más, subsisten a niveles de inanición, con una dieta compuesta casi en su totalidad por féculas"* (págs. 200-201)[72]. Este estado de cosas, que por supuesto origina gravísimos problemas sanitarios tales como viviendas prácticamente inhabitables que provocan hacinamiento y promiscuidad con todas sus consecuencias (p. 238), y alto índice de enfermedades infecto contagiosas (págs. 243-262) sería superable si a los recursos naturales se les sumaran los conocimientos de la técnica actual. El mismo autor nos dice más adelante que la agricultura utiliza medios cada vez más retrasados y en los últimos años sólo ha aumentado a un ritmo ligeramente superior al aumento poblacional, cosa que no cubre las metas mínimas fijadas por la Carta de Punta del Este (págs. 198-199).

Nuestra técnica está en condiciones de resolver tales problemas, máxime contando con los recursos naturales favorables como en este caso, pero hasta el momento sólo se han levantado estadísticas de las Zonas de Subdesarrollo que se debaten en el círculo vicioso de no

---

[71] - Por humanismo auténtico (en la práctica) se entiende aquella situación de organización humana real que suprime lo inhumano evitable dentro de las posibilidades concretas.
[72] - Carlos Vela: Desarrollo e Integración de América Latina. Selecciones Gráficas. Madrid 1968.

avanzar por carecer de técnica, y carecer de técnica porque su subdesarrollo hace que no posean medios para adquirir o producir la técnica que necesitan. Esta es una realidad del hombre -sujeto de la medicina- que deber ser asumida por la ciencia.

Paniker en el texto citado hace notar lo reciente de la advertencia de esta situación por parte de filósofos y científicos. Recién se comienza a reclamar el cambio, pero la circunstancia imperante es totalmente ajena a la que se pretende desde una perspectiva humanista.

A la medicina, inserta en este contexto, le acontece:

a)   Su gran desarrollo en el campo de las enfermedades infecto-contagiosas no produce hasta el momento su erradicación, ya que por su naturaleza prosperan en poblaciones marginales que continúan existiendo como marco de la mayoría de las grandes ciudades. De nada sirven los conocimientos médicos sobre su prevención si se carece de posibilidades para hacer realidad un "medio sano", y de muy poco las técnicas de curación si se carece de la adecuada base hospitalaria para su correcta aplicación. Además, es muy poco lo que se consigue curando un enfermo para devolverlo luego al medio enfermante.

b)   Paralelamente hoy asistimos a un continuo aumento de las enfermedades psíquicas, y a nadie escapa que una de sus serias causas es la presión existencial que impone nuestra sociedad. El terapeuta se encuentra también en situación difícil porque su paciente una vez curado (o mejorado) volverá al medio, que en gran medida anulará su tarea. Esto ocurre, no por insuficiencia de las técnicas psiquiátricas, sino porque éstas se encuentran impotentes frente a una de las más serias causas del deterioro de la salud, o sea, nuestro actual medio humano.

De este rápido análisis que engloba la problemática médica -y por ende también la psiquiátrica- surge la fundamentación del aserto que hemos aventurado al comienzo acerca de la legitimidad y necesidad de la sociopsiquiatría en razón de que aún no ha sido asumido en su totalidad humana el paciente psiquiátrico. Antes de proseguir debemos dejar perfectamente notado lo siguiente: a) No pretendemos de ninguna manera detectar culpas. Sabemos que éstas no existen en persona concretas, ni siquiera en posiciones médicas, pues éstas también están determinadas a ser como son. Sólo pretendemos patentizar el problema en su dimensión real para contribuir a su solución. b) Creemos que la sociopsiquiatría no es una escuela psiquiátrica más, sino que es el intento de una refundamentación de la psiquiatría desde una perspectiva de totalidad humana en la que el elemento social deja de ser el aspecto desde el cual se mira al hombre (estaríamos así en un nuevo parcialismo) para constituirse en un propio coextensivo a la existencia (conciencia) humana. Remarcamos esto para salir al encuentro de la objeción que pueden plantear aquellas corrientes o escuelas que desde hace algún tiempo han comenzado a manejar lo "social" o el "medio" como un dato más a tener en cuenta, y que sin dudas pueden suponerse fuera de nuestro planteo al creer que la sociopsiquiatría es una psiquiatría cuyas técnicas terapéuticas se ocupan un poco del actual social del paciente y su medio. Nuestro enfoque del planteo socio-psiquiátrico es totalmente diferente. Está más allá de lo que es un problema de técnicas terapéuticas o consideraciones del grupo familiar o laboral del paciente, pues la más tradicional de las concepciones psiquiátricas puede muy bien organizar una serie de procedimientos terapéuticos sobre la faz relacional del paciente sin por ello asumir en modo alguno su totalidad humana. Ser de absoluta claridad en esto es decisivo para proseguir nuestra tarea de perfilar y fundamentar una sociopsiquiatría en el seno de la actual psiquiatría, pues ello tiene sentido en la medida que implique un aporte a la solución de problemas aún no superados, y precisamente estamos asistiendo al fracaso de distintas socioterapias que no deben confundirse con una sociopsiquiatría, pues ésta aún no pasa de ser un intento que da sus primeros pasos y aquellas ya han sido superadas por una realidad terapéutica que no pueden asumir.

En un trabajo anterior referido a la medicina en general se hizo hincapié en la distinción entre una técnica terapéutica y la medicina como tal, exigiendo una subordinación de las distintas técnicas a una medicina estructurada sobre una concepción humana, totalizadora y vigente que comprendiese al hombre en su auténtica dimensión de ser en logro continuado[73]. Aquí es análogo el problema, pues si en aquella

---

[73] - J. M. Valverde: Ciencia, Medicina y Psiquiatría: Reflexiones sobre su cometido, 1972. V Congreso Argentino de Psiquiatría.

oportunidad dijimos que "perfecta cirugía" no implicaba buena medicina, aquí nos vemos en la necesidad de afirmar que una correcta "laborterapia" o cualquier otra forma de socioterapia no implica de manera alguna que se esté en el campo de lo que nosotros pretendemos para la sociopsiquiatría. Las socioterapias son técnicas que pueden estar enmarcadas en corrientes psiquiátricas totalmente ajenas a un planteo de totalidad humana, pues a ninguna psiquiatría le es desconocido el que el hombre sea un ser social, pero hay una diferencia abismal entre asumido como un individuo inserto en una totalidad coexistente a su individualidad social, planteando su inseparabilidad (en este caso estaríamos en un intento de sociopsiquiatría) y utilizar su comportamiento social o grupal para insertar en él un proceso terapéutico con el fin de readaptarlo a su medio sin exigirle a éste ninguna modificación. (Caso común a las socioterapias).

Asumir el "hombre en su totalidad" implica para la socio-psiquiatría una necesaria relación con todas aquellas ciencias y disciplinas (al menos) cuyo accionar incide en el hombre. No podrá constituirse ajena a la economía, al derecho, a las ciencias de la educación, a la geografía, a la historia, etc., porque todas son disciplinas que de una manera u otra toman aspectos parciales que inciden en el hombre y es necesario abarcarlos si no se quiere perder la realidad. Además, estas disciplinas deben ser tenidas en cuenta en relación a una concepción del mundo y del hombre profundamente humanista y no como parcelas de conocimiento aisladas entre sí, porque de lo contrario nos embarcaremos en una empresa que correrá peligro de adolecer de los males que intentamos corregir.

Aquí se nos hace necesario mostrar cómo la psiquiatría adolece -a través de sus escuelas- de falta de comprensión holística de su objeto y por tanto muchas veces se malogran técnicas de terapia en razón de que el terapeuta no tiene en sus posibilidades su correcta utilización. Lo haremos muy brevemente y sin afán de críticas, pues sólo buscamos mostrar el porqué -a nuestro juicio- hoy es legítimo hablar de sociopsiquiatría.

Sin duda alguna la psicoterapia se inicia en el seno de la teoría psicoanalítica, y si bien el edificio freudiano fue con todo derecho el coloso de una época y la trascendió como el comienzo de una nueva era en psiquiatría, no escapó a su tiempo en cuanto a condicionamiento antropológico se refiere. El psicoanálisis está concebido en y estructurado para una realidad humana que no es la actual. Esto ha comenzado a advertirse en el interior de la escuela misma y ha causado la multidivisión interna que la aqueja, pues muchos de sus seguidores creen que injertando a la teoría psicoanalítica elementos nuevos de formas de pensamiento actuales lograrán recuperar la lozanía perdida. En realidad la desconexión con la realidad no se solucionará por ese medio, sino que paulatinamente se irá haciendo más aguda en la medida que múltiples orientaciones parciales sigan parcelando el ya muy resquebrajado campo psicoanalítico.

El problema fundamental estriba en que cada caso terapéutico es irrepetible en su mismidad humana concreta y singular, y por tanto, si ajustamos su tratamiento a normatividades generales estamos ignorando precisamente aquello que queremos curar. Nos eximimos de seguir este análisis por cuanto de él nos hemos ocupado en otra oportunidad mostrando cómo el psicoanálisis pierde la realidad humana concreta en función de un simbolismo formal y universal desconectado del presente siempre cambiante del paciente en cuanto existente humano[74].

Desde hace algunas décadas el existencialismo intenta dar a la tarea psicoterapéutica la posibilidad de asumir la individualidad humana brindando para ello su interpretación del existente humano singular como ser condenado a la temporalidad y a la finitud. La historia reciente nos muestra esta experiencia que ha pretendido superar el psicoanálisis aquejado de parecido problema al ya señalado a los seguidores de S. Freud: la bifurcación en distintas direcciones concordes con las diversas inclinaciones de las escuelas existencialistas. Esto muestra la carencia de una concepción orientadora básica que permita comprender al hombre en su realidad dinámica, autotransformadora en la medida que puede transformar al medio siendo sujeto de la historia.

Para el existencialismo en general -se exceptúan el pensamiento sartreano sobre todo a partir de "Crítica de la Razón Dialéctica"- el

---

[74] - J. M. Valverde: Epistemología y Psicoanálisis. Cuadernos. U.C.C, 1971.

hombre no tiene otra salida que acoger la angustia que surge ante su descubrimiento de estar sumergido en el mundo. La experiencia existencial es traumática si es auténtica. Además es un ser muriente porque asume la muerte al comenzar a existir. En un enmarque terapéutico que responde a esta concepción del hombre, ¿qué horizonte puede buscarse para el enfermo? Si toda existencia es traumática, la condición del hombre sano es aceptar y sobrellevar la angustia existencial; y la terapia tendrá que estar en función de lograr que todo hombre acepte la condena de ser hombre, pues aquí el "enfermo" es aquel que no se adecua a la angustia, forma de existencia auténtica. Ésta es la gran paradoja del existencialismo: pretender una existencia auténtica que consiste en vivir para la muerte. ¿Qué otra cosa es, sino identificar angustia con existencia humana? En esta línea se encuentran Gion Condrau en su libro "Angustia y Culpa, problemas fundamentales de la psicoterapia" (Gredos, Madrid, 1968) cuando afirma: *"La tarea de la psicoterapia no puede consistir en llevar al hombre a un 'protoestado paradisíaco de carencia de culpa', sino más bien en ayudarlo a reconocer y soportar su culpa". (Página 135 en adelante).* Hemos mostrado de intento el trabajo de un terapeuta existencial en extremo para lograr una rápida graficación de las consecuencias de los puros marcos existenciales, pues la extensión del presente trabajo no nos permite ir más lejos; pero en general es fácil descubrir en los enmarques existencialistas su culminación en la nada, pues el hombre es siempre un ser para la nada, un ser gratuito y absurdo sin posibilidades de modificar su destino final. Un pensamiento sin esperanza no tiene posibilidad alguna de fundamentar una salida para la psiquiatría, que precisamente tiene que constituirse posibilitando el ejercicio de la humanidad a aquellos que la sienten perdida. (Volvemos a notar que dejamos de lado en este apretado análisis la postura del J. P. Sartre de nuestros días, pues su apertura del existencialismo hace que no quede comprendido en las generalidades de las escuelas).

Recapitulando podemos decir que las falencias anotadas tanto al psicoanálisis como a las corrientes existencialistas son :

a) pérdida de la perspectiva de lo real en función de lo universal

b) inadecuada concepción del hombre

c)   pérdida de la dimensión histórica del hombre

Estas acotaciones nos bastan para afirmar que su concepción no es totalizadora y por tanto su perspectiva del hombre no es auténtica y en consecuencia el ideal humano a lograr a través de la terapia no será el que posibilite un ejercicio de auténtica humanidad.

Esta es la situación que se pretende superar desde una sociopsiquiatría, y hemos dicho que antes que una escuela más debe vérsela como un intento de refundamentación de la psiquiatría. En consecuencia su concepción humana deberá:

a)   considerar al hombre inserto en la historia

b)   considerar al hombre inserto en el medio y el medio inserto en el hombre y ambas en el contexto social

c)   considerar al hombre en continuo desarrollo

d)   considerar la concreta individualidad de cada hombre en su irrepetibilidad.

Esto implica que pensemos al hombre -y en consecuencia al paciente- no en función de lo que fue o lo que es frente a nosotros, sino en función de lo que podemos ayudarle a que sea en su futuro, y como este futuro depende de él en relación a todo su contorno humano, hace que nuestra condición de terapeutas nos obligue a asumir una totalidad en la que nosotros mismos estamos situados como elemento condicionante del paciente. Esta es una perspectiva que jamás debe perder el terapeuta pues hace a la terapia en gran medida y podría decirse que la cualifica. El pensamiento de Sartre puede ser de ayuda en esta tarea, pues define al hombre por sus posibilidades futuras, lo inserta en la historia como sujeto y por tanto con posibilidades de transformación. Esto es fundamental, porque la salud se logrará siempre que sea posible transformar al enfermo en sano y al medio enfermante en medio humano, pero no como polos aislados, sino como polos coimplicantes.

Una vez aceptado este enmarque teórico para la sociopsiquiatría el problema se constituirá al intentar su traslado a la labor psicoterapéutica. El terapeuta está siempre frente a un hombre concreto, con los más diversos problemas (comunicación, conducta, etc.) y debe diagnosticar y tratar de curarlo. Para ello está munido de diversas técnicas, pues la formación académica del psiquiatra o del psicólogo hasta ahora está orientada a dotar a éste de múltiples formas de psicoterapia, psicofarmacología, u otras terapias, pero carece de una psiquiatría omnicomprensiva que le permita abordar la totalidad que implica la existencia humana que tiene frente a él. En este momento, lo crucial de la sociopsiquiatría está en dar solución a esta situación concreta del terapeuta; pues de alguna manera éste tiene que asumir sus propias determinantes para ser manejadas en su relación con el paciente, y esto lo obliga a asumirse en un devenir, pues él como medio del paciente también está en el proceso de transformación. Esto le ocurre al terapeuta porque sus técnicas son tributarias de los momentos históricos que las originaron, y por tanto responden a un pasado, que en el caso del paciente es enfermante y su relación existencial al todo podrá volver a la salud en la medida que supere ese pasado en función del futuro que le reste como posibilidad. Hoy se habla de sociopsiquiatría porque la psiquiatría ha comenzado a tener conciencia de este problema y se encuentra frente a una contradicción concreta. El dejar de lado los marcos referenciales anteriores para buscar una salida terapéutica de total futuridad rompiendo con todo lo que implique pasado puede parecer una solución mágica, pero frente al enfermo en concreto la situación es muy distinta. Este hombre que busca ser curado puede recibir una perspectiva de cambio, pero deberá volver al medio para ejercer su salud, y en consecuencia hacer una terapia tipo "laboratorio" en que se construya sobre una futuridad del sujeto sin tener en cuenta al medio, implica también una pérdida de la totalidad humana que hemos reclamado como fundante de la sociopsiquiatría. Al parecer queda planteada una disyuntiva usar la terapia para que el paciente se acomode al medio o convertir al terapeuta en luchador social frente al medio. Este planteo no nos conducirá a nada provechoso, porque ninguna de las dos salidas es médica, pues no llegan a la salud del paciente a través de otorgarle la posibilidad de ejercer su libertad y su humanidad al máximo dentro de las posibilidades concretas.

La posibilidad estaría dada cuando el terapeuta, con conciencia de la realidad humana total, conduzca la terapia logrando una desalienación condicionada en la medida que lo permita el medio envolvente. De esta manera, insertaremos nuestra tarea en la cambiante circunstancia del hombre y nos encontraremos en una terapia de desalienación alienada hacia la desalienación.

Esta perspectiva terapéutica acepta como conceptualización de enfermedad mental la descripción fenomenológica hecha por cualquier corriente contemporánea, aunque no comparte en gran medida su etiología, pues a la misma la cree inmersa en las determinantes del medio. En este momento el medio nos distorsiona, porque siendo adverso a un auténtico ejercicio de la humanidad nos impone un ajuste que cercena posibilidades entre ellas de ejercer nuestra libertad, ejerciendo nuestra posibilidad. En esta perspectiva están el terapeuta y el paciente, porque aunque desempeñando roles diferentes son engranajes de una misma sociedad, que como totalidad es alienante y por tanto las perspectivas de salud enfermedad se van sucediendo en el marco cambiante y condicionante del devenir existencial. Y si no pensemos en el proceso del delirante... el loco y hoy el alienado.

Reflexiones sobre antropología

1° Congreso Iberoamericano de Psicología Médica y Psicoterapia, Mendoza, 1986.

Elaborar una propuesta antropológica para orientar la tarea del terapeuta es un intento que no encuentra total y plena justificación en el marco de nuestra visión totalizadora del hombre. Ello comportaría agregar una nueva parcialización a las ya numerosas "antropologías" pretendidamente independientes de nuestro siglo, que han logrado confundir antes que orientar no sólo en el campo de las ciencias médicas, sino en todo el ámbito científico y tecnológico. En efecto, todo el universo del saber y del hacer cobrará sentido en y por el hombre, al que está destinado; y si la concepción orientadora que de él adoptamos nos entrega un concepto parcial, mutilado, incompleto, a la larga perderemos nuevamente al hombre concreto que intentamos rescatar porque estamos subordinando nuestro pensamiento a una idea o definición de hombre formal e inexistente.

Esto ha ocurrido con las diferentes "antropologías" a las que aludimos anteriormente: "cultural", "física", "social" o "filosófica". En ellas se ha cometido el error (al menos la imprudencia) de reducir lo humano a lo "cultural, a lo "físico", a lo "social" o a lo "filosófico", y desde esa única faceta caprichosamente adoptada se ha prefabricado un hombre ideal a cuyo molde luego se pretende forzar al hombre concreto y real.

Para nosotros la antropología debe tratar de abarcar al hombre concreto, en su totalidad y en su dinamicidad. La antropología no debe desdeñar lo físico, ni lo cultural, ni lo social, ni lo filosófico, ni lo científico, ni lo político, ni lo histórico, ni tampoco aspecto alguno de lo real que interactúe con el existir del hombre concreto.

Sin una antropología totalizadora y omnicomprensiva no podremos encarar con acierto ningún proyecto en favor del hombre concreto, ya que en su existir histórico y dinámico rebasa toda conceptualización esquemática. Cuando se trata de definir al hombre es necesario aprehender, aunque sea inacabadamente, la inherencia espacio-temporal en su "ontos", porque el hombre no es como el ser matemático del triángulo o de la esfera, a los que repugna esencialmente el cambio y por lo tanto su conceptualización universal es definitiva y cerrada. El hombre se constituye en lo cotidiano, es temporal y se proyecta históricamente en el devenir, donde debe lograr su proyecto de existente libre. Una auténtica antropología debe resolver cómo se da y cómo se debe dar en el hombre tanto lo físico, como lo cultural, social o político, entendiendo que el hombre abarca y supera todas estas facetas que solo en él cobran realidad y sentido. Para ello necesariamente la antropología debe ser un saber de totalidad, al que nada puede serle ajeno, ni siquiera lo inerte, pues el hombre interactúa con lo inerte y lo transforma.

Desde éste, nuestro modo de entender la antropología fundante, no podemos aceptar que se hable de una "antropología médica", como si hubiera que elaborar una antropología exclusiva, para uso de médicos y terapeutas constituyendo así una nueva isla en el mundo del saber. Si queremos integrar al hombre desintegrado (paciente) debemos integrarlo en la única totalidad existente, y para ello debemos contar con supuestos antropológicos que nos conduzcan a ello, y no con una "seudoantropología médica" que ignore el universo humano con todos sus problemas y todas sus complejidades.

Es necesario contar con una antropología fundante para las ciencias médicas en general, como para toda ciencia, tecnología y programática político-social, y desde esta antropología -que no puede ser sino existencial, histórica y dinámica- debe orientarse también la terapéutica psiquiátrica y psicológica

Acabamos de afirmar que la perspectiva antropológica que adoptamos, en su totalización conceptual debe aprehender el momento histórico en que devienen los existentes concretos (en nuestro caso especial los pacientes) y ello exige necesariamente una consideración detallada del momento histórico que ellos afrontan.

No es lo mismo el presente histórico para quienes habitan el mapa del desarrollo que para quienes habitan el del subdesarrollo. Quienes habitan el primero poseen la tecnología que les permite determinar -y desde este poder determinar, subordinar- las formas de producir de la totalidad imponiendo las estrategias que desarrollan su hegemonía.

Los subordinados, como una forma de superar su situación histórica de inferioridad, tienden a imitar los modos y usos de los dominadores, afianzando así la enajenación de que son objeto. Con la conducta de adaptación alienante se originan grupos de dirigencia en las sociedades no plenamente desarrolladas que en realidad son "seudodirigencias" ya que su liderazgo no está sustentado en la encarnación de los valores e intereses de su conjunto humano, sino en la asimilación de las técnicas y sistemas ajenos que son enajenantes por no ser propios. Y esto se da muchas veces en quienes como intento enarbolan la búsqueda de un desarrollo propio, que equivocadamente creen encontrar en las pautas del desarrollo ajeno.

Todas las antropologías parcializadoras a que hemos aludido, entronizando una definición formal y purista de hombre ("cultural", "social", "físico", "filosófico", etc.) logran excluir al hombre concreto con su problemática de los planteos tanto científicos como tecnológicos produciendo de esta manera una prescindencia científica de la realidad.

Nuestro hombre concreto padece el subdesarrollo, está condenado a asumirlo, pero como la ciencia no puede "contaminarse" con esta contingencia concreta ya que ella es universal, jamás podrá ser para él una tabla de salvación; lejos de ello, colaborará para que se mantenga su situación que "a priori" ha sido definida como ajena a su incumbencia.

Para los centros superdesarrollados la ciencia purista y prescindente de lo concreto significa su mejor reaseguro de hegemonía, ya que desde ella jamás se planteará como problema el subdesarrollo de los otros. Así, para el mundo desarrollado, el subdesarrollo no existe, es ajeno a la totalidad que ellos comprenden desde su propia perspectiva parcial de seguridad y plenitud.

Cuando este enfoque es adoptado por quienes ejercen la ciencia y la tecnología en el mundo del subdesarrollo, se está ahondando el abismo en lugar de superarlo.

¿Y cómo repercute en la relación médico-paciente?

Si el terapeuta, adscripto a una concepción no existencial del hombre, excluye de la terapia la situación total y concreta de su paciente, en lugar de buscar por parte de éste el encuentro con su posible proyecto existencial y libre, lo está forzando a aceptar un esquema que ignora su drama, su enfermedad. En otras palabras, está consiguiendo una adaptación resignada a la situación adversa que provoca la enfermedad (confundiendo adaptación con salud) en lugar de iniciar en el paciente la búsqueda de su posible proyecto de libertad.

En el primer caso el médico, formado en una ciencia abstracta y universal, por definición ajena a lo particular, busca resolver este caso en una interpretación universal. Este médico puede que use como vía cierta para develar la problemática individual de su paciente la interpretación de los sueños. El sueño que él analiza es de este paciente, pero no lo lee en este paciente, en función individual, sino según pautas universales, totalmente ajenas a la historia singular del mismo, y además estatuidas por una tradición cultural también ajena a la historia del paciente, enajenando así el proyecto terapéutico.

Si el terapeuta pretende leer en su paciente mediante el sentido de su proyecto finalístico para superar la minusvalía particular de origen sociogénico colonizado, también estaría ignorando lo concreto, porque su modo de análisis pudo ser válido en el momento de su formulación en determinado enclave de la historia y en un situado lugar, pero no puede válidamente ser serializado porque pierde valor de análisis concreto.

También se pretende desde otros modos terapéuticos resolver casos particulares desde una interpretación fundamentalmente religiosa, encontrando base última para ello en una religiosidad inconsciente y endógena. En este caso, al ignorar la proyección cultural de toda concepción religiosa se emboca a la terapia por muy discutibles andariveles de interpretación abstracta.

¿Cómo superar estos escollos?

La respuesta definitiva no puede darse porque recién se están dando los primeros pasos tanto para incorporar a la antropología una concepción holística del hombre como para sumir la capacidad de incorporar a nuestra tarea científica nuestra realidad histórica y nuestro devenir individual a través de la investigación del proyecto imaginario (destotalización) y su encuentro con la realidad (retotalización), siempre en cambio y hacia un proyecto de lo humano en la humanidad, y de la humanidad en lo humano.

PSICOTERAPIA EXISTENCIAL DENTRO DEL HUMANISMO DE LA LIBERTAD, MÁXIMA PROPUESTA DE J. P. SARTRE.

1° CONGRESO IBEROAMERICANO DE PSICOLOGÍA MÉDICA Y PSICOTERAPIA, ORGANIZADO POR LA CÁTEDRA DE PSICOLOGÍA MÉDICA DE LA FACULTAD DE CIENCIAS MÉDICAS. UNIVERSIDAD NACIONAL DE CUYO, 1986.

Existir es comprometerse; asumir como elección esa perspectiva es lanzarse al devenir profundo de la esencia humana. Frente a esta situación de contingencia no se puede huir; hay que elegir y asumir el proyecto. Y el proyecto está inmerso en la creación e invención de su propia posibilidad de ser. "La única cosa que tiene importancia es saber si la invención que se hace, se hace en nombre de la libertad. Nadie puede no elegir; o está en el proceso de lo humano o es cómplice de lo inhumano".

Ya ingresamos en el juego de la relación entre la exposición de un pensamiento auténtico honrado, comprometido como es el pensamiento de Jean Paul Sartre y la postura y reacción de quien lo lea. Por lo general nos acercamos a un tema discursivo con el mismo aparato cognoscitivo e intelectual que utilizamos para abordar cualquier campo del saber, tratándolo como algo que está allí, separado de él mismo; es aquí el primer obstáculo a superar, pues hay que comprender que cada lector es también un "existente" y posee una conciencia preexistencialista de la existencia.

El lector mismo está implicado en la existencia, es decir, tendrá una familiaridad prefilosófica con la materia de que se ocupa el existencialismo, lo que distingue a esta filosofía de la mayoría de las restantes. El existencialismo tiene dos amplias dimensiones que se interpenetran en un punto: el pensamiento filosófico en general y la situación mundial; su interpenetración representa la situación actual del hombre, particularidad que distingue al pensamiento existencial de la mayoría de los enfoques filosóficos.

Las filosofías de la existencia se oponen con firmeza a la tradición filosófica clásica, que supone una realidad universal y estática que está allí, exterior al pensador e independiente de él, el ser existencial es asumir una realidad que deviene y que determina la historicidad del pensador. Otra diferencia fundamental es con la expresión clásica de Descartes "cogito ergo sum" (pienso, luego soy); esta situación es superada por el existencialismo en el planteo. "Soy, por lo tanto pienso", siempre relacionado existencialmente con mis objetos. Supera aquí la escisión sujeto-predicado. Otra fundamental diferencia con las otras filosofías es el ser protagónico del hombre como centro de filosofar.

Para Jean Paul Sartre, Marcel, K. Jaspers, el filosofar gira alrededor del hombre integral, y en definitiva alrededor del filósofo mismo en su relación con el mundo.

Puede concebirse el pensamiento existencial como una reacción o protesta contra la negación del hombre integral en los círculos filosóficos dominantes, y también como protesta contra la negación del hombre integral en un mundo enajenado. Puede sintetizarse el existencialismo como un intento de reafirmar la importancia del individuo mediante un análisis riguroso y en muchos aspectos radicalmente nuevo de la naturaleza humana. La reacción existencial ante el medio social del hombre de ningún modo se limita a los filósofos. En el siglo XIX es posible destacar (arbitrariamente) tres almas afines: Carlos Marx, Fedor Dostoievsky y Vincent Van Gogh.

La intuición fundamental de Marx consistió en señalar la primacía de la existencia social del hombre como determinante de su conciencia.

En el "Gran Inquisidor", Dostoievsky formuló lo que debemos considerar como dilema fundamental del hombre moderno: <u>la opción entre el pan (es decir, la seguridad social) y la libertad.</u>

Van Gogh es un ejemplo típico, si bien extremo, del artista del siglo XIX, alienado existencialmente del público, de la sociedad burguesa y que busca en su interior los valores que no puede hallar fuera de sí mismo. Hace unos días el filósofo militante de la libertad se encontró en la situación límite, de la coincidencia de su vida con su pasado, entró en la imposibilidad de toda posibilidad, murió replanteándose su último compromiso como resultante de su mensaje en la poesía de su existencia.

Podríamos plantear la posibilidad de una biografía y preguntarnos ¿quién es? para este existente que distorsionará subjetivamente, por su historicidad, por su contingencia, por su ser en el mundo el reflejo objetivo que es en su devenir Jean Paul Sartre.

Con sus propios planteos ofreceré el acercamiento a él, pero será necesario desprenderse de toda búsqueda de seguridad con actitudes prejudicativas (pre-juicios) que nos lleven a no lograr poder valorar adecuadamente la riqueza humana y humanística de su generoso mensaje: "Entendemos por existencialismo una doctrina que hace posible la vida humana y que, por otra parte, declara que toda verdad y toda acción implica un medio y una subjetividad humana". "El hombre no es otra cosa que lo que él se hace. Este es el primer principio del existencialismo. Es también lo que se llama la subjetividad que se nos echa en cara bajo ese nombre.

Pero, ¿qué queremos decir con esto sino que el hombre tiene una dignidad mayor que una mesa o la piedra?

Porque queremos decir que el hombre empieza por existir, es decir que empieza por ser algo que se lanza hacia un porvenir, y que es consciente de proyectarse hacia el porvenir".

El hombre es libertad: "Estamos solos, sin excusas. Es lo que expresaré diciendo que el hombre está condenado a ser libre. Condenado, porque no se ha creado a sí mismo, y sin embargo por otro lado, libre porque una vez arrojado al mundo es responsable de todo lo que hace".

Compromiso, elección y subjetividad: "La elección es posible en un sentido, pero lo que no es posible es no elegir. Puedo siempre elegir, pero tengo que saber que si no elijo, también elijo".

El hombre elige su moral: "El hombre se hace, no está todo hecho desde el principio, se hace al elegir su moral, y la presión de las circunstancias es tal, que no puede dejar de elegir una. No definimos al hombre sino en relación con un compromiso".

El hombre se elige en relación con los otros: "Si hemos definido la situación del hombre como una elección libre, sin excusas y sin ayuda, todo hombre que se refugia detrás de la excusa de sus pasiones, todo hombre que inventa un determinismo, es un hombre de mala fe. La mala fe es, evidentemente una mentira, porque disimula la total libertad del compromiso.

La libertad: "Cuando declaro que la libertad a través de cada circunstancia concreta no pueden tener otro fin que quererse a sí misma, si el hombre ha reconocido que establece valores, en el desamparo no puede querer sino una cosa, la libertad, como fundamento de todos los valores".

La libertad ajena: "Queremos la libertad por la libertad y a través de cada circunstancia particular. Y al querer la libertad descubrimos que depende enteramente de la libertad de los otros, y que la libertad de los otros depende de la nuestra".

"A los que oculten su libertad total por espíritu de seriedad o por excusas deterministas, los llamaré cobardes, a los que traten de mostrar que su existencia era necesaria, cuando que es la contingencia misma de la aparición del hombre sobre la tierra, los llamaré inmundos. Pero cobardes o inmundos no pueden ser juzgados más que en el plano de la estricta autenticidad".

Humanismo existencialista: "Humanismo porque recordamos al hombre que no hay otro legislador que él mismo, y que es en el desamparo donde decidirá de sí mismo; y porque mostramos que no es volviendo hacia sí mismo, si no siempre buscando fuera de sí un fin que es tal o cual liberación, tal o cual realización particular, como el hombre se realizará precisamente en cuanto a humano".

Sartre opone al humanismo académico un humanismo de la libertad, supeditada la obra a la libertad humana. Frecuentemente, según Sartre, se invierten los términos de las relaciones: la libertad que no tiene otra forma de reconocimiento sino a través de sus productos, transfiere a la obra su carácter absoluto, convirtiéndola en mito (1ra. alienación). Si la obra es un absoluto deja de significar una posibilidad. Los temas del hombre, del mundo, de la libertad, de la conciencia, que constituyen el núcleo de la filosofía de Sartre, pueden englobarse en el más general de la existencia humana, el rescate de la misma en Kierckegard y Heidegger, antes que él, es un intento de rescatar la singularidad humana.

Y la investigación psicológica de esta singularidad debe partir de una posición existencial primigenia.

En este sentido, cada actitud de la vida humana supone un relación con el mundo. La vida humana no tiene una significación natural; requiere de la conciencia y del mundo para existir. Sartre, precisamente, describe la existencia como vía de la conciencia, que es además la sola realidad de la que el hombre puede tener experiencia.

Sartre ha dejado un profundo sendero a la interpretación de la existencia concreta; nos ha condenado a nuestra angustia como seres libres, que se mueven en la contingencia de sus determinantes; nos impulsó a caminar ese sendero que hay que realizar andando, sin la brújula de las universales muertas, sin el cuadrante de las determinantes alienadas; nos recuerda en cada momento a Unamuno cuando dice: "Yo me propongo agitar e inquietar a las gentes. No vendo el pan, sino la levadura".

Nos acercamos a nuestra relación con la psicología, psiquiatría y filosofía. El porqué de nuestra posición: consideramos que no hay filosofía superpuesta al conjunto de la ciencia; por el contrario, hunde raíces profundas en ellas, merced a la filosofía la actividad científica se vuelve consciente de su fundamento objetivo y de su fundamental unidad, consciente del proceso que la lleva a superarse indefinidamente en la investigación del ser que va de la naturaleza física a la naturaleza viviente, de la naturaleza viviente a las sociedades humanas.

En el curso de la historia de la filosofía las etapas fecundas están marcadas precisamente por batallas en favor del espíritu científico de la libertad de investigación.

Por razones de espacio, tiempo y paciencia del existente lector, resumiremos muy rápidamente los conceptos que caracterizan al movimiento existencial en nuestra especialidad:

a)   Noción de existencia: La existencia humana única capaz de relacionarse consigo misma y por lo tanto con los demás, no es nada de lo que viste el humano vivir, "es" lo que queda como último núcleo imprescindible cuando se ha prescindido de todo lo que pueda enumerarse o calificarse, ya que la existencia crea todo eso al ir desenvolviéndose

b)   Concepto de trascendencia: Existencia viene de ex (fuera de) y sistere (posar, colocar), de éxtasis (salirse de sí mismo). "El hombre, dice Jasper, es aquello que aspira más allá de sí". Existir humanamente es un ser siendo. Es un poder ser, es un continuo crearse -hacerse a sí mismo- el ser humano no ha sido hecho sino es lo que de él se hace y lo que él se hace. Sartre nos lo enuncia así: "El hombre es el ser que no es lo que es y que es lo que no es". Este constante proceso de hacerse a sí mismo no es determinado por nadie ni por nada, lo que quiere decir que el ser humano es LIBRE: elige constantemente su camino y se determina a sí mismo. Es por lo tanto, completa y absolutamente responsable de sí mismo cuando supera su proceso de alienación y deviniendo. Es su propia existencia (es su tragedia). La tragedia existencial del hombre, porque esa determinación de sí mismo, es ir hacia algo, ese "proyecto", según las palabras de Sartre se ve trabado en su realización por la "facticidad", el ser-en-sí.

c)   El ser en el mundo: Heidegger describe el hombre como DASEIN (da-aquí) y (sein-ser), es el que al dirigirse al mundo que lo rodea, le va dando la categoría de ser. Todo lo que existe está pero no es, el hombre y sólo él, al hacerlo participar en su mundo lo hace SER.

El hombre es, pues en ese sentido, un ser-en-el-mundo, que crea el mundo pero que, al mismo tiempo es creado por él, se halla rodeado, confinado y en constante tensión con él (segunda tragedia existencial).

El hombre es un ser "arrojado a la vida donde está de más". Esta perpetua lucha lo coloca, pues, "solo frente al mundo", solo para realizarse y vivir su libertad. Pese a ello, esa soledad existencial no puede tampoco ser plena ya que está condicionada por su situación de ser-en-el-mundo.

Se presenta en el hombre el peligro de renunciar a su compromiso, a su libertad, a su responsabilidad, a su soledad misma y adaptarse pasivamente con las determinantes enajenadas y caer en su existencia inauténtica ("se hace", "se usa", "se dice"). Lo auténtico ser-con, se trata de un "encuentro existencial, una entrega de un existente a otro, entrega en la que paradójicamente ninguno de los dos pierde su libertad que sólo es realizada por momentos y que de ninguna manera puede extenderse. Si no encontramos el sentido de la vida, ¿qué podemos hacer? Vivir cada instante "comprometiéndonos" total e incondicionalmente en él.

d)   La angustia y la nada: Hay algo que nos sacude y nos obliga a "existir". Nos recuerda nuestra categoría de seres únicos y libres. Experiencia valiosa ya que nos hace conscientes de nuestra existencia y nos obliga a vivirla como tal. La angustia se produce cuando la NADA irrumpe y conmueve nuestro ser. La Nada es lo que caracteriza la existencia humana como tal, es la que le da su humanidad. La Nada es lo que determina la existencia del hombre, como diferente de las cosas, es la que permite su continua creación y su continua destrucción.

El propósito Semiológico en esta corriente psicoterapéutica es el descubrimiento del proyecto y la manera en que el hombre lo realiza en su vida. El propósito ontoterápico es el hacerle renunciar a un falso proyecto de ser, asumir su compromiso en libertad con lo humano y colocarlo en su propia autenticidad. Curarse es ENTRAR EN LA EDAD DE LA RAZÓN COMPROMETIDO EN EL DEVENIR DIALÉCTICO DE SU HISTORICIDAD, (desalienación alienada desalienante en vías de desalienación).

No es posible formular un método universal de psicoterapia existencial totalmente acabado y destinado a aplicarse en cada nuevo caso. Hacerlo comportaría perder la totalidad de las variables que integran un existente en devenir, perder en definitiva al hombre en su único proyecto auténtico."

Sin embargo es posible elaborar y describir las pautas que el psicoterapeuta deberá asimilar y habituarse a desarrollar en la interacción terapéutica con el paciente, en quien deberá posibilitar el asumir el auténtico proyecto posible para él.

Lo primero será acercándonos a él como existente, como ser único, irrepetible y con posibilidades de libertad. Un intento distinto que importe someterlo a "un manejo psicoterapéutico" sería cosificarlo, convertirlo en objeto, ignorarlo como existente, y perder toda posibilidad real de instalarlo en la posibilidad de un proyecto de existencia asumida por él. La terapia existencial debe lograr en el paciente paulatina independencia en el manejo de su existir concreto. Liberarlo cada vez más de la dependencia del tratamiento, para sentirse en el devenir de su futuridad. Cada relación psicoterapeuta-paciente es un "encuentro existencial" y por lo tanto, impensable como sujeto a un método o sistema cualquiera. Nos queda la intuición que proviene de lo concreto. Naturalmente primero no es adecuada a este concreto (totalidad) que la produce: tendrá que captar las apariencias y deberá retornar dialécticamente hacia lo que la engendra...

Final del acercamiento... "Nuestra libertad de hoy, sólo es la libre elección de luchar para hacer más adelante libre. El aspecto paradójico de esta fórmula expresa, simplemente, la paradoja de nuestra situación histórica.

PSICOTERAPIA IDENTIDAD Y DEPRESIÓN

TRABAJO PRESENTADO EN EL II CONGRESO MUNDIAL DE ESTADOS DEPRESIVOS. MENDOZA, 1994.

"Una pobre cosa es un médico que llamándose médico, estuviese ayuno de la filosofía y no supiese nada de ella".

Paracelso

"El alma tiene una entrada secreta a la naturaleza divina, donde todas las cosas no son más que nada para ella, esta entrada no es otra que el puro desapego".

San Agustín

Desde una concepción que irá apareciendo a través del desarrollo de nuestra exposición, analizando el devenir de la misma, a través del presupuesto de su historia en el movimiento concreto de su dialéctica, trataremos de enfocar el fenómeno en cuanto aparece y "nos parece"; el ser depresivo, en la presencia individual de la otredad.

Intentaremos ubicar al paciente y a quien describe y trata que se supere la situación, en el "ser en el mundo alienado". Por una parte fruto de la perdida de su identidad, en el curso de su dolencia; y el otro tal vez en el encuentro de su identidad en los esquemas referenciales conceptuales y operativos, probablemente más de una vez ideológicos, o rígidos en su concepción (debido al temor de perder su identidad alienada).

Vale decir que nos encontramos frente a un problema de identidades. Veamos al paciente: ser único concreto, irrepetible en su hacerse existente; cuando aparece su dramática experiencia depresiva, se encuentra enajenado del proyecto imaginario histórico, fruto directo de su dinámica personal, ya sea a nivel de sus reflejos conscientes o de sus determinantes no conscientes (irreflexivas). Ahondemos un poco la realidad de nuestro paciente y encontraremos en él otra pérdida: la de su unidad psicobiológica alterada en el momento de los trastornos del mundo íntimo de la neurotransmisión. Podríamos decir pérdida de su identidad bioquímica anterior. Desde el punto de vista de su neurotransmisión, también es otro.

Al perder su historia que totaliza la realidad de una forma coherente a su devenir, en cuanto a su proyecto determinado por su ser y hacer en el mundo, queda expuesto frente a la evidencia de su situación traumática en el difícil trance de la inseguridad del ser (inseguridad ontológica), totalizando en este momento su no ser, y a la vez interpretando el devenir anterior como un extraño y en forma negativa. En esta emergencia vive su ser haciéndose ser que nunca es, pero no elaborado por una concepción, ni tampoco por una experiencia existencial terapéutica totalizadora; se angustia, delante de lo nuevo de su vivencia, frente a lo futuro y no lo ve como pura posibilidad sino en forma negativa y angustiante.

La historia de sus eventos cognitivos que formaban su pensar, sentir y hacer en su continuo devenir, frente al trauma (la gravedad de su pérdida, su problemática existencial, su minusvalía distorsionada por su propia valoración, la pérdida del resultado de su estilo de vida, la multitud de causas que pueden determinar que su proyecto imaginario quede mutilado en el equilibrio de su "aquí y ahora"); lo lanza en forma agónica a la pérdida de su "ser en el mundo" relacionado a su reflejo del mundo y de su mundo en forma de conciencia alienada. Vale decir, enajenada de su propia mismidad, o dicho de otro modo, conflicto de su identidad.

MÉTODO

Tenemos a través de la empatía que hacer vivir al paciente que no se encuentra sólo.

Movilizar a través del médico, la palabra como factor fisiológico y terapéutico en las primeras consultas.

Medicación adecuada para lograr encontrar nuevamente su identidad bioquímica trastocada y a la vez que se sienta acompañado en cada toma por la "alienación de la normalidad", pues está consumiendo lo que la tecnología de punta le dice que es su salvación: "es lo que debe recibir", consumir, del avance del conocimiento de la humanidad. Dentro de la pasividad y dependencia del depresivo, lo acompaña en esta ocasión su terapeuta y la técnica.

Investigar juntos a través de la empatía, de la capacidad plástica del terapeuta (disponibilidad e inteligibilidad de la otredad) el movimiento existencial de su proyecto imaginario, recapacitar para juntos establecer la formación de su concepción subjetiva del mundo y sus valores dentro de su "normalidad" y dentro de su depresión.

Posibilitar que este momento difícil, le sirva para poder devenir en cierta plenitud; y a la vez que la toma de conciencia de su identidad en crisis, se transforme en elemento de defensa de sus posibilidades depresivas, si se presentan alguna vez nuevamente. Que su proyecto de futuro vaya conceptualizándose; que el único refugio de la búsqueda de seguridad, sea el pleno ejercicio de la nada, como pura posibilidad de la inseguridad, pero como proyecto del ser haciéndose ser, responsable de su libertad dentro del mundo de lo fáctico.

CARACTERÍSTICAS:

Para nosotros "encuentro existencial" al comienzo monológico buscando continuamente lo dialógico (participación al comienzo fundamentalmente del terapeuta con el uso adecuado de la palabra). Luego el eje pasa a ser la dialéctica entre el monólogo del paciente y la búsqueda a través de la empatía y las supuestas distorsiones del paciente, del diálogo.

La terapia se hace girar alrededor del ser haciéndose ser "en el aquí y ahora", como fruto del proceso histórico e individual en su facticidad, tratando que en el diálogo surja "el darse cuenta" de sus conceptos distorsionados, por su proyecto imaginario (fruto en gran parte de los otros en mí) que me determina la inautenticidad y en la crisis la pérdida de mi identidad deviniendo.

Junto a esto ir aclarando la dinámica de la reflexión cómplice (fruto de mala fe) de sus distorsiones cognitivas.

Deberá el paciente con su terapia ir elaborando la búsqueda de la reflexión purificante. Cuando esté en condiciones tendrá que asumir una conducta que esté acorde con su nueva forma de asumir su "ser en el mundo haciéndose ser". Dicha conducta de cambio reforzará sus contenidos concienciales asumiendo que su identidad se mueve. Y para nosotros demostrándonos que el hombre es un ser que nunca es, pues siempre está lanzado al devenir. Y el futuro siempre está pleno de posibilidades, siempre está la nada en su situación de libertad y responsabilidad. Debemos tratar de concientizarnos para que la angustia de la libertad, sea la plenitud del ser, del amor en el lecho de la responsabilidad.

CARACTERÍSTICAS DEL MÉTODO.

1.   Nuestra terapia no es directiva ni deja de serlo, pues es el encuentro existencial de dos seres en el mundo.

2.   Su tiempo de ejercicio es dado por la necesidad de lograr la libertad y responsabilidad en su plenitud fáctica; el mismo es determinado por el resultado de esta búsqueda y el ejercicio de su toma de conciencia para la acción transformadora.

3.   Las sesiones deben caracterizarse por la continuidad y contigüidad adecuadas al principio de la realidad de las partes (pues es un tratamiento del hombre concreto y no una posibilidad ideal de teoría).

La frecuencia de las sesiones sería ideal de tres sesiones semanales al comienzo de la terapia, para luego de lograr superar la sintomatología ir distanciándola a dos y luego a una semanal. Llegando el momento determinado, acordado entre los dos participantes, surja el alta médica. En lo posible plantear la posibilidad de encuentros posteriores para reforzar las capacidades adquiridas. Y en la presencia ya del diálogo departir las probables razones de la dificultad transcendente de los valores en el mundo contemporáneo y sus abundantes causas de alienación.

4.   No usamos posiciones pasivas del paciente (diván). La terapia es cara a cara, pues nos basamos en el movimiento de la existencia futurizando (acción), usando el pasado para tomar conciencia de mis distorsiones a fin de ir asumiendo la "praxis" del futuro.

5.   Trabajamos con lo no consciente (inconsciente para muchos); para nosotros podríamos compartir que "no consciente", fruto del totalitarismo de la elección original, que nos condena a una conciencia de mala fe y a una reflexión cómplice, pero siempre habiendo pasado por la realidad alienada de la conciencia y actuando en el "aquí y ahora" del devenir existencial.

La concepción de lo no consciente la asumimos dentro de la posibilidad histórica de la especie humana y del modo de ser del mundo y del mundo del ser. Vale decir, le damos la fuerza a lo social sobre lo instintivo, pues pretendemos como alguien dijo no zoologizar al hombre, sino devolverle la transformación que hizo de la realidad y la signalizó con la palabra. Pretendemos que supere su alienación en la "normalidad" y entre con sus fuerzas humanas en la posibilidad de los valores, que le darán la capacidad de concientizarse de ellos, y el compromiso que le permita amar y vivir en la plenitud de la búsqueda de su ser en el otro.

RESUMIENDO:

Causas de la depresión: Consideremos:

a)   A la depresión como pérdida de la identidad totalizadora en su "aquí y ahora".

b)   Pérdida de su equilibrio dinámico en la neurotransmisión; pérdida de su identidad bioquímica.

Tratamiento:

a)   Psicoterapia ontoanalítica para que el paciente logre superar el determinismo totalitario de su elección original, que se acompaña con una conciencia de mala fe y de una reflexión cómplice; para que a través del diálogo pueda recuperar una reflexión purificante. Asumir una conciencia de cambio que le permita lanzarse al devenir pleno de la posibilidad y el encuentro comprometido con los valores.

b)   Medicación buscando nuevamente el equilibrio dinámico de su neurotransmisión.

La búsqueda de los psicofármacos a usar debe ser el fruto de un proceso de aprendizaje muy selectivo, pues debemos superar las determinantes de una tecnología, fruto del cientificismo (que se basa en la ganancia) y por otra parte la distorsión producto del manejo que pueden realizar las técnicas de propaganda de nuestro psiquismo.

Entonces, probablemente: terapia totalizadora desalienante, que incluya como corresponda el psicofármaco adecuado. Ingresaremos en la superación del pasado para poder asumir el devenir que nos ayude a transitar el futuro en búsqueda del amor y la libertad, con nuestra identidad deviniendo.

PRESENTACIÓN DE UN CASO CLÍNICO:

Paciente: M. B.

Edad: 52 años. Casado, tres hijos.

Tipo constitucional: longilíneo asténico-leptosómico.

Antes de ingresar al consultorio, mientras se acerca a la puerta, observamos sus hombros dirigidos hacia adelante y abajo y en su rostro el signo omega. Nos impresiona como un hombre abatido y depresivo. Al saludarlo notamos su mano blanda e huidiza. Ingresa a nuestro consultorio y espera que le diga que se siente, lo hace en forma un poco rígida y sobre el borde del sillón. Su expresión corporal se asemeja ligeramente a la posición fetal.

Mientras tomamos datos generales observamos su indumentaria que conserva en general su aspecto digno, con predominancia de los tonos grises. Su aspecto psíquico demuestra su estado depresivo, su actitud psíquica es francamente pasiva.

Antecedentes personales: alergia y trastornos de franca manifestación psicosomática. Buen alumno en la escuela. Dócil en el medio ambiente familiar, que pertenece a la clase media. Su iniciación sexual fue al casarse (24 años). En cuanto a su nivel cultural es profesional, con cierta tendencia a lectura de temas económicos en general y de best-seller. Su tipología psicológica la podemos ubicar como tendencia esquizotímica-introvertido. Su salud general es buena, controlado por un clínico. Desde el punto de vista neurológico no presenta síntomas de padecer algún trastorno.

Su orientación auto y alopsíquica se encuentra conservada.

Tiene conciencia de situación y de enfermedad.

Su atención sin particularidades.

No se encuentran alteraciones sensoperceptivas.

No hay alteraciones en la ideación.

No hay patología del pensamiento.

No presenta trastornos de la memoria.

Afectividad: humor triste con franca hipotimia. Sentimiento de impotencia, de ruina, de cambio, y transformación de la personalidad. Angustia. Ansiedad.

En la esfera de su actividad se presenta hipobulia (falto de deseos y decisiones), no detecto trastornos del lenguaje oral, escrito, ni mímico.

El comienzo de su cuadro ha sido insidioso, supuestos trastornos en diversos órganos, tendencia hipocondríaca. Inquietud, malestar general, trastornos en la esfera grípnica, entristecimiento.

Notamos una expresión triste y meditabunda, omega melancólico, llanto, inmovilidad.

Nos refiere ideas de ruina, impotencia, ideas de suicidio. Exaltación displacentera, tristeza. Estamos frente al diagnóstico de depresión. Su vivencia depresiva es mayor después de las 19 horas. Se acompaña con franca ansiedad. Presenta trastornos en el sueño, dificultad para conciliarlo, se despierta en la madrugada alrededor de las 2 horas (polo matinal de la angustia).

DIAGNÓSTICO:

Neurosis depresiva ansiosa reactiva o distimia.

TRATAMIENTO:

Psicoterapia y psicofármacos.

Psicoterapia: Desde el momento de su ingreso al consultorio, comienza nuestra intensión psicoterapéutica a través del uso adecuado de la palabra y la forma de dirigirnos al otro como a una persona que está depresiva. Con el uso de la pregunta como técnica encontramos los siguientes datos: su estado ha comenzado en forma insidiosa desde hace más o menos seis meses, pero en la actualidad se hace insoportable su existencia y en particular sus ideas de suicidio (¿pasividad total?). Frente a la realidad no encuentra causas de su depresión en el mundo que lo rodea (no ha sufrido ninguna pérdida, no tiene problemas en su pareja, en su trabajo lo han ascendido). Pensamos que en el análisis hay una conciencia de mala fe (pues no encuentra causa de su situación). Se describe como con una gran sensación de soledad, inestabilidad franca en sus decisiones, ansiedad. A la vez que no quiere estar solo, sus relaciones interpersonales se encuentran alteradas. Sufre de un profundo sentimiento de inseguridad. Se siente como si fuera una hoja de un árbol que el viento lleva a cualquier parte. El árbol que describe tiene pocas ramas y su estación es el invierno y todo el suelo está hecho como hielo. En toda esta situación nosotros hemos ido motivando sus respuestas en el sentido que realmente nos interesa su problemática y tratando de movilizar su tendencia a la pasividad, y ya vamos notando su dependencia.

Investigamos su genograma y encontramos que es hijo único (recordamos las características del hijo único desarrollado por A. Adler, y estamos permitiéndonos hipótesis de su elección originaria, comienzo de su proyecto originario). Su padre también es hijo único, su madre es hermana del medio con dos hermanos varones. A la madre la describe como autoritaria y de tendencia hipocondríaca; al padre como más tranquilo, pero también más ausente (nos explica por su trabajo). Nosotros interpretamos que ya está utilizando una reflexión cómplice.

En el comienzo de su vida escolar nos refiere que no tenía mayores problemas, aunque le costaba integrarse en los grupos de los chicos (posiblemente por su tendencia aprendida de que el mundo venga a él y la dificultad de ir al mundo). En general siempre fue buen alumno, encontrando dificultades (que superaba) cuando tenía que dar lecciones orales. Frente a cualquier examen presentaba francos signos psicosomáticos, poliuria, colitis, etc.; cuando comienza su vida universitaria, también comienza a trabajar. A esta altura del tratamiento se ha instalado ya el diálogo.

Se siente comprendido y contenido, y con la vivencia del encuentro, se siente respetado como persona y frente a una persona que va deviniendo en función de la otredad.

Desde el punto de vista de su vida afectiva comienza un noviazgo al ingresar a la vida universitaria: "la novia era muy bien vista y querida por sus padres". Era compañera de cursado. Al segundo año de la carrera ella abandonó la universidad.

Posteriormente se casan y tienen tres hijos.

Insistiéndole en su problemática actual sobre cómo fue su comienzo no encuentra razones (reflexión cómplice). Nos dice que lo que más le preocupa es su futuro, pues se siente inerte y sin posibilidades con él mismo, con vivencia de ruina y además su capacidad en el pasado no ha sido suficientemente satisfactoria.

Preguntamos ¿en qué?, y nos responde en su trabajo, pues la empresa (multinacional) le determina asumir roles que le son muy dolorosos, pues debe disponer cesantías, etc.

Refiere que hace unos seis meses parecía que lo iban a nombrar gerente general (nosotros pensamos: hace seis meses comenzaron sus síntomas). Luego lo nombran gerente general, situación que hace que sus síntomas se agudicen y se manifieste plenamente su depresión. Tratamos de hacerle reflexionar sobre la trascendencia de su nombramiento. Nos refiere que anteriormente era él quien prácticamente decidía todo y que su superior solamente firmaba lo que él decidía. Entonces en la actualidad es una repetición casi de lo mismo, pero me resulta muy difícil (reflexión cómplice). En este momento pensamos en la elección originaria de este paciente, hijo único, con madre autoritaria y padre desdibujado (posiblemente su elección originaria haya sido teñida por la dependencia y la pasividad). De ahí, el comienzo de su proyecto imaginario, que lo acompañó (pseudoseguridad ontológica). Frente a la situación de pasar a gerente general (actividad e independencia) pierde su pseudoseguridad ontológica y su identidad anterior no le resuelve su "hic et nunc" y entra en la depresión (por su pérdida de identidad).

Resumiendo, el paciente con su elección original y su proyecto imaginario, no se identifica en su nuevo rol (pues no le permite la dependencia) y entra en la depresión.

El tratamiento gira en función de acompañarlo en su reflexión purificante (para que pueda superar el círculo del pasado, creencias, errores cognitivos, proyectos imaginarios) y asuma el aprendizaje de su totalización anterior, y aprenda un nuevo proyecto para poder ingresar en el espiral de su futuridad, haciéndose ser; hacia la conciencia y el cambio, y encontrando su identidad plena en su devenir.

Esto sería un resumen muy apretado de lo que hemos ido haciendo juntos con nuestro paciente. Tratamos de hacer un esquema general, no en particular por el tiempo de desarrollo de este trabajo. Su evolución ha sido satisfactoria.

Desde el comienzo del tratamiento, hemos ido apuntando a que recupere su identidad bioquímica en el movimiento de la neurotransmisión por lo que hemos usado en un primer momento Alprazon en tres tomas de 0,5 mg. cada una. Acompañamos la primera toma de la mañana con Fluoxetina 20 mg. Por la noche hemos usado tricíclicos con acción ansiolítica, Amitriplina 75 mg. en una sola toma.

Posteriormente a su franca mejoría sintomática, hemos ido reduciendo la dosis de Amitriplina. En primer lugar en el aumento de peso del paciente que lo incomoda y no lo ayuda en su identidad, y en segundo lugar para ser reemplazada por el Fluoxetina con mayor dosis (sin contraindicaciones, como la Amitriplinas) y usando su contraindicación contra el apetito, como indicación y su efecto antidepresor satisfactorio.

En cuanto los ansiolíticos, preferimos el Alprazolam en nuestro depresivos con ansiedad.

Cerrando la presentación del trabajo y aprendiendo del aporte siempre trascendente del arte, leeré esta oda del gran poeta Pablo Neruda.

Oda al pasado

Hoy, conversando,

se salió de madre

el pasado.

Con indulgencia

las pequeñas

cosas sucias

episodios

vacíos,

harina negra,

polvo.

Te agachas

suavemente

inclinado

en ti mismo,

sonríes

te celebras,

pero,

si se trata

de otro, de tu amigo,

de tu enemigo,

entonces

te tornas despiadado,

frunces el ceño:

Qué cosas hizo ese hombre!

Esa mujer, que cosas hizo!

Te tapas

la nariz

visiblemente

te desagrada mucho

los pasados ajenos.

De lo nuestro miramos

con nostalgia

los peores días,

abrimos

con precaución el cofre

y enarbolamos,

para que nos admiren

la proeza.

Olvidamos el resto.

Solo es mala memoria.

Escuche, aprende:

el tiempo,

se divide

en dos ríos;

uno

corre hacia atrás, devora

lo que vives,

el otro

va contigo adelante

descubriendo

tu vida

en un solo minuto

se juntaron.

Es este.

Esta es la hora,

la gota de un instante

que arrastrará el pasado.

Es el presente.

Está en tus manos.

Rápido, resbalando,

cae como cascada.

Pero eres dueño de él.

Constrúyelo

con amor, con firmeza,

con piedra y ala,

con rectitud

sonora,

con cereales puros,

con el metal más claro

en tu pecho,

andando

a mediodía,

sin temer,

a la verdad, al bien, a la justicia.

Compañeros de canto,

el tiempo transcurre

tendrá forma y sonido

de guitarra

y cuando quieras

inclinarte al pasado

el manantial del tiempo

transparente

revelará tu integridad cantando.

El tiempo es alegría.

Glosario

Alienación:

En Hegel, esta temática está referida a la "conciencia infeliz", relacionada con la idea de alienación o enajenación. Para Hegel, la conciencia infeliz es el "Alma alienada o Alma enajenada", esto es, "la conciencia de sí como naturaleza dividida o escondida".

Hegel supone que la conciencia puede experimentarse como separada a la realidad a la cual pertenece; siendo esta realidad, conciencia de realidad, la separación antedicha es separación de sí misma. Surge entonces un sentimiento de desgarramiento y desunión, un sentimiento de alejamiento, alienación, enajenamiento y desposesión.

La alienación incluye "des-unión", separación (de sí) y alejamiento (de sí).

Entonces el término alienación puede usarse, en un sentido muy general, como todo estado en el cual una realidad se halla fuera de sí, en contraposición al ser en sí. Este último designa el estado de la libertad en sentido positivo, es decir, no como liberación de algo, sino como liberación para sí mismo, esto es como autorrealización. De otra forma podríamos decir falsa conciencia, que a través de un proceso adecuado (psicoterapia desalienadora, por ejemplo), permitiría al ser humano la llamada "toma de conciencia"; y por supuesto a través de una conducta transformadora entrar en el camino de la posibilidad del desarrollo de la libertad.

En el proceso concreto de lo humano tenemos que tomar en cuenta las infinitas variables de la alienación cultural, laboral, la alienación debe entenderse primariamente como enajenación del hombre individual. El ser humano se aliena o enajena, de sí mismo y debe entenderse básicamente la del trabajador, respecto a sus productos, en virtud de los mecanismos que gobiernan a la sociedad y que han sido producidos y se han desarrollado o bien autónomamente, o bien en beneficio de una clase dada, o ambas cosas a la vez.

Dentro de esta concepción tenemos que encontrar el enfoque humanista existencial, las finalidades últimas de la liberación humana respecto a la alienación. Para el enfoque concreto de nuestro paciente, tenemos que superar sus síntomas, y luego en forma adecuada a través de lo dialógico entrar en el mundo de la libertad en el encuadre de los valores. Tenemos que tratar de lograr el mundo de lo auténtico, superando lo inauténtico, para lograr el devenir de la seguridad ontológica.

En resumen, desde la alienación a la toma de conciencia, y desde allí al compromiso con responsabilidad del ejercicio de su devenir, haciéndose ser.

DEVENIR:

Usaremos este galicismo, como proceso del ser o el ser como proceso.

Este vocablo, "devenir", ofrece ventajas, pues es capaz de designar todas las formas de llegar a ser, del ir siendo, del cambiarse, del pasar, del moverse, etc. Su historia parte ya de los filósofos jónicos, que opinaban que el principio de la realidad tenía como uno de sus rasgos capitales el ser una identidad que subyace en todo cambio y que se explica junto con el cambio, la multiplicidad de las cosas.

Nosotros tomamos muy en cuenta a Heráclito, que hizo del propio devenir el principio de la realidad; decía: "nadie puede bañarse dos veces en el mismo río, pues el río no es el mismo, ni quien se baña tampoco". Dentro de este enmarque tomamos al devenir como cualitativo (que puede llamarse cambio), y al devenir como cuantitativo (que puede calificarse de movimiento), los dos unidos.

Tomamos al devenir como actualización de lo posible, como el motor de todo movimiento y como la única explicación plausible de todo cambio.

Tomamos a Hegel para quien el devenir representa la superación del puro ser y de la pura nada, las cuales son en último término idénticas.

Para nuestro hacer terapéutico acudimos a J. P. Sartre, que dice: "El hombre es un ser haciéndose ser, que nunca es" y también: "El ser humano es lo que no es y no es lo que es". De esta forma nos instalamos en la posibilidad del futuro, superando el círculo del proyecto imaginario.

Desde la alienación, hacia la conciencia, y de ella hacia el proyecto de libertad.

DIÁLOGO:

No basta postular el diálogo para que éste exista.

Diálogo es algo sencillo de formular, aunque de efectividad difícil: se trata de aquello que hacen dos, si pueden, cuando intentan entenderse verbalmente sobre algo que les interesa a ambos.

Esto para nosotros es un comienzo de la posibilidad de encontrarnos en la otredad, en la lógica del otro, en su devenir existencial, esto se da en el planteo del encuentro. Deberé lograr instalarme en la otredad (el devenir dialéctico del otro); tratando profundamente de superar las distorsiones de mi intencionada subjetividad (necesidad de manejar mi contratransferencia para algunas escuelas y para nosotros superar nuestras distorsiones), y entrar en la dinámica dialéctica del otro y la mía en su cambio del aquí y ahora.

Entonces, cada posición responde a un modo de pensar esencialmente no dogmático, esto es, a un modo de pensar que procede dialécticamente. Por eso hay una estrecha relación entre la estructura dialógica y estructura dialéctica del pensar. Para nosotros es una herramienta fundamental del proceso cognoscitivo y un método de conceptualización.

Seguimos a Martín Buber, para el cual el diálogo es una "comunicación existencial" entre YO y TÚ. El diálogo auténtico es aquel en el cual se establece una relación viva entre personas como personas. El diálogo no auténtico es donde resulta la relación una paridad monologante, no dialógica ni dialéctica.

Para Martín Buber existe una esfera del "entre", "de lo entre humano" o "interhumano", "la participación de ambos miembros es el principio indispensable para esta esfera, tanto si la reciprocidad es completamente afectiva, como si es directamente capaz de ser realizada mediante complementación o intensificación".

El desarrollo de esta esfera es lo que Buber llama precisamente "lo dialógico".

Según Aldo Testa, el lenguaje tiene sentido en solo tanto que se funda "en el encontrarse recíproco del yo y el otro".

Resumiendo, este es un intercambio entre un sujeto que pregunta y un "objeto", que devela o revela al sujeto, pero solo porque el sujeto está dispuesto a escuchar lo que el "objeto" dice.

El diálogo resulta ser por ello un "acontecimiento"; su estructura lingüística, es un reflejo de su estructura ontológica.

El conjunto de individuos "dialogantes" no es una mera suma, sino una realidad estructural vinculadora. Usamos en el diálogo la pregunta adecuada para lograr entender el problema, para intentar resolverlo. La pregunta y la respuesta están íntimamente vinculadas. Hans George Gadamer trata de desarrollar una "lógica de la pregunta y la respuesta", pero sin limitarla a la comprensión del pasado histórico. La llamada respuesta no cierra el círculo sino que lo abre de nuevo, ya que entender (comprender) una pregunta es a su vez otra pregunta. Puede hablarse de una "dialéctica de la pregunta y la respuesta", nuestra plasticidad y manejo de las distorsiones que podemos ser portadores abrirá la posibilidad de ubicarnos en el mundo de las respuestas. Debemos capacitarnos profundamente en el mundo diverso de los otros, en el proceso que no es el nuestro; pero debemos pretender que sea el nuestro, para entrar en la plenitud del diálogo para ir logrando el encuentro existencial para que nuestro paciente pueda superar el círculo que lo agota desde el pasado y logre vislumbrar su futuro con el devenir de la libertad (superación de la necesidad y ejercicio de la posibilidad). Como dice Julian Marias: "El que pregunta quiere escuchar, y el que sabe escuchar, ya sabe mucho".

ENCUENTRO EXISTENCIAL:

Diferencia con otras concepciones "objetivas científicas". Frente al paciente: observamos pues un comportamiento (del que nosotros mismos estamos alienados) de posesión, de distanciación mediante la mirada de transformación de lo que se estudia en cosa, en objeto. Los que se autocalifican de científicos hacen todo lo posible por adoptar al máximo ese comportamiento de "reificación". Así nos encontramos con una supuesta relación interpersonal que se ha transformado en una relación cosificante, vale decir se han despersonalizado.

Entonces ha ocurrido que:

a)   Un pseudocientífico que considera a un ser humano como una cosa;

b)   Un ser humano considerado como una cosa que sufre por ello;

c)   Una relación de violencia e incomprensión;

d)   La impresión del paciente de ser observado y de que en esta relación no podrá jamás ser él mismo.

En este caso el "error fundamental es no darse cuenta de que hay una discontinuidad ontológica entre los seres humanos y las cosas". R. Laing.

El pseudocientífico observa a un enfermo, sólo tiene en cuenta al enfermo, no se incluye a sí mismo en la relación ni en su entorno. Considera al enfermo como un ser pasivo, al mismo tiempo que se considera a sí mismo como un ser pasivo con relación al enfermo. Se trata de una doble pasividad.

La verdadera realidad es que nos encontramos con dos seres humanos, cada cual con su historia situada en un proceso histórico y actualmente en situación.

Todo esto cambia cuando el terapeuta se pone a disponibilidad del otro (ser humano en su devenir depresivo) y pretende la comprensión de la totalización de su aquí y ahora (dentro de su medio, familia, trabajo, valores, ideologías, creencias, etc.) de la pérdida de su seguridad ontológica (proyecto imaginario, estilo de vida, identidad totalizadora y su ingreso depresivo en su inseguridad ontológica).

Estar en este estado de seguridad ontológica quiere decir "que un hombre puede tener conciencia de su presencia en el mundo en cuanto persona real, viviente, total y temporalmente continua. Como tal, le es posible vivir en este mundo y encontrar en él a otros individuos: mundo e individuos que se le presentan como igualmente reales y vivientes. Un hombre tal está fundamental y ontológicamente seguro y afrontará todas las circunstancias sociales, éticas, espirituales, biológicas de la vida con un firme sentimiento de su realidad, de su identidad y de la de los demás, de la permanencia de las cosas, de las sustancialidad de los procesos naturales". R. Laing.

La seguridad ontológica quiere decir no solamente el sentirse como una persona viviente, formada por un todo no dicotómico, sino también sentir que su identidad es lo suficientemente fuerte como para no ser destruida por la agresión exterior.

Éste es para nosotros el punto donde afincamos nuestro planteo de la depresión.

Para entender al otro como persona, para llegar a una comprensión pretendidamente totalizadora del ser en el mundo es necesario el método fenomenológico existencial si se quiere comprender la verdadera significación del ser en el mundo.

Nos parece como a tener en cuenta en forma muy resumida para el encuentro:

a)   cada partícipe de la relación debe aceptar al otro como sujeto,

b)   el que cada uno se acepte como sujeto,

c)   la situación de encuentro como estructura los modifica,

d)   que tal modificación es vivida como irreversible y que por consiguiente la misma no puede ser repetida nunca,

e)   que el punto de partida de cualquier relación auténtica no consiste en querer comprender al otro sino más bien en tratar de acceder a su inteligibilidad con relación a él (y no con relación a sí mismo, ideología, esquemas referenciales rígidos, etc.). Lo cual quiere decir la aceptación del otro tal como en su lógica propia y no con relación a la lógica de mi ECRO,

f) que más allá de la comprensión y del saber orientados hacia el "tú eres" destruido ya desde el momento que se dice, exista un interés desalienado por el devenir del otro. Que el devenir del otro no puede afectarme a mí mismo sin poner en tela de juicio mi propio devenir con relación al devenir del otro, puesto en presencia de mi propio devenir, etc., etc...

En resumen, encuentro en mí disponibilidad hacia el otro y búsqueda de la comprensión del devenir del otro como proceso en movimiento.

En este encuadre me parece pertinente una expresión de J. P. Sartre cuando dice: "las concepciones alteran a las percepciones".

También es importante el eros terapéutico de Carlos A. Seguín, la posibilidad de amar; diferente a la concepción de acuerdo a nuestras bases culturales pues dentro de ellas, no podemos amar. Sino únicamente intentar desesperadamente poseer. Ciertamente, una relación de amor equivale a aceptar al otro en su concepto, en su mundo, en su sistema de valores, es decir aceptar al otro en su devenir propio.

Querer incluir al otro para situarlo en mi individualidad no consciente, o intentar incluirlo en la propia lógica de los marcos de referencias es cosificarlo y perder cualquier probabilidad de eros terapéutico.

La diferencia que hay entre el antes y el después de la comprensión consiste en que antes nadie es responsable, y después no es posible el olvido.

Como corolario para un encuentro existencial en el marco de la psicoterapia, me parece importante destacar:

1. Desde el exterior hacia el interior en su relación dialéctica.

2.   Desde el presente hasta el pasado visto desde los diferentes momentos existenciales.

3.   Del yo hacia el "sí mismo".

4.   Desde la existencia exterior posnatal actualizada para el encuentro de su proyecto imaginario.

5.   Desde el interior hacia el exterior.

6.   Desde el sí, hacia el desarrollo, a través de lo aprendido, pensado y sentido hacia la conducta de transformación.

7.   Después de encontrar la elección y el proyecto imaginario, con su continua actualización pasiva comprenderá su problemática e irá abandonando su ser cultural pasivo para ir ejerciendo su asumirse libre y responsable.

FACTICIDAD:

Cuando hablamos de facticidad estamos hablando del mundo de los "hechos". Hablamos de hecho (factum) cuando algo ya está cumplido y no puede negarse su realidad (o su haber sido real). Partimos de que una cosa son los hechos y otra muy distinta la idea de los hechos. Algunas veces se han opuesto los hechos a las apariencias.

Un hecho puede ser según las cosas, un hecho natural (un fenómeno o un proceso natural) o un hecho humano (por ejemplo, una situación determinada). Los hechos se dan en una realidad "hic et nunc". El hecho es a la vez principio de lo verdadero. Los hechos son realidades contingentes.

Para Husserl en su fenomenología ha establecido una diferenciación entre hecho y esencia, pero ha puesto en relieve su inseparabilidad. Para este autor, las ciencias empíricas o ciencias de experiencia son ciencias de hecho o ciencias fácticas. Todo hecho es contingente, o sea, todo hecho podría ser "esencialmente" algo distinto de lo que es, por ello indica que la significación de cada hecho pertenece justamente a una esencia, es un eidos que debe aprenderse en su pureza.

Heidegger y Sartre introducen el concepto de facticidad, lo cual es una de las dimensiones del dasein (estar allí, ahí en el mundo) en tanto que "estar en el mundo" y es el "hecho" de estar arrojado entre las cosas y en situación.

Para Sartre la facticidad es una dimensión básica del "Para sí", el cual, está "sostenido por una perpetua contingencia"; así, por ejemplo, sin la facticidad, la conciencia podría elegir sus vinculaciones con el mundo, de modo que "yo podría determinarme nacer obrero o nacer burgués".

La facticidad determina el modo como voy a estar en el mundo, pero no puede determinar mi ser. "Esta contingencia perpetuamente evanescente del En-sí que obsesiona al Para-sí y lo vincula al Ser-en-sí sin jamás dejarse apresar, es lo que llamamos facticidad del Para-sí. Esta facticidad permite decir que es, que existe aunque jamás no podamos realizarla ya que la aprehendemos siempre a través del Para-sí".

Wittgensteing dice: "el mundo está determinado por los hechos y por haber todos los hechos". "Los hechos en el espacio lógico son el mundo".

Estos hechos para algunos autores afirman que cualquier construcción que se den los hechos históricos puede aplicarse así mismo a los hechos naturales, por ejemplo, el ser únicos, irrepetibles e irreversibles. En la facticidad del ser humano podemos descubrir (incluyendo explicar) qué pasa u ocurre; diferente a entender de qué se trata.

Utilizar este planteamiento en nuestro paciente es primordial, pues nos permitirá escuchar la respuesta del otro dentro de las variables en que ha devenido su ser en el mundo.

Por ejemplo, tenemos que ubicarnos en qué país devino su ser, en la relación colonizador-colonizado, país del primer mundo o del tercer mundo, lugar que ocupa en su genograma, clase social a la que pertenece, etc., pues su facticidad no la eligió y le plantea probablemente una minusvalía y por ende un proyecto imaginario que lo pondrá tal vez en una pseudoseguridad ontológica que le puede determinar que frente a situaciones particulares ingrese en el mundo de la depresión.

Nuestro pensar dialéctico nos ayudará para conseguir en el mundo de lo dialógico la posibilidad del encuentro en el espiral del futuro y, de esa forma, penetrar en el sendero de la libertad.

IDENTIDAD:

Tomamos de Sigmund Freud: "El concepto de identificación ha adquirido progresivamente en la obra de Freud el valor central que más que un mecanismo psicológico entre otros, hace de él la operación en virtud de la cual se constituye el sujeto humano (pág. 191 - Diccionario del Psicoanálisis, J. Laplanche y J. B. Pontalis, Edit. Labor).

De Erikson tomamos como identidad: la sensación subjetiva de mismidad y continuidad vigorizante. Dicha sensación no aparece porque sí, sino que se va forjando a través de un proceso. La identidad concebida de esta manera es evolutiva y aparece a través de las sucesivas síntesis y resíntesis de diferentes identificaciones, su resultante sería algo más que la nueva suma aritmética de las mismas.

La identidad personal estaría basada en la percepción de la mismidad y una continuidad de los métodos de síntesis del yo, o lo que sea, existiría un estilo de la propia individualidad que coincide con la mismidad y continuidad del individuo.

En general se toma como identidad: aquella relación en virtud de la cual diversas cosas o contenidos conceptuales son una misma cosa en un determinado sentido, o son concebidas como una misma cosa; se basa esto en general en el principio aristotélico de identidad: "Lo que es, es, y es lo que es". Luego los filósofos a partir de G. W. Leibniz se han ocupado particularmente de la identidad del ser consigo mismo, afirmado en lo anterior.

Nuestro pensamiento surge a partir de Hegel, quien critica detenidamente el principio de la identidad. Dice, solo incluye en sí una verdad formal, abstracta, relativa.

La verdad sólo es absoluta en la unión de la identidad con la diferencia. Hegel distingue entre la identidad abstracta o formal del entendimiento que abstrae de las diferencias e identidad concreta, en la que la identidad es considerada en conexión con las diferencias y las contradicciones.

Entonces partimos no de la lógica formal, sino de la lógica dialéctica. Vale decir, la identidad corresponde a la estabilidad relativa de las cosas y solo es válida dentro de ciertos límites. Vemos pues que el principio de identidad es válido en el campo de la lógica formal, pero, si se considera el mundo real, además de la identidad abstracta, hay que tener en cuenta la "identidad" concreta, que es relativa y está inseparablemente unida con la diferencia. Como dice J. P. Sartre: "el hombre es lo que no es y no es lo que es". En nuestro uso terapéutico encontramos dentro del devenir la identidad como proceso dinámico donde el ser encuentra su seguridad ontológica, ya sea en la situación circular del pasado o en el espiral del futuro.

El depresivo ha perdido su seguridad ontológica (ha perdido su identidad).

IDEOLOGÍA:

En sentido clásico, los ideólogos se interesan por el análisis de las facultades y de los diversos tipos de ideas producidas por estas facultades. Según Destutt de Tracy (1796), la ideología es una ciencia fundamental cuyo objeto son conocimientos, está íntimamente ligada a la gramática general, que se ocupa de los métodos de conocimiento y la lógica que trata de la aplicación del pensamiento a la realidad.

Usaremos este término en forma diferente, diremos que la ideología es la distorsión subjetiva del mundo objetivo.

Partiendo de Hegel, cuando habló de la separación de la conciencia respecto a sí mismo, especialmente en el curso del proceso histórico. En ello radica la posibilidad de que la conciencia como el "para sí" sartreano sea lo que no es y no sea lo que es. Derivando nuestro pensamiento desde aquí, vemos que ideología puede ser una teoría falsa, o una forma falsa de conciencia.

Entonces la ideología se opone al conocimiento verdadero o a la ciencia real y positiva. Si la facticidad se refleja subjetivamente, la realidad social determina la ideología que es falsa conciencia.

Para Hubermas, la ideología se expresa allí donde, en virtud de la violencia y la dominación, se produce una distorsión de la comunicación, con la incomprensión consiguiente. La distorsión comunicativa se manifiesta sobre todo en el plano de los tipos de interés instrumental, lo que explica que la ciencia y la técnica puedan llegar a ser ideológicas, ya que abandonadas a sí mismas carecen de la capacidad de reflexión y del interés comunicativo, lo que explica la insuficiencia de la hermenéutica.

Compartiremos con Karl Mannheim el distingo que hace entre ideología parcial (que tiene una raíz psicológica) e ideología total (que tiene una raíz social), pero unidas dialécticamente partiendo del proyecto imaginario.

Tenemos que tener presente la problemática ideológica y su superación por una actitud reflexiva y activa para que no interfiera en la posibilidad del encuentro existencial y del manejo de variables significativas para lograr el diálogo y por ende la posibilidad de concientizarnos en el proyecto de la libertad.

PROYECTO IMAGINARIO:

El concepto de finalidad = tendencia a un fin, actividad orientada a un fin, del latín finis = meta a la que se tiende, puesto que culmina una acción, fin de una acción: designa el impulso intrínseco a cualquier acontecimiento por avanzar de forma continua desde una causa hasta un fin determinado. El fin en cuanto apetecible, es causalmente activo, junto a las causas formales actual y eficiente.

El fin, por su parte, determina constitutivamente el acontecimiento, pues solo por su tendencia a ser eficaz una causa es eficiente. El fin motiva el acontecimiento, determina su posible realización. La finalidad es, por tanto, la determinación causal de una acontecimiento, desde un fin y hacia un fin, en él se basa el sentido de un acontecimiento.

Dentro de esta perspectiva es donde nos ubicamos para lograr comprender y aprehender variables significativas dentro de lo que llamamos proyecto imaginario. Así pues, aunque sea posible que la formación del concepto de finalidad tenga su origen en la autoconservación humana, lo que en ella se convierte en objeto de autoobservación, y que da sentido al concepto es, sin duda, algo más que una pretensión antropomórfica. La acción del hombre que está orientada a un fin revela que existen relaciones teleológicas que son intrínsecas al hombre, y que estructuralmente son anteriores a su existencia (mundo, posibilidades biológicas que van permitiendo su mundanización, etc.). Es discutible hasta ahora qué punto de estas relaciones pueden hacerse experimentales, y hasta qué punto pueden ser demostradas.

Al hablar del proyecto imaginario, tenemos que asumirlo como una totalización del aquí y ahora, con sus componentes conscientes y no conscientes. Pues si fueran totalmente conscientes, la actividad consciente se orientaría a un fin, representándose idealmente en el resultado deseado de una acción y esto no ocurre en el proyecto imaginario. Diríamos que el mismo es el reflejo subjetivo intencionado del mundo objetivo. Descubrir la intencionalidad de esa subjetividad es trabajar con el proyecto imaginario.

La observación e interpretación dinámica de los aspectos fenoménicos de la depresión permiten a partir de elementos genéticos, evolutivos y estructurales alcanzar una hipótesis comprensiva de la depresión como una totalidad de evolución dialéctica que ha determinado en el ser su inseguridad ontológica (pérdida de identidad).

Es decir que tras el ser individual, irrepetible y concreto de este depresivo (ser humano en situación de conflicto), ha surgido la depresión como intento fallido de resolución.

Tenemos que encontrar la dialéctica entre el ser del mundo y el mundo del ser de nuestro paciente. Relación dialéctica entre la unidad de contrarios: seguridad ontológica, inseguridad. Asistiremos instalados en la probabilidad de poder ponernos en disponibilidad del otro en su "otredad" y acercarnos a su concepción del mundo y a su lógica individual y encontrarnos en la posibilidad de sujeto.

El proyecto imaginario siempre es determinado por el pasado, diferente del proyecto de futuridad que es superación de las distorsiones del pasado y ejercicio pleno de la conducta transformadora... hacia la "libertad" dentro de la facticidad.

Entonces, el proyecto imaginario fruto de la elección original y su fuerza determinante, conciencia de mala fe y reflexión cómplice, a través del mundo de lo dialógico buscaremos la elección original, a través de la reflexión purificante (J. P. Sartre) para lograr la toma de conciencia y la praxis de su proyecto hacia el futuro. De sujeto alienado o cosificado hacia la vivencia de su identidad "libre" y responsable en su facticidad.

REFLEXIONES SOBRE LOS ORÍGENES DEL ONTOANÁLISIS

I.   INTRODUCCIÓN

Si observamos la sociedad contemporánea, el mundo actual, la realidad que nos toca vivir, resulta notorio que, en medio de un avance arrollador de la tecnología (particularmente en el campo de las comunicaciones) que ha llevado a la denominada "globalización", la preocupación por el Hombre, por su actividad intelectual, sus sentimientos, su conducta, sus trastornos, sus angustias e incertidumbres, ha acordado un extraordinario impulso al estudio de la Psicología y la Psiquiatría y ha planteado nuevos interrogantes a la Psicoterapia. En la base de este impulso podemos identificar la angustia existencial que ha acompañado al hombre desde los albores de la Humanidad y que hoy se vincula a variables endógenas del ser, a la finitud de lo humano preexistente a la infinitud, a la pérdida; aquí pretendemos recuperar el ser haciéndose en el devenir y la vivencia de la posibilidad de la libertad.

Estas circunstancias han llevado a la Psicología, la Psiquiatría y la Psicoterapia a replantearse la concepción operante del Hombre, a cuestionarse si, frente a su objeto de estudio (el hombre), su enmarque no esta teñido de distorsiones subjetivas que entorpecen la posibilidad de objetivar plenamente el devenir del Ser, es decir, del "Ser haciéndose Ser". Y este replanteo proviene del hecho de advertir que, al operar solamente con un esquema conceptual, referencial y operativo que marchita el movimiento del Ser, nos queda vacío su devenir, siendo entonces la interpretación de su pensar, sentir y hacer una parcialización esquemática que lleva a la pérdida de la totalidad del proyecto.

Frente a esta realidad, el planteo ONTOANALÍTICO aspira a ser la introducción a una CONCEPCION TOTALIZADORA DEL SER basada en una perspectiva filosófica y antropológica de franca raigambre científica. El ONTOANÁLISIS no pretende plantear respuestas definitivas a la inagotable aventura que es la búsqueda de la verdad, pero sus aportaciones a problemas siempre renovados y la jerarquía científica y totalizadora implícita en su devenir incorpora datos operantes e idóneos a la estructura y dinámica de la relación terapéutica, al encuentro humano en la situación interpersonal de la misma, a la vivencia del proceso humano y a la perspectiva del proyecto de humanización y libertad.

Si esto representa un valor intrínseco indudable, no lo es menos el hecho de abrir perspectivas para una beneficiosa y enriquecedora controversia que contribuya a esclarecer las condiciones actuales del hombre, su existencia material y su actividad psíquica, su inclusión en la Historia y en la Sociedad, a cuya dilucidación incorpora una variada labor investigativa en los aspectos más específicos de cada rama de la Psicología y la Psiquiatría, de la Psicoterapia y su ejercicio, así como de la subjetividad de quien ejerce la misma.

Muchos de los aspectos que se desarrollarán en Ontoanálisis están igualmente insertos en las formulaciones de distintas variantes y tendencias internas de la Psicología y la Psiquiatría tradicionales que, sin desdeñarse, son objeto de fundadas rectificaciones críticas.

En resumen, el planteo de esta concepción de relieves propios y fructífero alcance polémico, habrá de satisfacer ampliamente la apetencia que profesionales, estudiantes, investigadores e interesados en esta temática manifiestan cotidianamente por el conocimiento del devenir del "Ser haciéndose Ser".

II. BREVE RESEÑA HISTÓRICA

El concepto de normalidad y, como contraposición, el de enfermedad mental, así como la actitud que la sociedad ha asumido frente a esta última, han variado sensiblemente a lo largo de la historia.

Entre los pueblos primitivos, el sentido de enfermedad no está diversificado sino que es unitario y se atribuye al ataque de fuerzas sobrenaturales, dioses, malos espíritus o hechicería. La posesión por un espíritu maligno es una explicación muy frecuente pero particularmente para lo que hoy llamamos enfermedad mental. Existe, en la base de estas consideraciones una concepción del mundo y una antropología fundante. Los tratamientos, que incluyen drogas de variada eficacia, medios físicos como los masajes y algunas intervenciones quirúrgicas, se encuentran siempre incluidos en el marco de una terapéutica mágico-religiosa resultado de la concepción básica primitiva.

Mientras que algunas civilizaciones antiguas como las de Egipto y Mesopotamia oscilaban siempre entre la explicación natural y la sobrenatural, la concepción greco-romana se declaró radicalmente por las explicaciones naturales. Hipócrates, uno de los dos grandes de la medicina griega, desacralizó la epilepsia, llamada por entonces "enfermedad sagrada", señalando en el Corpus Hipocráticus: "Acerca de la llamada 'enfermedad sagrada', no me parece que sea más divina ni más sagrada que el resto de las enfermedades sino que también tiene una causa natural".

Más tarde, mientras los árabes fundaban especies de hospitales para enfermos mentales (1100-1200) y un médico judío, Maimónides, se esforzaba por conservar la concepción científica de los griegos, en Europa, el oscurantismo de la Edad Media sepultó muchos de los avances científicos alcanzados. Actitudes verdaderamente aberrantes se asumen frente a los enfermos mentales. Junto a la degradación de la medicina y la psiquiatría, la locura de los normales alcanza su punto culminante. Baste como ejemplo la aparición del infame manual para perseguidores de brujos, el "Hexenhammer" (martillo de hechiceros) de los domínicos Heinrich Krämer y Jakob Spranger (1486).

El Renacimiento permite la aparición de una reducida élite de médicos que comienzan a cuestionar firmemente este cruel sin-sentido produciéndose entonces la primera revolución psiquiátrica. Así, llegamos a Pinel, Esquirol y la Escuela Francesa del siglo XVIII que comienza la tarea de esclarecer la caótica confusión de los métodos terapéuticos por medio de investigaciones críticas objetivas.

El siglo XIX es prolífico en nuevas concepciones y ardorosas polémicas entre psiquiatras somatistas apoyados en la anatomía patológica cerebral y los llamados "psíquicos" (la expresión más sobresaliente de la Psiquiatría Alemana de la época), quienes consideraban las enfermedades mentales como puras afecciones del alma incorpórea. Aparece la llamada "Psiquiatría de la Universidad" con la creación de las respectivas cátedras en Berlín (1866), Zurich (1869), Viena (1877), Heidelberg (1880), etc. Surge, entre otras, la figura de Theodor Meynert quien suponía que "toda impresión externa deja un estado de excitación duradero en <u>un lugar determinado del córtex</u> que se vincula por fibras asociativas con otros centros corticales de la misma clase", postulando, además, "un antagonismo entre el córtex y los centros subcorticales". Resulta asombrosa la precisión de estas afirmaciones a la luz de los actuales conocimientos sobre la anatomía y la fisiología del cerebro humano.

El descubrimiento realizado por Brocca en 1861 de un centro del lenguaje contribuyó significativamente a la búsqueda de las localizaciones cerebrales de las funciones psíquicas. Emil Kraepelin se constituye en el maestro de la Escuela Clínica al definir cuadros clínicos no ya por clasificación de los síntomas sino por la observación del curso total de la enfermedad. Delimita, así, la psicosis de base orgánica de las psicopatías funcionales. Otro pionero es Karl Kahlbaum quien señala la necesidad de valorar todos los fenómenos vitales de <u>cada enfermo singular</u>.

En 1870 aparece el gran Jean-Martin Charcot, dueño y señor de la Salpétrière quien ya había tenido éxito en el esclarecimiento de la tabes, la esclerosis múltiple, la esclerosis lateral amiotrófica, etc. Se vuelve hacia una neurosis funcional: <u>la histeria</u>. Fue Charcot quien primero utilizó la hipnosis en sus pacientes histéricas. Pese a sus conclusiones erróneas, dio origen a indudables éxitos terapéuticos. En esta época cobra trascendencia Hyppolite Marie Bernheim a quien acude como discípulo el joven Sigmund Freud. Bernheim demuestra que la hipnosis es un fenómeno psicológico y plantea la existencia de una "memoria latente" que inducía a los pacientes a fantasiosas e interesantes tentativas de explicación (la posterior "racionalización" freudiana). Se negaba a hablar de "inconsciente" pues las vivencias hipnóticas pueden ser evocadas en estado de vigilia.

Pierre Janet (1859-1947), profesor de filosofía quien luego se dedicó a la medicina y en particular a la neurología realizó el interesante descubrimiento de que las experiencias traumáticas olvidadas por el paciente provocan síntomas neuróticos y le impiden adaptarse a la realidad siendo posible la curación mediante la evocación a través de la hipnosis para hacer conscientes esas experiencias.

Son numerosas las corrientes y escuelas que surgen hacia fines del siglo XIX. Todas ellas expresan aciertos y errores pero, en conjunto, aportan nuevas evidencias al conocimiento de la enfermedad mental. Sin embargo, pese al avance de los conocimientos, el hombre concreto se había perdido nuevamente. Es por eso que Sigmund Freud (1865-1939) significó, en un período de deshumanización y mecanización de la medicina, un enorme progreso en su intento por rescatar el fenómeno humano subyacente en todo desorden mental. Freud llega a la conclusión de que la causa de la enfermedad (neurosis) radica en dificultades de orden sexual. Abandona la hipnosis como técnica terapéutica y comienza a utilizar la asociación libre de ideas y la interpretación de los sueños para tener acceso a lo que él llama inconsciente y denomina a su nueva técnica Psicoanálisis. Resulta innegable que, pese a toda revisión crítica que se pueda hacer de su obra, sus innumerables aportes no sólo en el campo de la Psicoterapia sino también sus estudios sobre Religión, Arte, Culturología, etc., lo transforman en un gigante de su época y explican la influencia que sus concepciones tienen hasta nuestros días. Junto con él, merecen destacarse Bleuler, Jung, Steckel, Reich, Rank y Alfred Adler, quien luego sería el creador de la Psicología Individual equiparable, desde el punto de vista científico, al propio psicoanálisis freudiano.

Contemporáneo de Freud, Ivan Petrovich Pavlov recibe el premio Nobel en 1904 por sus célebres investigaciones sobre la fisiología de la digestión. Pavlov comenzó a sustituir la pasada de moda "Psicología psicológica" por su "Psicología objetiva fisiológica". Sus esfuerzos lo llevaron inclusive a describir un "reflejo de la libertad". Reconoció afinidad con psicólogos norteamericanos como E. L. Thorndike y J. B. Watson, padre del conductismo o behaviorismo.

III. SITUACIÓN ACTUAL

A los fines de un desarrollo completo en relación con el apartado anterior, sería necesaria una descripción que excede el espacio adecuado de esta presentación y que será, llegado su momento, tema central en nuestra exposición completa sobre el Ontoanálisis. Señalaremos las diferentes orientaciones que fueron apareciendo como consecuencia de las distintas formas de encarar la Psicoterapia.

A. Psicoterapia lenitiva: basada en la creencia de que el sujeto precisa solamente una ayuda o soporte moral para volverse capaz de resolver por sí solo sus conflictos y desajustes.

Son sus técnicas:

1) Consoladora, 2) Compasiva, 3) Resignadora, 4) Esperanzadora, 5) Racionalizante.

b. Psicoterapia autoritaria: se basa en la creencia de que quien acude al psicoterapeuta precisa que éste le imponga y tome la dirección de su conducta, sustituyendo transitoriamente el "yo enfermo e indeciso" por el "yo sano y enérgico"

Sus técnicas son:

1) Disciplinantes, 2) Atemorizantes, 3) Imperativas, 4) Coactivas.

c. Psicoterapia relajadora con sus técnicas:

1) Sugestivas, 2) Autosugestivas, 3) Hipnóticas, 4) Autohipnóticas, 5) Concentrativas (autógenas), 6) Liberativas.

d. Psicoterapia comprensiva-explicativa ("nosce te ipsum") con sus técnicas:

1) Exploradoras (analíticas), 2) Expresivo-ficticias, 3) Iluminantes, 4) Descriptivo-interpretativas, 5) Recapituladoras.

e.   Psicoterapia compensadora o substitutiva con sus técnicas:

1) Compensadora, 2) Derivativa, 3) Sublimadoras.

f.   Psicoterapia estimulante con sus técnicas:

1) Adleriana, 2) Kunkeliana, 3) Kronfeldiana,4) Rankiana.

g.   Psicoterapia psicológica con sus técnicas:

1) Planificadora, 2) Colaboradoras, 3) Sustantivas.

h.   Psicoterapia integral: basada en el uso ecléctico de las técnicas más adecuadas para cada caso, en conjunción con la somatoterapia, terapia constitucional y acción social. Podría llamarse a esta conjunción "antropoterapia".

En la actualidad predominan en el campo de la Psicoterapia diferentes corrientes que, partiendo de la entraña misma de su historia, han ido desarrollándose y evolucionando con éxito variado, constituyendo un amplio abanico de orientaciones. Así, tenemos al psicoanálisis con sus diferentes esquemas desde Freud hasta Lacan; la reflexología de origen pavloviano y el conductismo de Watson con su desarrollo actual a través de Skinner, Beck, Bandura y otros, con su concepción de la terapia cognitivo-conductual y conductual-cognitivo; las terapias de orientación sistémica con Bateson a la cabeza; las orientaciones existenciales con Jaspers, Viktor Frankl y Rogers entre otros; la perspectiva de la llamada "antipsiquiatría" con Laing, Cooper y Berke. Cabe destacar el surgimiento de la denominada "Psiquiatría Biológica" basada en lo que ha dado en llamarse cientificismo, pues no siempre es fruto de la ciencia sino consecuencia de la ausencia de totalización en el pensamiento de quien la ejerce, resultado a su vez de la incapacidad para conceptualizar el devenir totalizador del Ser deviniendo Ser.

IV. ONTOANÁLISIS

1.   Antecedentes

La concepción que nosotros asumimos como Ontoanálisis y Ontoterapia deviene a través de la historia de los pueblos, de sus manifestaciones filosóficas y del camino de la ciencia, haciendo una revisión crítica profunda de lo que ha dado en llamarse "cientificismo" para no caer en el proceso de alienación de la interpretación del fenómeno humano.

Suponiendo que la aparición y la definición de la enfermedad mental tanto como de la salud dependen de relaciones sociales resultará, naturalmente, que esa situación variará en forma y alcance a través de cada realidad cultural y de civilización a civilización.

Resulta evidente, por lo tanto, que pasar revista a cada uno de los aportes que se han ido haciendo al conocimiento de la enfermedad mental sobre la base de una concepción filosófica y una antropología fundante resultaría una tarea impracticable e inacabable. Nos limitaremos, entonces, a señalar tan sólo aquellos aspectos más sobresalientes cuya mención resulta insoslayable.

El enmarque de nuestra concepción parte de la época greco-romana con sus explicaciones del orden natural de las enfermedades, siguiendo a Hipócrates, Galeno, Celso y otros.

De la Psiquiatría Renacentista es necesario señalar con gran vigor los escritos del humanista español Juan Luis Vives así como la afirmación de Paracelso quien, en su breve libro "Sobre las enfermedades que privan de la razón" descarta los espíritus y señala el orden natural de las causas de las enfermedades mentales.

En el siglo XVII sobresale el suizo Félix Plater (1536-1614) quien llegó a hacerse encerrar con los enfermos mentales para hacer observaciones clínicas. En esta época Harder y Horfer ya relacionaban los factores climáticos con la nostalgia como hoy ciertas depresiones con problemas lumínicos.

Asumimos el pensamiento de la Escuela Francesa del siglo XVIII con Phillipe Pinel y su discípulo Esquirol a la cabeza. El primero de ellos fue distinguido por la Revolución Francesa con cargos de importancia confiándosele, más tarde, el asilo de Bicêtre y en 1795 la célebre

Salpétrière. Su "Nosographie" (1795) se transformó en la biblia de la escuela de París. No menor fue la influencia de su "Traité médico-philosophique sur l'aliénation mentale" escrito en 1801.

La Psiquiatría Alemana ha hecho importantes aportes, algunos de los cuales asumimos como propios. J. Heinroth (1773-1843) señala que la enfermedad mental es, en esencia, PÉRDIDA DE LA LIBERTAD. H. Griesinger plantea que la Psiquiatría debe ser una disciplina autónoma de carácter médico y no poético o moral.

De la Neuropsiquiatría y la Escuela Clínica tenemos presente a Karl Westphal, Kraft-Ebing, Karl Wernicke y Theodor Meynert. Este último elabora su preclara descripción del estado de excitación que produce en el córtex toda impresión externa y el antagonismo existente entre el córtex y los centros subcorticales. Karl Kahlbaum junto con Emil Kraepelin, Wetsphal, Wernicke y Alzheimer describen por el método clínico cuadros sindrómicos destacando que en la mayor medida posible se valorarán <u>todos los fenómenos vitales de cada enfermo singular</u> con vistas al diagnóstico y se tomará en cuenta el curso total de la enfermedad.

Aun cuando no compartimos las conclusiones a que arriba Jean-M. Charcot sobre la hipnosis, sí compartimos el rescate que hace de la misma para el campo de la Psicología. Asimismo compartimos con James Braid (1795-1860) el haber acuñado las expresiones "hipnosis" y "sugestión" y su explicación sobre bases fisiológicas.

Vemos luego con importancia la tarea del profesor de medicina de Nancy Hippolyte Marie Bernheim quien fue seguido por Freud y Forel. Sobre la hipnosis sostiene en disidencia con Charcot que la misma no es una neurosis histérica sino que casi todo el mundo es hipnotizable; dice que es un estado afín al sueño natural y, como el sueño profundo, permite aplicar con facilidad la sugestión. Realizó investigaciones sobre la sugestión poshipnótica que le pareció demostrar la existencia de una memoria latente. Este concepto resulta importante para lo que llamamos "no consciente".

De Pierre Janet usamos su planteo de que experiencias traumáticas olvidadas por el paciente provocan síntomas neuróticos y le impiden adaptarse a la realidad . Con la hipnosis pueden evocarse esas experiencias que al hacerse conscientes permiten la curación. Esto lo lleva a que se lo llame padre de la "terapéutica catártica". También en sus pacientes las experiencias traumáticas se referían a menudo a vivencias sexuales e infantiles; previno contra toda generalización absoluta de ese hecho. Las dificultades sexuales podrán ser también síntomas en vez de causas. Para él las neurosis no son de naturaleza histérica; dependen del "surmenage" y la fatiga y las agrupa bajo de la denominación de "psicastenia". Toma profundamente en cuenta las situaciones de adaptación a la problemática profesional y social e insiste en la incapacidad de amar de estos pacientes.

De todos los psicoterapeutas y psicopatólogos de orientación genetista de fines del siglo XIX, S. Freud fue el coloso de su época. De este maestro compartimos el abandono de terapias no útiles como la electroterapia farádica, el rescate de la historia personal y, en particular, de la niñez. Disentimos con él en el planteo de que todas las neurosis se reducen a vivencias sexuales infantiles; no aceptamos el planteo de inconsciente como determinado por Eros y Thanatos; planteamos lo "no consciente" como historia dinámica de la conciencia. Creemos que al universalizar la problemática entre el inconsciente y el simbolismo onírico pierde al hombre concreto. No aceptamos el Complejo de Edipo como situación universal y como núcleo de todas las neurosis, sino como un fenómeno particular, por ejemplo del "niño mimado" (A. Adler). Estamos obligados por nuestra concepción filosófica y antropológica a realizar la terapia cara a cara, por la concepción transformadora de la actividad y en contraste con la pasividad. Tomamos como elemento de investigación la asociación libre, reconocemos el fenómeno de la transferencia con un planteo histórico totalizador individual de la misma.

Recuperamos con él y agradecemos el rescate del fenómeno de lo humano y su búsqueda de comprensión del mismo, pues con Kraepelin solamente se realizaba la observación exterior de los procesos psicopatológicos.

De Ivan Petrovich Pavlov tomamos sus investigaciones sobre los reflejos condicionados; de los conductistas Watson y sus seguidores usamos sus métodos dentro de una concepción filosófica humanista, una antropología fundante y un proyecto de futuridad hacia la libertad.

2.   Desde la historia de la Psiquiatría hacia el humanismo en su devenir

Toda la historia de la especie humana ha sido una búsqueda de la superación de la opresión hacia la libertad de elección; esto muestra que la concepción humanista habrá de garantizar al ser humano esta libertad y un amplio espacio a la multiplicidad de la existencia hacia nuevas formas de convivencia; convivencia que debe partir de la importancia y dignidad del ser humano y ser dirigida hacia el desarrollo pleno de la posibilidad de la superación de la necesidad y el ejercicio de la libertad.

Usamos el término humanismo para indicar toda tendencia de pensamiento que afirme la centralidad, el valor y la dignidad del ser humano, o que muestre una preocupación o interés primario por la vida y la posición del ser humano en el mundo; que enfoque al hombre en su facticidad y que pretenda ser operante para la superación de la alienación.

Tomamos la concepción que interpreta al humanismo en una perspectiva histórica totalizante, en sintonía con la época actual que comienza a ver los albores de una civilización planetaria, teniendo en cuenta la historia de las ideas humanistas del Medio Oriente e, indirectamente, las culturas asiáticas en el desarrollo del humanismo histórico occidental. Pero la cultura del humanismo no se reduce a una imitación artificial de los modelos del pasado. Por el contrario, su vitalidad consiste en la conciencia de que el regreso a los grandes ejemplos de la antigüedad sería totalmente vano si no diera lugar a una nueva orientación en la vida moral, artística, religiosa, política, etc. Para la cultura del humanismo, imitar a los antiguos significa sobre todo educar a los hombres nuevos como ellos hacían, cultivando las "virtudes" que habían expresado en la vida civil. Sólo con hombres así formados habría sido posible renovar verdaderamente la sociedad humana.

a.   El Humanismo renacentista

En la época del Renacimiento el concepto de "humanitas" quiso denotar una operación cultural: la construcción del hombre civil que vive y opera en la sociedad humana. Este "primer humanismo" occidental recurrió a la cultura griega. Para el humanismo del Renacimiento las disciplinas de su estudio (Gramática, Retórica, Poesía, Historia y Filosofía Moral) constituyen fundamentalmente un vehículo para la educación de la personalidad, para el desarrollo de la libertad y la creatividad humanas. Los humanistas no son solamente literatos o eruditos, sino los protagonistas de un grandioso proyecto de transformación moral, cultural y política; un proyecto cuyo lema es "Iuvat vivere" (vivir es hermoso) que testimonia el optimismo, el sentimiento de libertad y el renovado amor por la vida que caracteriza la época. La diversidad de los temas del humanismo apuntan a un objetivo común: recobrar la fe en la creatividad del hombre, en su capacidad de transformar el mundo y construir su propio destino. Los pensadores humanistas van dejando su mensaje. Gianozzo Manettien, en su libro "La dignidad y la excelencia del hombre" señala que en el centro de su pensamiento está la libertad humana que, además de ser un don de Dios, es una continua conquista por la que el hombre lucha cotidianamente con su trabajo, llevando belleza y perfección a las obras de la Creación. Por consiguiente, el hombre no es un ser inerme y despreciable, sino el libre colaborador de la divinidad misma.

Para Lorenzo Valla, toda acción humana (aun aquélla que parece dictada por otros móviles) está motivada por fines hedonistas; plantea que el placer, lejos de ser un pecado, es más bien un don divino ("divina voluptas"). León Bettista Alberti, filósofo, matemático, músico y arquitecto, plantea con énfasis que la acción humana es capaz de vencer al destino. Señala que la verdadera dignidad humana se manifiesta en la acción transformadora de la naturaleza y de la sociedad. Ficino plantea que el alma humana, punto medio y espejo de todas las cosas, puede contener en sí todo el universo.

Giovanni Pico della Mirandola fue quien hizo la oración sobre la "Dignidad del Hombre". Dios explica cómo ha creado al ser humano: "No te he dado un rostro, ni un lugar propio, ni un don que te sea peculiar, oh, Adán, para que tu rostro, tu lugar y tus dones tú los quieras, los conquistes y los poseas por ti mismo. La Naturaleza encierra otras especies en leyes por mí establecidas. Pero tú, que no estás sometido a ningún límite, con tu propio arbitrio al que te he confiado, te defines a ti mismo. Te he colocado en el centro del mundo para que puedas contemplar mejor lo que éste contiene. No te he creado ni celeste ni terrestre, ni mortal ni inmortal, para que por ti mismo, libremente, a guisa de buen pintor o hábil escultor, plasmes tu propia imagen. Podrás degenerar en cosas inferiores como son las bestias; podrás, según tu voluntad, regenerarte en cosas superiores que son divinas". Así, para Pico, el ser humano no tiene una "naturaleza" rígidamente determinada que condicione sus actividades como ocurre con los demás seres naturales. El hombre es fundamentalmente ausencia de condiciones, libertad, elección. Es, por lo tanto, un puro existir que se construye a sí mismo a través de lo que elija. Esta concepción rompe con todo determinismo y coloca a la esencia humana en la dimensión de la libertad.

Otro autor, Charles Bouille, retoma y trasciende la equivalencia microcosmos-macrocosmos típica del hermetismo. El cosmos es todo pero no es consciente de lo que es; el hombre es casi nada, pero puede saber todo. Entre el hombre y el mundo descansa la misma relación que existe entre el alma y el cuerpo. El hombre es el alma del mundo y el mundo es el cuerpo del hombre. Pero la conciencia de sí que el hombre confiere al mundo, humanizándolo en cierta medida, coloca al hombre por encima del mundo. Esta concepción por el valor supremo que atribuye al hombre, bien puede ser considerada como "digno epígrafe de la filosofía del humanismo".

b.   El Humanismo contemporáneo

Dando un salto en la historia hasta llegar al humanismo contemporáneo nos encontramos con las ideas del marxismo en su evolución posterior a la segunda guerra mundial de las cuales tomamos elementos de lo que fue dado en llamar su "rostro humano", cuya problemática central es la liberación del hombre de toda forma de opresión y de alienación y que, consecuentemente, es por esencia un humanismo. Un grupo representativo de filósofos pertenece a esta línea como Ernst Bloch en Alemania y, con mayor trascendencia en lo nuestro, Erich Fromm y Herbert Marcuse en los Estados Unidos.

En un primer momento se plantea la mediación entre dos polos opuestos, la necesidad (necesidades primarias) y su satisfacción a través del trabajo. Es por medio del trabajo que el hombre crea los instrumentos con los cuales obtiene de la naturaleza los objetos que le son necesarios. Marx ha llamado modo de producción al conjunto dado por las relaciones de producción y las fuerzas productivas. El modo de producción es el verdadero fundamento de la sociedad, lo que determina su ordenamiento en las distintas articulaciones: jurídica, política, institucional, etc.

Es a partir de esta base material (la estructura) que se desarrollan todos los fenómenos que comúnmente se relacionan con la conciencia o con el espíritu (la supraestructura).

"No es la conciencia la que determina el ser de los hombres sino que, al contrario, es el ser social de los hombres el que determina su conciencia", dice Marx.

Hegel, revolucionando la lógica tradicional basada, a partir de Aristóteles, en los principios de identidad y no contradicción, había construido una nueva lógica dialéctica cuyo eje central era, precisamente, el principio de contradicción. Para Hegel la contradicción es una propiedad esencial tanto de la realidad como del pensamiento. Un concepto aparece en su identidad estática y totalmente separada de su contrario sólo a una conciencia intelectualista y abstracta.

La lógica dialéctica muestra que los opuestos no son mutuamente indiferentes, sino que cada uno es lo que es gracias a su relación de oposición a su contrario y cada uno se define por ser, precisamente, lo que el otro no es.

Cualquier concepto entendido como positivo implica su correspondiente negativo, la propia negación determinada: el bien existe sólo en cuanto superación de su contrario, el mal; la vida es tal sólo en relación a lo que constituye su negación, la muerte, etc. Así, una cosa nunca es sólo positividad, sino que contiene en sí la propia negatividad. La razón misma tiene dos tareas fundamentales: una negativa de disolver, negándolos, los conceptos fijados y aceptados, y una positiva que consiste en reconocer que la oposición entre conceptos opuestos se supera y se resuelve en una unidad superior que contiene a ambos (la síntesis). Ésta a su vez, devenida en tesis, está en relación con una nueva negación determinada (la antítesis) y así siguiendo.

En su "Fenomenología del Espíritu", Hegel muestra cómo este proceso dialéctico constituye el camino a través del cual la conciencia humana se eleva gradualmente desde las formas más ingenuas y "naturales" a formas más altas y complejas: autoconciencia, razón y espíritu.

El proceso concluye cuando se llega del estadio en que la conciencia como "saber absoluto" reconcilia y supera la oposición entre la certeza (su saber) y la verdad, entre razón y realidad.

Engels acepta el esquema evolutivo de Hegel pero invierte el protagonismo de la historia: lo que se desarrolla según una dinámica dialéctica no es un principio espiritual sino la materia. De esta forma, el materialismo dialéctico constituye una suerte de "fenomenología del espíritu". Para Hegel, las leyes de la dialéctica natural son las mismas leyes del pensamiento: La dinámica del conocimiento es "espejo", reflejo de la dinámica de la realidad.

Gramsci ataca duramente las teorías de Engels y de sus seguidores. Llega a negar que el marxismo sea un materialismo y ataca la idea misma de "realidad", en la objetividad del mundo. "Objetivo" significa para él siempre "históricamente subjetivo"; ve en el marxismo un historicismo y un humanismo.

Un aspecto rescatable de esta concepción es el fundamento de la antropología de Marx que se encuentra en la afirmación de que el hombre es, por esencia, social. "El hombre es un 'zoon politikon' en el sentido más literal: no sólo es un animal social, sino también un animal que puede individualizarse únicamente en la sociedad". "La esencia humana no es algo abstracto e inmanente a cada individuo. Es, en su realidad, el conjunto de las relaciones sociales". El hombre se transforma de ser natural en ser verdaderamente <u>humano</u> únicamente en la sociedad. Marx plantea el concepto de alienación. "En tanto el hombre no sea reconocido como hombre y no organice el mundo humanamente, su ser social se manifestará en forma de alienación, puesto que su <u>sujeto</u>, el hombre, es un ser extrañado de sí mismo".

Rodolfo Mondolfo dice: "En realidad, si examináramos sin prejuicios el materialismo histórico, tal como resulta de los textos de Marx y Engels, debemos reconocer que no se trata de un materialismo sino de un verdadero humanismo que coloca <u>el concepto de hombre en el centro de toda consideración y discusión</u>. Es un <u>humanismo realista</u> ("realer humanismus") como lo llamaron sus mismos creadores, que quiere considerar al hombre en su realidad efectiva y concreta, comprender su existencia en la historia y comprender la historia como una realidad producida por el hombre a través de su actividad, de su trabajo, de su acción social, durante los siglos en los cuales se va desarrollando el proceso de formación y transformación del ambiente en el que el hombre vive, y en el que se va desarrollando el hombre mismo, simultáneamente como efecto y causa de toda evolución histórica.

Como representante del humanismo cristiano en la primera mitad de este siglo en un intento de reproponer al mundo moderno los valores cristianos debidamente actualizados, debemos considerar al francés Jacques Maritain. En esta época aparece la encíclica Rerum Novarum de León XIII que constituye un hito fundamental por la cual la iglesia se dio una doctrina social que pudiera contraponerse al liberalismo y al socialismo. A partir de ella, Maritain diferencia el humanismo antropocéntrico del humanismo teocéntrico.

Maritain fue alumno de Bergson y después adhirió al socialismo revolucionario. Insatisfecho de ambas filosofías, en 1906 se convirtió al catolicismo. Se transformó en el más notable exponente del "Neotomismo". En su libro "Humanismo integral", llama al humanismo antropocéntrico una "metafísica de la libertad sin la gracia". A este humanismo contrapone un Humanismo Cristiano, que define como integral o teocéntrico. En el mismo reconoce que Dios es el centro del hombre, lo que implica los conceptos cristianos del hombre pecador y redimido y el de gracia y libertad. Plantea que el humanismo antropocéntrico conlleva un concepto naturalista del hombre y de la libertad, que merece el nombre de "humanismo inhumano" y que su dialéctica debe ser considerada la tragedia del humanismo.

c.   Heidegger y el Ontoanálisis

En 1916 Husserl fue nombrado titular de la cátedra de Filosofía de Friburgo y nombra al joven Heidegger como su asistente e inició así un período de estrecha colaboración entre los dos. Husserl solía describir la situación de la escuela fenomenológica en aquellos años en Friburgo así: "La escuela fenomenológica somos yo y Heidegger, nadie más".

En 1927, Heidegger publicó su obra fundamental "Ser y Tiempo" dedicándola a Husserl. Este trabajo señó la ruptura entre ambos. Esta ruptura marcó asimismo una verdadera escisión de la escuela fenomenológica que Husserl hizo pública en 1931, atacando duramente lo que él dio en llamar "La filosofía de la existencia" de Heidegger. En 1928, Heidegger expresa su obra más conocida y discutida: "¿Qué es la Metafísica?". A partir de 1951, comienza a publicar, dando testimonio en franco viraje, que ha hecho hablar de una "segunda fase" del pensamiento de Heidegger y que aparece explícito en la "Carta sobre el Humanismo". Para Heidegger el hombre no es jamás algo definitivo, terminado; el modo de ser que le es más propio es el <u>existir</u>, o sea <u>poder ser</u>, el relacionarse constantemente con posibilidades. El hombre, "ese ente que siempre somos", no se presenta según el modo de ser de las cosas, el mundo de la realidad o de la objetividad; el hombre se presenta como existencia, que es posibilidad, continua superación de lo dado. Decir que el hombre es constitutivamente poder ser o, en otras palabras, que su esencia es su existencia, equivale a decir que no posee una esencia en el sentido tradicional, una esencia dada y definida como las cosas. Esta diferencia nos determina precisamente el primer punto del devenir del Ontoanálisis, pues a través de este encuadre deberá ir comprendiendo, paso a paso, en el espacio dialógico, el develamiento de la posibilidad del ser en su devenir. Pero la existencia se da en un mundo concreto constituido por significativas variables y por otros seres existentes; esta realidad será la facticidad de "<u>estar-en-el-mundo</u>".

El acercarse a la totalización posible de las variables referidas nos determina a encontrar al hombre en su devenir como un ser único, irrepetible, individual, en situación de destotalización pues siempre está abriéndose a su futuridad.

Heidegger designa la esencia humana con el término "Dasein" que significa literalmente "existencia", pero lo descompone en "Da-sein" que significa "ser ahí", enfatizando de esta manera el carácter de la realidad humana como ser en el mundo y apertura al mundo (nosotros agregamos: siempre y cuando su problemática existencial no le determine girar en círculo sino en espiral).

Pero un análisis de significado de mundo muestra que originariamente las cosas se nos presentan no como objetos separados de nosotros, como cosas-en-sí, dotadas de existencia objetiva. Las cosas se dan a nuestra experiencia sobre todo como instrumentos, en el sentido de que siempre las incluimos de alguna manera en nuestras vidas, dándoles un objetivo, refiriéndolas a un proyecto. El mundo es, entonces, el horizonte dentro del cual utilizamos y damos significado a lo que encontramos, a aquello de lo que podemos disponer. En este sentido, el mundo es una estructura constitutiva de la realidad humana (corresponde al Ontoanalista develar el sentido que el ser da a esta realidad, a través del manejo de variables y de considerarse él también una variable dentro de la posibilidad del espiral del devenir "hacia..."). En esta realidad dialéctica nos ubicamos cuando decimos "el ser del mundo" y "el mundo del ser".

De Heidegger tomamos también la temporalidad, el sentido del cuidado. Dice Heidegger: "En la medida en que calcula, planea, provee, previene, el ser-ahí (el ser humano) dice siempre, explícita o implícitamente: "después" ocurrirá esto, "antes de que" aquello haya sido llevado a cabo, "ahora" se debe rehacer lo que "entonces no tuvo éxito" (nosotros decimos: siempre que no esté en la circularidad de su proyecto imaginario).

En la temporalidad analiza que el "ahora" del presente es experimentado mientras se desliza hacia el pasado y tiende hacia el futuro. Por otra parte, si el pasado es entendido en función del presente, en función del "ahora", aquél es "ahora no más" y a su vez el futuro interpretado en función del "ahora", es "ahora no todavía" o sea del porvenir.

La existencia es fundamentalmente "ser-para-la-muerte". Frente a la angustia que la nada de la muerte produce, el ser humano tiene dos posibles vías: la primera consiste en perderse en el mundo, abandonándose en la banalidad cotidiana, en el cuidado, en los proyectos continuamente hechos y deshechos, logrados o frustrados. Esto lo lleva a una forma de vida inauténtica que tiene como dimensiones la charla, la curiosidad y el equívoco; el sí mismo deviene en el se impersonal y anónimo, el se dice, se cree, se hace porque en el fondo, la muerte rechazada es siempre la muerte de los demás, nunca la propia. A esta forma de relación cotidiana con el mundo del ser humano inauténtico Heidegger le llama deyección, que significa deposición de material de desecho, de descarte.

A la existencia deyectiva, Heidegger contrapone la posibilidad que el ser humano tiene de conquistar un mundo auténtico de existencia. Este se puede lograr sólo a través de la decisión anticipadora de la muerte. Descubrir sin velos ni fingimientos que uno es-para-la-muerte y que ha sido arrojado en el mundo significa descubrir lo que uno ha sido siempre.

En la evolución del pensamiento de Heidegger la existencia, que había sido definida como ser-en-el-mundo y ser-para-la-muerte, en la Carta sobre el Humanismo es definida así: "Yo llamo ex-sistencia del hombre a su estar en el traslucir ("Lichtung") del Ser".

Coincidimos plenamente con Heidegger en que las concepciones del hombre se basan en la metafísica, pues piensan al hombre a partir de la "animalitas" en lugar de pensarlo en dirección de su "humanitas". Según él, la esencia del hombre es ahora su ex-sistencia, entendida como su "estar-en-el-traslucir-del-ser". Precisamente por morar en proximidad del ser, el hombre es radicalmente distinto de los demás seres vivientes.

c.   Jean Paul Sartre: la libertad y el encuentro con el Ontoanálisis

En 1933-34 Sartre entra en contacto directo con el pensamiento de Husserl y Heidegger. Se encuentra con la fenomenología y en su método de investigación halla los instrumentos para superar la filosofía académica francesa teñida de espiritualismo e idealismo, hacia la cual siente un neto rechazo. No tarda en alejarse de Husserl por la importancia central que éste asigna a los aspectos lógicos y noseológicos en su investigación. Para Sartre, por el contrario, es fundamental el estudio de la relación entre la conciencia humana real, existente, y el mundo de las cosas al que la conciencia, por su misma constitución, hace siempre referencia, pero por el que se siente limitada y oprimida. Sartre se acerca más a Heidegger y su problemática ontológica y existencial, hasta llegar a una visión filosófica cuyo centro es la idea de una complementariedad contradictoria entre la conciencia (el para sí) y el mundo (el en sí).

Reformula el concepto fundamental de la fenomenología -la intencionalidad de la conciencia- como trascendencia hacia el mundo: la conciencia trasciende a sí misma, se supera continuamente hacia el mundo de las cosas. Pero el mundo, a pesar de ser el soporte de la actividad-intencionalidad de la conciencia no es reductible a ésta: es lo otro para la conciencia, es la realidad de las cosas y de los hechos, realidad maciza y opaca, dada, gratuita.

El ser humano es contingente, está destinado a morir; podría no estar, pero no obstante existe; está allí, arrojado en el mundo sin haberlo elegido, en situación, en un tiempo dado y en un lugar dado; con ese determinado cuerpo y en esa determinada sociedad, interrogándose "bajo un cielo vacío". Y la náusea es entonces esa sensación de radical desasosiego que la conciencia registra frente a lo absurdo y a la contingencia de todo lo que existe, luego de haber puesto en crisis o suspendido, según Husserl, los significados y los valores habituales.

Luego la conciencia, que es libertad absoluta de crear los significados de las cosas, de las situaciones particulares y del mundo en general, está obligada a elegir, a discriminar la realidad. Pero es justamente la libertad de elegir, esta libertad absoluta que es la esencia misma de la conciencia, la que genera la angustia. Sartre define la angustia como la sensación de vértigo que invade al hombre cuando éste descubre su libertad y se da cuenta de que es el único responsable de las propias decisiones y acciones. Y es para huir de la angustia que anida en la libertad, para eludir la responsabilidad de la elección, que los hombres recurren a menudo a esas formas de autoengaño que constituyen los comportamientos de fuga y excusa o a la hipocresía de la mala fe, cuando la conciencia trata de mentirse a sí misma mistificando sus motivaciones y enmascarando e idealizando sus fines.

El existencialismo sartreano se plantea como doctrina humanista en cuyo centro está el hombre y su libertad, pero además invoca el compromiso militante en la sociedad y la lucha contra toda forma de opresión y alienación y se asume como filosofía de la libertad. Lo entendemos como un humanismo con las palabras de Sartre: "En todo caso podemos ya decir que entendemos por existencialismo una doctrina que hace posible la vida humana y que, por otra parte, declara que toda verdad y toda acción implica tanto un ambiente como una subjetividad humana". Y esa subjetividad para obtener una verdad cualquiera sobre sí misma es necesario que la consiga a través del otro. El otro es tan indispensable para mi existencia como para el conocimiento que yo tengo de mí. "Así, descubrimos inmediatamente un mundo que llamaremos intersubjetividad y es en este mundo donde el hombre decide sobre lo que él es y sobre lo que los otros son".

Todos los existencialismos concuerdan en varios aspectos: que en el ser humano la existencia precede a la esencia. El hombre, según la concepción existencialista no es definible, en cuanto al principio no es nada. Será sólo después. Y será como se haya hecho.

"El hombre es, al comienzo, un proyecto que se vive a sí mismo subjetivamente, ... nada existe antes de este proyecto, ... el hombre, ante todo, será aquello que habrá proyectado ser". "Estamos solos, sin excusas. Situación que creo poder caracterizar diciendo que el hombre está condenado a ser libre. Condenado porque no se ha creado a sí mismo y, no obstante, libre porque una vez lanzado al mundo es responsable de todo lo que hace". "El hombre, sin apoyo ni ayuda, está condenado en todo momento a inventar al hombre" (Sartre).

Sobre estas bases Sartre construye su ética social de la libertad. "Cuando en un plano de total autenticidad, yo he reconocido que el hombre es un ser en el cual la esencia está precedida por la existencia, que es un ser libre, que sólo puede querer en circunstancias diversas, la propia libertad, he reconocido al mismo tiempo que yo sólo puedo querer la libertad de los otros". Esta ética de Sartre no se funda sobre el objeto elegido sino sobre la autenticidad de la elección.

Plantea al existencialismo como un humanismo diciendo: "Porque le hacemos recordar al hombre que él es el único legislador y que precisamente en el abandono él decidirá sobre sí mismo, y porque nosotros mostramos que, no dirigiéndose a sí mismo, sino buscando fuera de sí un objetivo (que es aquella liberación, aquella actuación particular) el hombre se realizará precisamente como humano".

En las reelaboraciones de este pensamiento, entraña gran parte del Ontoanálisis, cuando pasó a sostener la idea de una libertad ya no absoluta sino condicionada por un conjunto de factores sociales y culturales. Define la libertad diciendo: "Yo creo que un hombre puede siempre hacer algo diferente de lo que se haya hecho con él. Esta es la definición de la libertad que hoy consideraría apropiada: esa pequeña diferencia que hace de un ser social completamente condicionado, una persona que no se limita a reexteriorizar en su totalidad el condicionamiento que ha sufrido".

Durante las manifestaciones estudiantiles de 1968 Sartre, ya casi ciego, reafirma que los hombres no son jamás totalmente identificables con sus condicionamientos, que la alienación es posible precisamente porque el hombre es libre, porque no es una cosa.

En resumen, el Ontoanálisis rescata el devenir del pensamiento humano, relacionado a las concepciones antropológicas, filosóficas y operantes que permitan el encuentro del otro en su mismidad irrepetible; y por medio del espacio dialógico, superar las variables alienantes (en su historicidad concreta) para poder desarrollar el proyecto del ser en sus posibilidades hacia el logro de la plenitud de su humanidad, el encuentro de mi posibilidad en el devenir del otro. Otredad que fue determinante de mi existencia y, dialécticamente, mi devenir fue determinante de variables del otro; y en ese movimiento (que pudo ser alienante y en circularidad), encontrarnos, a través del develar del ser, en el espiral hacia la proyección de mi realidad en el conjunto de otras existencias, hacia la búsqueda del sentido del proyecto que no puede ser otro que la liberación humana y, por ende, de mi propia liberación en la futuridad.

Reflexiones sobre la depresividad

*"Las teorías científicas están en perpetuo cambio.
El juego de la ciencia no se acaba nunca".*

K. Popper

"La gloria de los científicos: que sus teorías merezcan ser refutadas".

Víctor Massuh

*"Decir educación médica continuada es decir "buena medicina" o seguir formándose,
lo cual significa aprender, desaprender y reaprender hasta la muerte".*

J. Lister

INTRODUCCIÓN

Finalidad terapéutica

En el presente trabajo intentamos expresar lo que se piensa auténticamente, lo que nos determina a tener un pensamiento dialéctico abierto a la crítica y a la vez conscientes de que puede estar equivocado, siendo más de una vez condenado por lo deyecto, por lo dogmático. No partimos de una concepción universal con la que deba enfocarse la situación terapéutica, sino del entrecruzamiento de variables de lo universal, lo particular y lo individual dentro del devenir del ser haciéndose ser.

Tratamos de ubicarnos dentro del devenir del ser, partiendo de su no elección de nacer, inmerso en una situación, tampoco elegida que va determinando el movimiento de su trayecto dentro de la existencia y de la formación de su proyecto, que lo determinará tal vez libre y responsable.

Pensamos que nuestra problemática en la Psiquiatría es la de resolver la encrucijada existencial de un ser que sufre, por ello nuestro enfoque parte de la situación de un "aparecer" (consulta terapéutica).

Entonces tratamos de poder analizar cómo ese entrecruzamiento de variables (paciente-terapeuta), logra a través del decurso del tiempo instalarse en la posibilidad de transitar la futuridad en una forma libre y responsable hacia el por-venir.

En este encuentro el otro se transforma en "tú", yo me transformo en "yo", se forma un "nosotros" que impulsa el intercambio. (Otto Dörr)[75]

Pero ese intercambio se da en un mundo alienado donde ninguno de los dos seres analizados puede sentirse libre, entonces para develar al ser, para ponerme como terapeuta en el lugar del otro y poder estar en disponibilidad debo analizar mi propia existencia, si no las esencias pueden ser deformadas por un "nos parece" y no como "aparece la presencia individual de la otredad".

Trataremos de aclarar un poco esta temática en forma resumida por el tiempo impuesto al desarrollo de este trabajo.

El ser humano (paciente-terapeuta) es arrojado al mundo, "botao" nos diría nuestro querido Carlos Alberto Seguin y en situación, J. P. Sartre diría: "El hombre es al comienzo, un proyecto, nada existe antes de este proyecto... el hombre, ante todo, será aquello que habrá proyectado ser".

El para sí no es libre sino en situación, es decir, en la relación de su libertad con su condición, lugar que él ocupa en el mundo, su pasado, las potencialidades de las cosas alrededor de él (es decir, el grado de

---

[75] - Otto Dörr. Psiquiatría Antropológica. Ed. Universitaria. Santiago de Chile, 1995, Pág. 30.

manejabilidad de ese complejo de utensilios que representan para él el mundo que le rodea).

"Los únicos límites que una libertad encuentra, ellos los halla en su libertad (El ser y la nada). Esto es, en ella misma o en la alienación de su situación, en el hecho mismo de la existencia de esta situación para otro, que le impone un "fuera". Pero puedo, por ejemplo, ignorar mi ser para otro, renunciar a ese vínculo de unión con el otro y aprehender al otro como objeto, para tratar de ser con el otro.

Vale decir, la llamada subjetividad humana se da en un ambiente a través de los otros, siempre es una intersubjetividad, que se da en un tiempo dado, en un lugar particular, en un cuerpo determinado y en una sociedad dada. Esta sociedad está estructurada de una determinada forma: con sus diferencias sociales, con sus planteos distorsionadores de la realidad, con su "sentido común", con su manejo de los medios de comunicación, con su oferta de tecnología y demás. Allí es arrojado el hombre donde a través del tiempo "pondrá en crisis o suspendido los significados y valores habituales" (Husserl).

Aparecerá la angustia, J. P. Sartre dice que es la sensación de vértigo que invade al hombre cuando éste descubre su libertad y se da cuenta de que es el único responsable de las propias decisiones y acciones.

Entonces el hombre

No se ha creado a sí mismo

↓

Es lanzado al mundo

↓

En situación

↓

LIBRE ⟨ Es responsable de todo lo que hace

Puede siempre hacer algo diferente de lo que se haya hecho con él.

Entonces, en la consulta se encontrarán dos intersubjetividades que han devenido siendo arrojadas al mundo y en situación. Con sus proyectos imaginarios que se "aparecen" entre sí para lograr un encuentro existencial.

El psiquiatra es un ser en el mundo, en situación de terapeuta, su formación en general responde a esquemas conceptuales, referenciales y operativos desarrollados sobre el hombre (universal) que son elaborados por los centros de desarrollo, que no es el caso de nuestro país, pero por nuestra dependencia cultural (como país colonizado), ese terapeuta imita los modelos para identificarse con el colonizador (Franz Fannon), se encuentra inmerso en lo que J. P. Sartre llamaría "la seriedad de lo serio". Y así cree que supera su complejo de inferioridad frente al colonizador. Lo imita, entonces, piensa con un ser universal (para el 1er. mundo) perdiendo la posibilidad del encuentro, pues su paciente es del mundo marginal (lo llamado antes 3er. mundo). ¿Qué ha pasado? El avance tecnológico en función de ciertas sustancias que actúan sobre el metabolismo cerebral, acompañado de la penetración cultural, le ha hecho perder el rumbo de que el ser humano es individual, concreto e irrepetible en su devenir, y dentro de esto, la neurotransmisión es una parte de la totalidad del ser.

Esta situación hace que este terapeuta se vea impedido de encontrar la esencia del ser que es su existencia y no logre el encuentro existencial, pues ha reducido la riqueza de la misma a un proceso bioquímico.

Ha perdido la brújula de que la medicina es una praxis y en parte por la misma razón es un arte; él tiene que develar el ontos a través del fenómeno (lo que aparece) para captar las esencias (relaciones del devenir con cierta perdurabilidad) que le permitan acercarse a la otredad, para develarla y ponerse a disponibilidad y emprender el proyecto hacia la libertad. Si no se elabora esta situación ocurre que "la concepción del terapeuta alterará su percepción". (J. P. Sartre) Entonces transformará al ser en un objeto y lo perderá como sujeto existente, ausente en su devenir propio y presente enajenado por la concepción esquemática del paradigma de su terapeuta.

La situación terapéutica también se da en un momento particular de la historia, en este momento se sitúa el mundo de las ideas en el entrecruzamiento del pensamiento de la edad moderna y sus valores y el promocionado posmodernismo, donde se cuestiona el contenido de los llamados grandes relatos: cristianismo, revolución francesa, marxismo y se habla de la muerte de las ideologías y el fin de la historia (Fukuyama), promocionando más francamente la consigna que "Ser es tener" y en el fondo tener para consumir lo que la tecnología de los centros de poder desarrollan, con técnicas muy elaboradas de penetración en las motivaciones, transformando pseudonecesidades en necesidades biológicas (Marcuse).

Debe el terapeuta ubicar y ubicarse que su proyecto imaginario y el de su paciente, se han ido formando en un lugar determinado del mundo en una nación, región, provincia, barrio, "nicho, morada". (Heidegger). En un cuerpo determinado, que puede presentar minusvalías orgánicas (Alfred Adler), un tipo constitucional (Ernst Kretschmer), un psicotipo, es varón o mujer (protesta viril) (A. Adler).

Con determinadas características físicas (respondiendo o no al modelo impuesto por los medios).

En una determinada familia, cuyo origen puede ser europeo, árabe, criollo, judío, etc., que tienen determinadas características, que pueden tener sus propias reglas y cierto grado de anomia frente a la falta de otras y que pueden o no sufrir discriminaciones.

La pertenencia a una determinada clase social.

El lugar que ocupa en la familia (hijo único, primogénito, hijo mimado, hombre seguido por mujer o al revés, etc.). (Alfred Adler).

Viene de un determinado hogar con sus situaciones vinculares propias, donde puede haber predominado un pensamiento humanista o un pensamiento mercantilista.

Haber o no cumplido las expectativas de proyecto de sus padres.

Analizar el resultado de su visión profesional (si ha respondido a su proyecto imaginario o no).

Cómo es su concepción laboral, sus aspectos competitivos, su vivencia de éxito-fracaso.

Luego el terapeuta se encuentra con el mundo de los valores y asumirá su proyecto de autenticidad o será condenado por su inautenticidad al mundo de la deyección. (Heidegger).

Entonces, resumiendo:

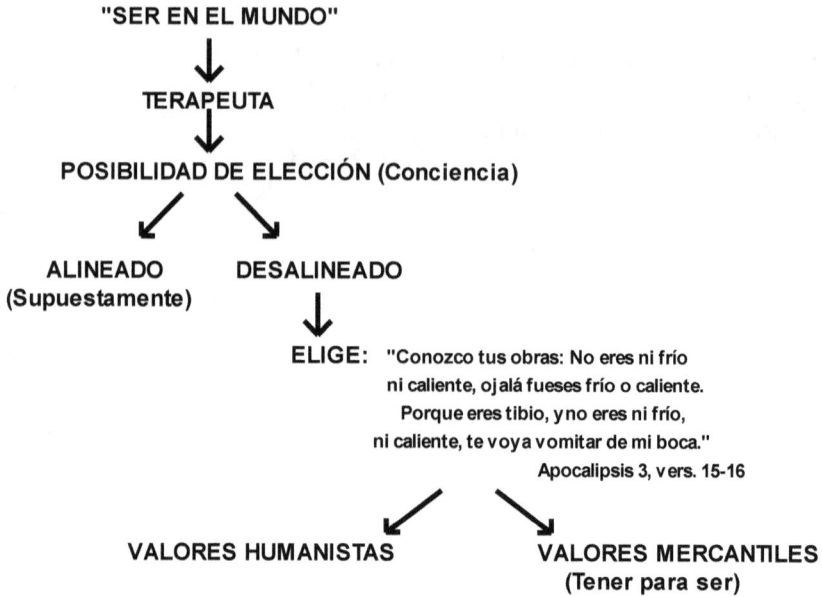

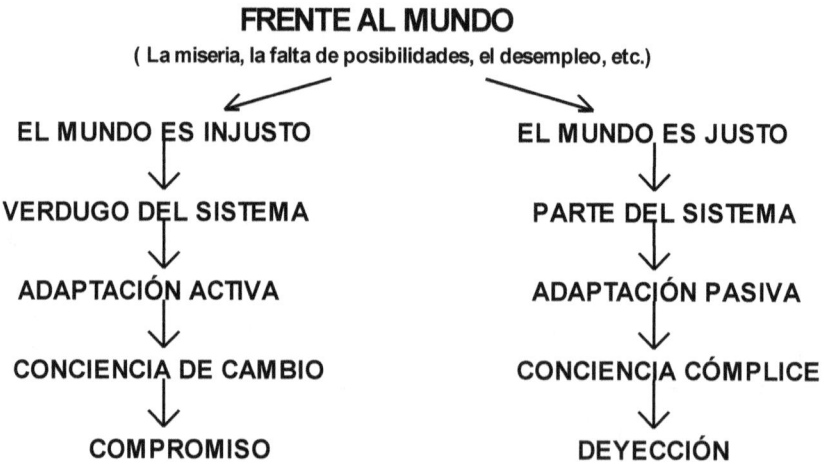

"SER EN EL MUNDO"
↓
TERAPEUTA
↓
POSIBILIDAD DE ELECCIÓN (Conciencia)
↙ ↘
ALINEADO   **DESALINEADO**
(Supuestamente)
↓
ELIGE: "Conozco tus obras: No eres ni frío
ni caliente, ojalá fueses frío o caliente.
Porque eres tibio, y no eres ni frío,
ni caliente, te voy a vomitar de mi boca."
Apocalipsis 3, vers. 15-16

↙   ↘
VALORES HUMANISTAS   **VALORES MERCANTILES**
(Tener para ser)

FRENTE AL MUNDO
(La miseria, la falta de posibilidades, el desempleo, etc.)

EL MUNDO ES INJUSTO	EL MUNDO ES JUSTO
VERDUGO DEL SISTEMA	PARTE DEL SISTEMA
ADAPTACIÓN ACTIVA	ADAPTACIÓN PASIVA
CONCIENCIA DE CAMBIO	CONCIENCIA CÓMPLICE
COMPROMISO	DEYECCIÓN

FRENTE A LA MUERTE

ASUMIDA EN EL DEVENIR   ANGUSTIA DE LA FINITUD

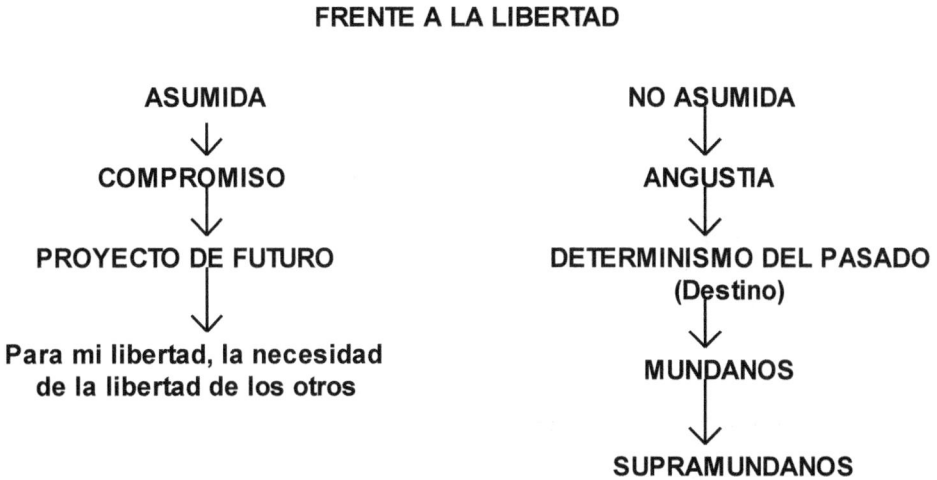

FRENTE A LA LIBERTAD

ASUMIDA
↓
COMPROMISO
↓
PROYECTO DE FUTURO
↓
Para mi libertad, la necesidad
de la libertad de los otros

NO ASUMIDA
↓
ANGUSTIA
↓
DETERMINISMO DEL PASADO
(Destino)
↓
MUNDANOS
↓
SUPRAMUNDANOS

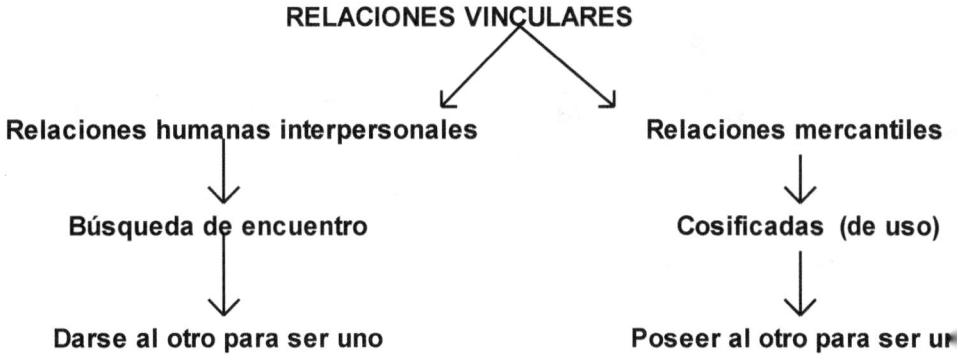

RELACIONES VINCULARES

Relaciones humanas interpersonales   Relaciones mercantiles
↓   ↓
Búsqueda de encuentro   Cosificadas (de uso)
↓   ↓
Darse al otro para ser uno   Poseer al otro para ser un

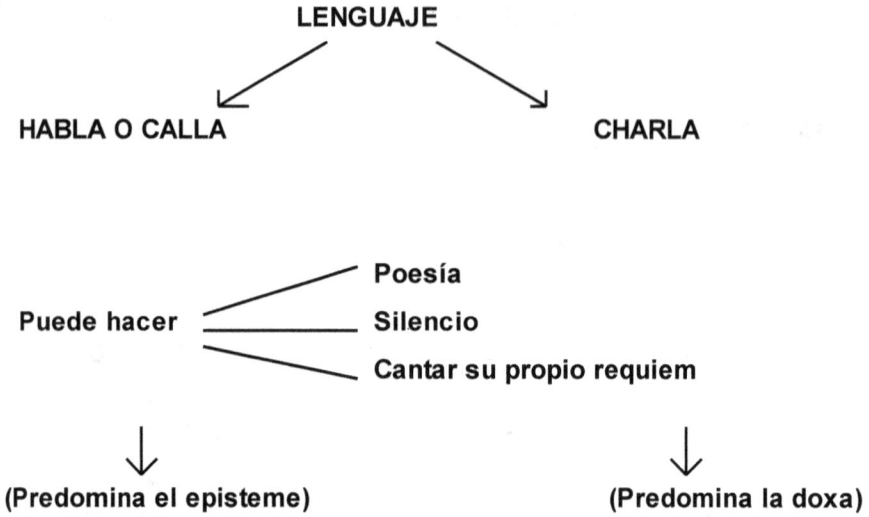

LENGUAJE

HABLA O CALLA   **CHARLA**

Puede hacer — Poesía
— Silencio
— Cantar su propio requiem

(Predomina el episteme)   (Predomina la doxa)

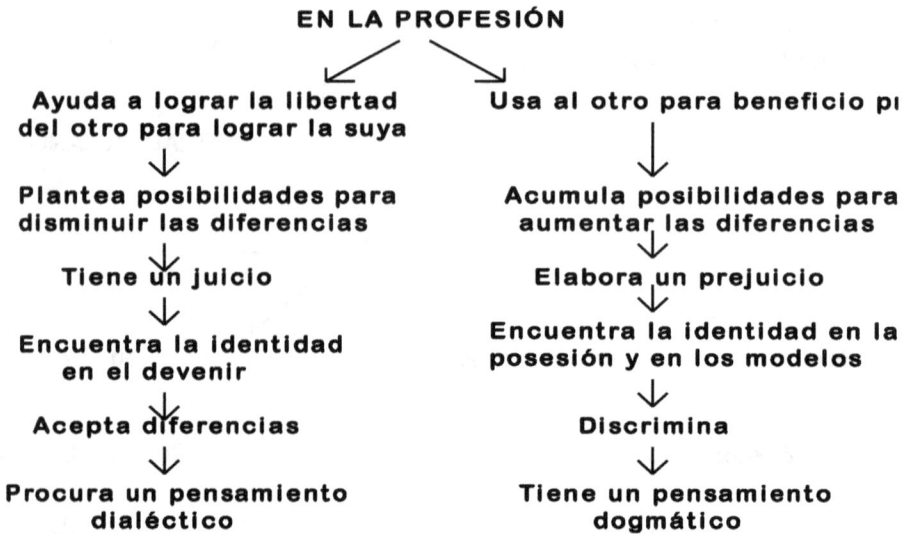

EN LA PROFESIÓN

Ayuda a lograr la libertad del otro para lograr la suya	Usa al otro para beneficio pi
Plantea posibilidades para disminuir las diferencias	Acumula posibilidades para aumentar las diferencias
Tiene un juicio	Elabora un prejuicio
Encuentra la identidad en el devenir	Encuentra la identidad en la posesión y en los modelos
Acepta diferencias	Discrimina
Procura un pensamiento dialéctico	Tiene un pensamiento dogmático

EN LA TERAPIA

| Hombre particular, real concreto, objeto sujeto, irrepetible | Hombre universal o parte del hombre (neurotransmisión) |

Hombre particular, real concreto, objeto sujeto, irrepetible

Modelo filosófico:
¿Esencialista?
¿Racionalismo?
¿Existencialismo?

Humanista ⟨ Teocéntrico
          ⟨ Antropocéntrico

Plano axiológico: Respeta los valores del hombre

Pensamiento ingenuo: Pretende captar las esencias en el devenir de las mismas...., para la genuinidad.

Hombre universal o parte del hombre (neurotransmisión)

Pragmatismo

Ideas cientificistas (Ideología en la ciencia impuesta por la producción y el consumo.)

Los usa

Pensamiento: Dogmático y de acuerdo al modelo predominante

FRENTE AL EPISTEME PSIQUIÁTRICO

Transgresor

Pierde la armonía supuesta como precio de la libertad

Busca la autenticidad

Actúa para ir dando cuenta cotidianamente de sus valores

Hombre en situación en búsqueda de la libertad.

Acepta pasivamente

Es deyectado por el devenir del episteme pues en él predomina la doxa.

Busca el éxito

Se hunde en la masa (deyección)

"Muertos sin sepultura"
(J. P. Sartre)
"Sepulcros blanqueados"
(Nuevo testamento)
(SMT. 23:27-28)

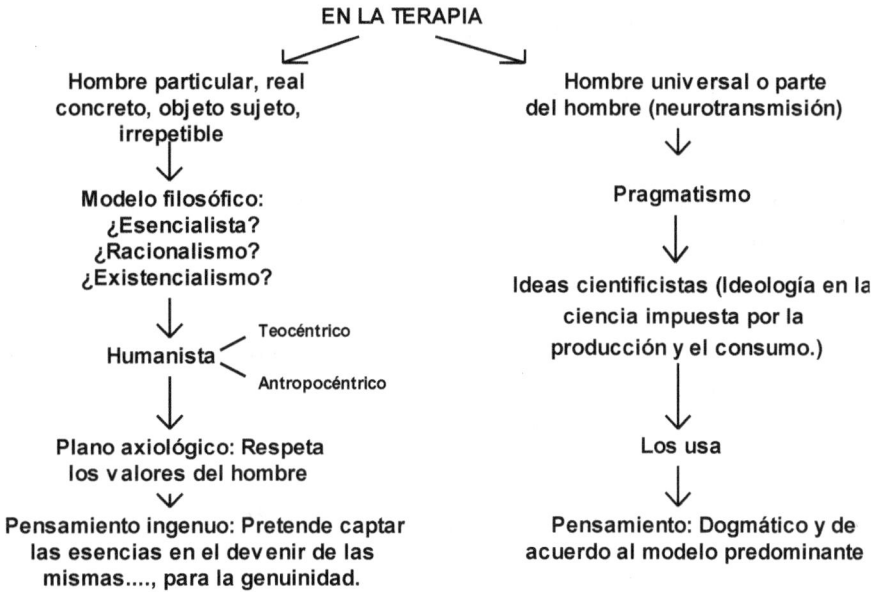

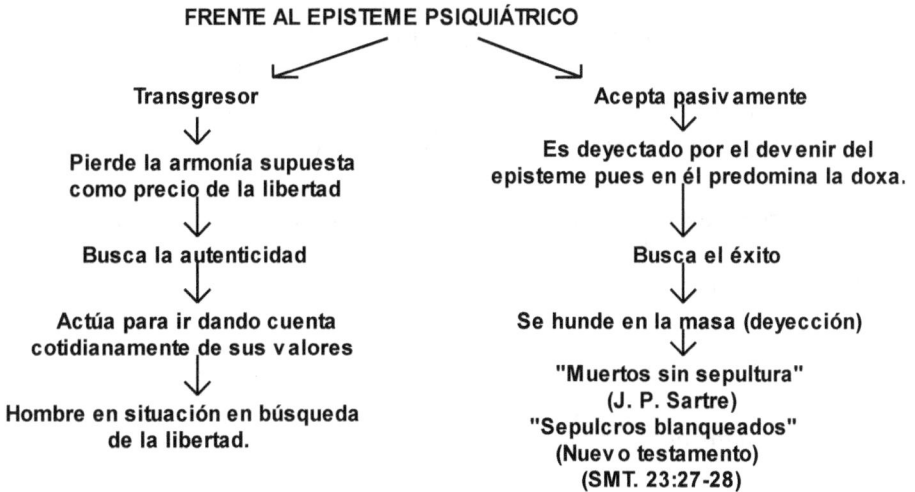

PROBLEMÁTICA DE LA DEPRESIVIDAD

Cuando realizamos un diagnóstico podemos hacerlo de diferentes formas:

NOMOTÉTICO: Búsqueda de leyes generales sobre suficientes datos.

IDEOGRÁFICO: Procura llegar a la esencia del fenómeno a través del análisis en profundidad de un caso individual.

ONTOANALÍTICO: Toma en cuenta lo ideográfico, pero trata de encontrar el significado de la quiebra existencial, de la crisis del proyecto imaginario inmerso en una realidad social y en un enfoque de entrecruzamientos de lo universal, lo particular e individual, donde quien diagnostica y describe el fenómeno tiene una participación significante buscando él mismo la seguridad de su ECRO o la riqueza de la inseguridad del devenir.

EVOLUCIÓN DEL CONCEPTO DE DEPRESIVIDAD

La evolución del concepto del síndrome depresivo comenzó con la descripción de Emil Kraepelin (1903), quien habló de la depresión en la Psicosis maníaco-depresiva y Depresión Involutiva.

Karl Jaspers (1959) plantea la depresión como: Endógena y Reactiva; este planteamiento tuvo vigencia durante bastante tiempo.

Luego fueron siendo clasificadas según la supuesta etiología en:

DEPRESIÓN:

Arteriosclerótica

Neurótica

Climáterica

Psicótica

Endorreactivas

Existencial

Por agotamiento, etc.

Pichot nos describe el síndrome depresivo según los síntomas que serían:

a)   Un grupo en torno al humor depresivo.

        Tristeza

        Autorreproches

        Ideas de culpas

b)   En torno a la autoagresividad.

c)   Enlentecimiento.

d)   Disminución de la vitalidad.

e)   Síntomas somáticos.

Nosotros compartimos el pensamiento de Otto Dörr en su libro Psiquiatría Antropológica e iremos comentando nuestros puntos de vista. Vemos el síndrome depresivo como una unidad fenomenológica. Y la existencia de un solo síndrome depresivo endógeno-melancólico o nuclear (pág. 17). Describe el síndrome depresivo como un complejo sintomático (pág. 145) donde encontramos:

a)   Cambio de la experiencia de la corporalidad del hallarse.

        1) Decaimiento

        2) Falta de ánimo y de fuerzas

        3) Pesadez corporal

        4) Ansiedad localizada corporalmente

        5) La llamada tristeza vital

6) La cefalea

7) Sensación de frío

8) Sensación de vacío, Síndrome de Cottard (estar secos, podridos, sin órganos).

b)   Cambios de la ritmicidad biológica.

1) Insomnio

2) Oscilaciones del ánimo a lo largo del día en forma inversa a la oscilaridad normal.

3) Anorexia.

4) Constipación.

5) Bradicardia

6) Pérdida de la líbido, etc.

c)   Síntomas en torno al complejo inhibición-agitación.

1) Dificultad de concentración.

2) Rumiación de pensamientos.

3) Incapacidad de pensar.

4) Dificultad para decidir cualquier gestión.

5) Dificultad de movimientos.

6) Rigidez corporal, manifestado en su máxima expresión en el estupor depresivo (cósico).

d)   IDEAS DELIRANTES (pág. 108):

De culpa y/o autorreproches.

Hipocondría.

De muerte propia.

De pobreza y/o ruina.

De daño o persecución.

De daño, enfermedad o muerte de familiar.

e)   AUTOAGRESIVIDAD

Ideas de suicidio

Intentos de suicidio.

En la Revista Argentina de Psiquiatra Biológica, Vol. III, N° 18, 1996, Bs. As., en el trabajo de Gregorio De Laurentis y Taboada (pág. 5) nos dan la posibilidad de relacionar esto con lo neurobiológico y plantean:

Perfil sintomático y correlato neurobiológico (Hyman y Nestler, 1994).

a)   HUMOR: (relacionados con el sistema límbico).

Anhedonia

Tristeza

b)   VEGETATIVOS:

- Aumento o disminución del apetito (con aumento o disminución del peso) (originados en hipotálamo).

- Insomnio o hipersomnia (originados en hipotálamo o tronco cerebral).

c)   COGNITIVOS: (Relacionados con el funcionamiento anormal de la corteza cerebral). (Esto a nosotros nos despierta una franca incógnita)

- Pérdida de autoestima

- Rumiación de culpa.

- Desesperanza.

- Ideación de muerte.

d)   PSICOMOTORES (Área límbica y ganglios basales)

- Pérdida de la posibilidad de concentrarse.

- Fatiga.

- Disminución del interés por las tareas.

- Disminución de la actividad social.

Para nosotros:

1)   Trastornos en la corporalidad. Cosificación del cuerpo en su devenir existencial y manifestación funcional del desencuentro del ser con el otro y del ser para el otro.

2)   Trastornos de la temporalidad: "Perturbación intencional de la temporalidad objetiva". Binswanger.

3)   Cambio de la ritmicidad biológica.

4)   Trastornos francos de la dinámica en la interpersonalidad (encuentro versus cosificación)

5)   Pérdida de la intencionalidad del proyecto imaginario.

6) Y todo unido en una pérdida de la identidad en su atemporalidad del Aquí y Ahora.

7) Todo esto relacionado y manifestado en su realidad sociopsicobiológica, donde debemos encontrar el ¿porqué? y el ¿para qué? para develar el ser y su significado en la depresividad. Descripto globalmente el síndrome, tendremos que aproximarnos al ser portante de esta problemática y luego trataremos de ubicarnos en las diferentes situaciones clínicas en que se manifiestan.

Estas perturbaciones del ser en el mundo se dan en la perspectiva del encuentro interpersonal, en la constitución misma de la existencia (Da-sein). Ser-con (estructura óntica-ontológica de la existencia); donde se irá formando su concepción de su relación con el otro, o para el otro. Formándose a la vez su paradigma. Si vivencia las relaciones como cosificadas, su respuesta al encuentro interpersonal se tornará unilateral o falto de reciprocidad, anomizado o mediatizado.

Para lograr develar o vocar al otro (paciente) debemos superar las divisiones con que partíamos a través de la historia de la formación de nuestros esquemas referenciales, por ejemplo:

Psique-soma, sujeto, objeto. Sociedad-psiquismo-Biología, etc.; logrando, como dice Binswanger, encontrar la hombredad del hombre, es decir, el hombre como existencia. Como ser en el mundo, su esencia como persona, con historia.

El hombre como existencia (Da-sein) cuya estructura fundamental es el "ser-en-el-mundo" en cuanto trascendencia. J. P. Sartre nos diría el ser haciéndose ser que nunca es. "El ser humano no es lo que es y es lo que no es", vale decir, deviene hacia un por-venir.

Esta búsqueda entre la historia en general, la del hombre particular, la situación previa, los síntomas, es en un afán predominante de lograr que en el existencial encuentro podamos compartir el sentido. Por eso la necesidad de abrirse a lo que aparece, para poder develar el carácter de referencia a la totalidad de la existencia. Ahí encontraremos en el depresivo su circularidad temporal premórbida, en su estilo de vida y su posibilidad de encontrar una existencia auténtica deviniendo (lo que llamaremos en espiral).

Como personalidad premórbida, Otto Dörr nos describe el "Typus melancholichus" de Tellembach (1969) (pág. 162), cuyos rasgos más frecuentes son:

1) Afán por el orden y la limpieza.

2) Aplicación al trabajo.

3) Alto sentido de la responsabilidad en el hogar y en el trabajo.

4) El sacrificio por los hijos.

5) Falta de todo egoísmo.

6) Falta de hobbies o distracciones.

7) La escrupulosidad.

8) No tolerar deudas de dinero en cualquier forma.

9) En cuanto al temperamento se habla de dos tipos: unos como alegres, amistosos y sintónicos y otros como "buenos pero tímidos".

Nosotros observamos que responde a pautas del hombre de occidente en su particularidad de ideal de producción y acompañado por normas típicamente del hombre anglosajón, su concepción teísta predominando su formación anglicana sobre los principios cristianos del hombre latino. Esta situación enraizaría en el totalitarismo de su proyecto imaginario, su particular situación en el mundo, y su problemática actual, que desencadena su traumática pérdida de su "identidad deviniendo" y la pérdida de su pseudoseguridad óntica (basada en lo inauténtico de ser para otros). Entonces no creemos que haya una personalidad premórbida depresiva, sino un ser de occidente que no puede cumplir el mandato totalitario de su proyecto imaginario y quedó atrapado en la situación de trayectar como ser cosificado por el mundo, que le determinó la pérdida de su "identificación" en función del mandato de "ser para otro", y la aparición de la depresividad. Entonces aparece la visión negativa acerca de sí mismo, pues su proyecto imaginario se transforma en trayecto anónimo, perdiendo su sí mismo; al no ser rescatado por la posibilidad de ser el "ideal de hombre de occidente", entra en lo que llamamos circularidad temporal. Ingresa en el trayecto "sin lograr proyecto", "ni deyecto" (Heidegger). Entra en la cosificación y la atemporalidad. Vale decir, en lo que nosotros llamamos "Circularidad de la depresión" acompañando su "aquí y ahora". Condenando su pasado (interpretándolo como todas experiencias negativas) y su atemporalidad depresiva determina la visión negativa de su futuro.

Y hoy vuelve en una vuelta de tuerca a ubicarse en la perspectiva de ser-para-los-otros-, pues será aceptado sociológicamente e identificado con un diagnóstico, será aceptado "pasivamente", pues la sociedad le entregará el avance tecnológico, con su esquema de la neurotransmisión, que si no es acompañado con una psicoterapia de franca raigambre antropológica y con el proyecto claro de la libertad para salir de la "circularidad" y entrar en el "espiral del devenir", será atrapado nuevamente por la normalidad de su proyecto imaginario. No podrá utilizar esta crisis para que su ser en el mundo adquiera nuevas posibilidades en el devenir. O tal vez se transforme en deyecto (Heidegger) aspirando ser el hombre normal de Occidente, hoy en una profunda actualidad alienada. No se encontrará en "una peculiar alteración de la temporalidad sino que con suerte vivirá la deyección".

EL SER EN SITUACIÓN Y LA DEPRESIVIDAD

Lugar en el mundo: Pertenecemos a Occidente en un país dependiente económica, tecnológica y culturalmente de los países desarrollados de Occidente, en particular EE.UU. e Inglaterra. Entonces respondemos a la perspectiva del hombre ideal anglosajón (por la penetración cultural que realizan estos países).

IDEAL DE HOMBRE ANGLOSAJÓN

VALORES
- tener
- status
- prestigio social
- consumo

ESTRUCTURA SOCIAL: Clases sociales.

RELACIÓN CON LA NATURALEZA: Explotarla sin respetarla

RELACIÓN LABORAL: Enajenadores, enajenados.

INTERPERSONALIDAD COSIFICANTE

PROYECTO IMAGINARIO

RELIGIÓN ANGLICANA-PROTESTANTE

PAUTAS IDEOLÓGICAS: Realizadas para la alineación.

FILOSOFÍA PREDOMINANTE: Pragmatismo (Idealismo Filosófico) Racionalismo

HISTORIA FRENTE A OTROS PAÍSES: Colonizador

CONCEPCIÓN DEL HOMBRE: (Universal)

PÉRDIDA DE PROYECTO ⟶ DEPRESIVIDAD

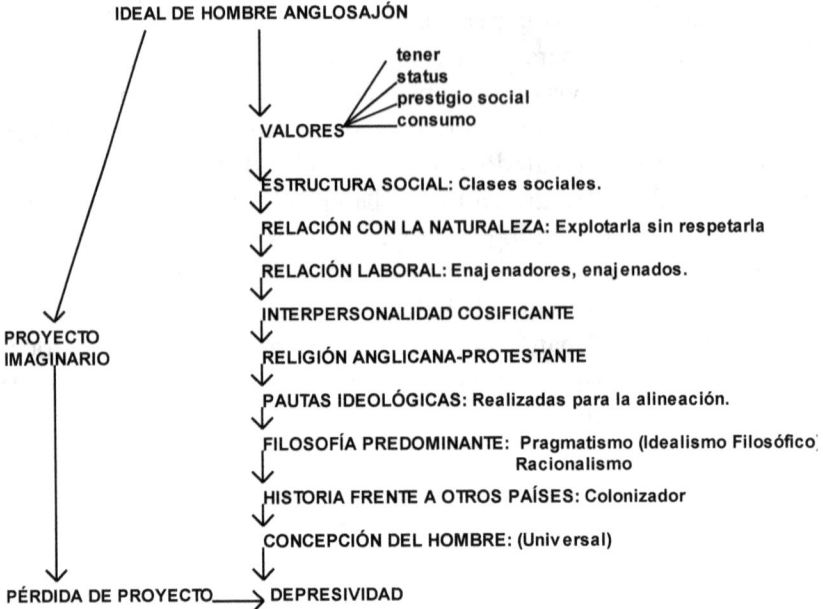

En la Argentina predominan los mismos valores, encubiertos. Promoción de los valores en general sin practicarlos. "Ama a tu prójimo como a ti mismo", "La verdad nos hará libres", solidaridad, etc. ...

La diferencia más notable es que predomina la religión católica apostólica y romana.

Nuestro pensamiento filosófico no identificaría nuestra realidad pues somos dependientes culturalmente.

Nuestra historia determina que seamos un país colonizado.

La concepción del hombre como país dependiente universal, en búsqueda del hombre particular.

Resultados para la depresividad, por ejemplo:

Israel 17%

Bulgaria 16,6%

La realidad es que notamos el avance franco de la depresión en nuestro medio, ya sea en forma melancólica, no melancólica y vemos avanzar los llamados equivalentes depresivos (enfermedades psicosomáticas) probablemente por el aparecer corporal, debido a que las relaciones interpersonales se están transformando en más cosificadas (de uso), llevando en algunos cuadros al estupor depresivo (estado semicadavérico-cósico).

Este fenómeno que hemos descripto no se da en las llamadas sociedades primitivas (no responden a las pautas de occidente), como por ejemplo los países orientales donde su relación con la naturaleza es contemplativa y el trabajo no es un valor, no está frente a la realidad, sino que forma parte de ella. Pero en la India, donde esta situación se da, en Bombay, la llamada puerta de Occidente, la depresión está en franco aumento.

Esta situación descripta no se da en los cuadros maníacos.

<u>Familia "Nicho Morada" (Heidegger).</u>

Al ser arrojado al mundo el ser encuentra la intersubjetividad vincular.

Aparece en una familia particular, cuyos valores pueden ser mercantilistas o humanistas.

En el primer caso su depresividad se manifestará en particular a nivel de la corporalidad, pues sus relaciones interpersonales internalizadas de su medio, son cosificadas de uso. Las determinantes sociogénicas estarán relacionadas a la pérdida de status, sus problemas competitivos o de prestigio social y consumo. Si aparecen ideas delirantes tendrán contenido hipocondríaco. Pudiendo llegar al estupor depresivo (estado máximo de cosificación). Ideas de pobreza, de ruina, de culpa propia, etc.

CULPA **Proyecto imaginario (compensatorio "El ser-ahí yecto")**
proyecto compensatorio

TRAYECTO: Interrupción por situaciones reactivas de su futuridad y caída en la realidad-fracaso de su inferioridad hacia ser superior

AUTOEXIGENCIA
Rendimiento (responsabilidad)

Pérdida de la compensación

CULPA

Pérdida de la identidad para el otro

(El 'se debe')

Temporalidad circular

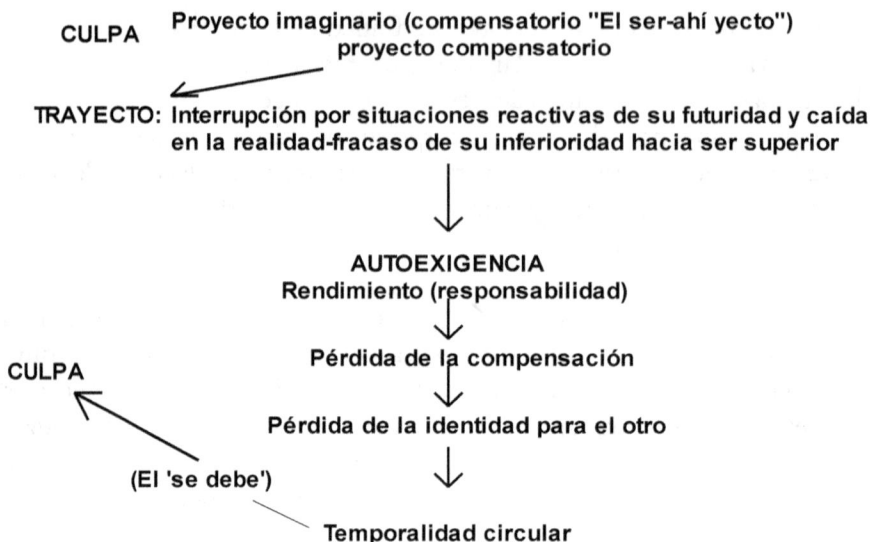

Si pertenece a un medio familiar humanista, su depresividad estará más relacionada a situaciones reactivas determinadas por la injusticia, por las pérdidas de un ser querido, problemas de pareja, divorcio, problemas laborales, otros. Su manifestación más clara se dará también en el síndrome depresivo global descripto; pero se manifestará más significativo de entender el fenómeno buscando la historia de su interpersonalidad y de sus valores.

Este ser depresivo también ha estado vincularmente en una familia particular y ocupando un lugar dentro de sus hermanos. Debemos tomar en cuenta esto porque nos ayudará a comprender el significado del fenómeno de la depresividad, y encontrar los motivos individuales que determinan que en ciertas situaciones aparezca en algunos el síndrome y en otros no.

Algunos ejemplos:

M.B. Leptosómico. Esquizotímico. Hijo único, 50 años. Gerente general de una empresa multinacional. Situación donde aparece su depresividad. Pérdida de su situación laboral. Predominan las ideas de ruina, pobreza, rumiación de culpa, etc.

El lugar que ocupa en su familia, en la formación de su paradigma, ha sido de pasividad y de centreidad, deviniendo en un ser dependiente del rol que le ha dado la centreidad determinada por los otros.

En su esfera laboral siempre ha sido un excelente colaborador de sus jefes llegando por su capacidad operativa a gerente general. Entonces su crisis existencial aparece cuando él instalado en su proyecto imaginario de centreidad pasiva y dependiente se derrumba. Pues él ha hecho lo que debía hacer (dependencia de la autoridad) y sin embargo ha perdido su centreidad y su rol laboral ha sido perturbado por los otros (ser para otros). De esta forma pierde su identidad y entra en la circularidad (atemporalidad) de la depresión.

J.D.: Normolíneo. Tendencia ciclotímica. 47 años. Empresario.

Hijo primogénito con una hermana que le sigue. Presenta a la consulta un trastorno depresivo mayor recidivante grave, sin síntomas psicóticos. En el momento actual con remisión total.

Encontramos en él nuevamente una personalidad pasiva-dependiente, con búsqueda de centreidad y con vivencia de desplazamiento. Desde hace 8 años presenta el síndrome depresivo, con la particularidad de no abandonar la cama a veces por más de un mes. Ha recibido tratamiento con psicofármacos y psicoterapia individual con orientación psicoanalítica y luego grupal con la misma orientación.

La evolución de su depresividad respondía casi a la evolución típica de este proceso, aunque no hubiera recibido tratamiento desde hace 8 años.

Se realiza tratamiento al comienzo de nuestro existencial encuentro con psicofármacos y psicoterapia con orientación ontoanalítica. Desde hace 26 meses ha mantenido su existencia sin depresividad.

En el develar del fenómeno depresivo de J.D. encontramos que su personalidad de tendencia dependiente, pasiva y en búsqueda de centreidad, le determinaba un esfuerzo sobrehumano para lograr superar la minusvalía a través de la actividad y la independencia y lograr centreidad activamente. Entonces en ciertas situaciones en que no era reconocido por el mundo de los otros (su ser para el otro) predominaba su pasividad y dependencia y entraba en depresión. En estas circunstancias encontraba la centreidad, girando su mundo familiar alrededor de él. Por ello, se hace necesario comprender la pérdida de su proyecto imaginario ("ser superior") para compensar su minusvalía y la pérdida de su identidad deviniendo.

En una consulta dentro del tratamiento el paciente nos dice "Dr. yo creo que programaba mis depresiones ..."

Con estos ejemplos tratamos de lograr develar al "ser-en-el-mundo" en otra de sus variables situacionales.

Su identidad cosificada por el trayecto, ha ido perdiendo el proyecto que era compensatorio, no auténtico y la imposibilidad de compensación deyecta. No tiene esta posibilidad de superar la angustia por esa variable (deyección), pues su pseudosuperioridad ha denostado el "se debe", "se hace" y entonces no le queda nada más que el trayecto (atemporalidad) donde surgió su problemática en búsqueda de superioridad (éxito, el mejor, el célebre, etc.). Siempre en el proyecto imaginario que gira alrededor de su dependencia, su pasividad y su búsqueda de centreidad.

Debiéramos tener en cuenta, pues, la condición del hijo mimado, el hijo del medio, el varón desplazado por una mujer, el hijo menor, etc.

Debemos también tomar en cuenta si es varón o mujer, no olvidarnos que aparte de la descripción que se ha hecho de la lucha de clases, también existe la lucha de los sexos (Simone de Beauvoir).

EL CUERPO

El ser humano es su cuerpo en el devenir. A veces se piensa que tiene un cuerpo, pero en realidad deviene su existencia en su cuerpo. Ese cuerpo puede tener minusvalías orgánicas, puede o no responder al modelo. Su piel tiene un color (no olvidemos los estudios interesantísimos de Franz Fannon en su libro "Peau notre, masques blancs" (piel negra máscara blanca).

Tiene un tipo constitucional (Ernst Kretschmer y su opinión de la mayor frecuencia de Psicosis maníaco-depresivas en los brevilíneos ciclotímicos).

Este cuerpo también puede padecer una enfermedad orgánica.

Frente a este mundo de variables y las que nos faltan, nos aparece una incógnita ¿Qué hay de endógeno y reactivo en las depresiones?

RESUMEN

PÉRDIDA DE IDENTIDAD EN AQUÍ Y AHORA

↓

SITUACIONES A TOMAR EN CUENTA

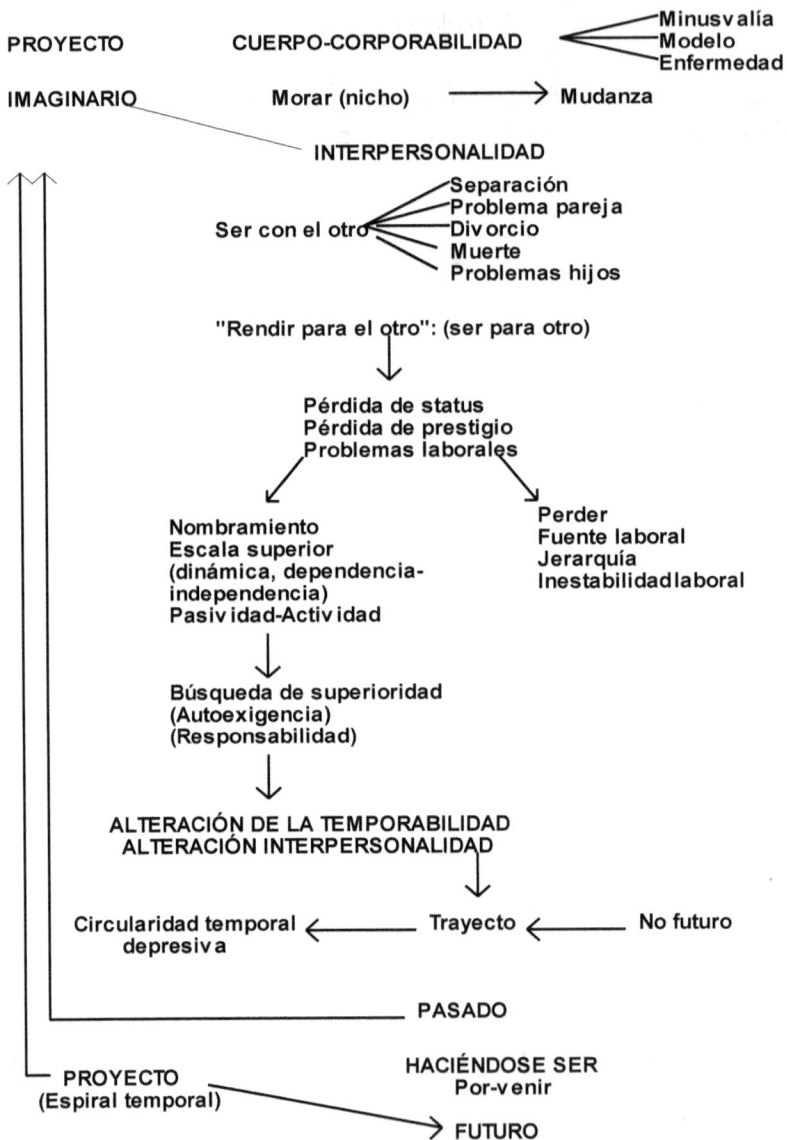

PROYECTO   CUERPO-CORPORABILIDAD ⟨ Minusvalía / Modelo / Enfermedad

IMAGINARIO   Morar (nicho) ⟶ Mudanza

INTERPERSONALIDAD

Ser con el otro ⟨ Separación / Problema pareja / Divorcio / Muerte / Problemas hijos

"Rendir para el otro": (ser para otro)

↓

Pérdida de status
Pérdida de prestigio
Problemas laborales

↙   ↘

Nombramiento
Escala superior
(dinámica, dependencia-
independencia)
Pasividad-Actividad

Perder
Fuente laboral
Jerarquía
Inestabilidad laboral

↓

Búsqueda de superioridad
(Autoexigencia)
(Responsabilidad)

↓

ALTERACIÓN DE LA TEMPORABILIDAD
ALTERACIÓN INTERPERSONALIDAD

↓

Circularidad temporal ⟵ Trayecto ⟵ No futuro
depresiva

——————————————— PASADO

PROYECTO   HACIÉNDOSE SER
(Espiral temporal)   Por-venir

⟶ FUTURO

Gebsattel dice que lo esencial de la depresividad sería la "detención del flujo madurativo de la existencia. Tendríamos que preguntarnos.¿qué es el flujo madurativo de la existencia? Porque al haber una perturbación de la temporalidad y un proyecto imaginario anterior, nos parece que esa personalidad que ha compensado su problemática en ese proyecto, presenta dificultades para poder devenir en búsqueda de la libertad; hasta que pueda superar la condena de su compensación del pasado. Su proyecto imaginario lo hace vivir buscando la seguridad de lo planificado. Pierde la dialéctica del devenir y como es imaginario, siempre depende de su esfuerzo personal, de su autoexigencia, de su responsabilidad, para que el mundo de los otros lo reconozca y entre en la posibilidad de ser develado a través de la "mirada severa de los otros" (J. P. Sartre).

Otto Dörr (pág. 172) (op. cit.) dice: "Es el gran mérito de Tellembach (ya comentado por nosotros) el haber descubierto un tipo humano en el que estas características de la personalidad y del comportamiento configuran una normalidad patológica, por cuanto el aferrarse a estos modos socialmente positivos de ser, encierra el temor permanente de caer en lo contrario, privándolos de la libertad de prescindir de ellos ante situaciones que hagan imposible su realización".

Para nosotros pierde el proyecto imaginario totalitario, trastornos en su temporalidad (circularidad) y pérdida de su identidad en el devenir del "aquí y ahora", "hit et nunc".

LA CONSULTA MEDICA: (EXISTENCIAL ENCUENTRO EN BÚSQUEDA DEL ENCUENTRO EXISTENCIAL: "EL APARECER"

El paciente nos consulta porque presenta síntomas: tristeza, insomnio, hipersomnia, ansiedad, falta de concentración, trastornos en su vida relacional, etc.

El terapeuta tendrá que considerar que esto es lo que aparece. Deberá realizar la reducción eidética y fenomenológica (Husserl). Tendrá que poner lo que aparece entre paréntesis y plantearse buscar el cómo, el porqué, el para qué de ese "aparecer". Tendrá que tener un pensamiento abierto al encuentro de una crisis de un proyecto imaginario.

Tendrá que tener un pensamiento auténticamente dialéctico (opuesto a lo dogmático), ingenuo para poder encontrar la genuinidad, en la posibilidad de ponerse en el lugar del otro. De esa forma se podrá a través del diálogo (no monólogo) develar el devenir circular del fenómeno, acercarnos a ese ser ahí en depresividad.

"Los fenómenos no son nunca manifestaciones o síntomas, pero ellos están referidos a un fenómeno que los subyace". (Otto Dörr, pág. 179)(op. cit.).

Tenemos que tener en cuenta que el terapeuta por su ser en el mundo siempre tendrá una tendencia significante que debe poder superar.

ENTONCES:

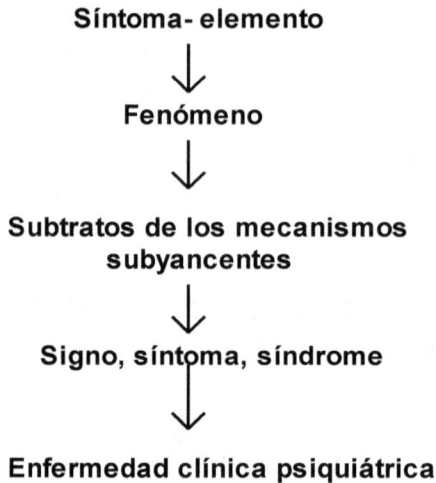

Síntoma- elemento

↓

Fenómeno

↓

Subtratos de los mecanismos subyancentes

↓

Signo, síntoma, síndrome

↓

Enfermedad clínica psiquiátrica

CONCEPCIÓN

Nomotética	Ideográfica	Ontoanalítica
↓	↓	↓
Descriptiva (clasificación)	Búsqueda individual	Existencialmente develada (búsqueda)
↓	↓	↓
Psicosis maníacodepresiva Involutiva Endógena Endoreactiva Psicótica Neurótica Equivalentes depresivos, etc	En quién se da	En quién se da ¿Cómo? ¿Por qué? ¿Para qué?

Desde el existencial encuentro

↓

Al encuentro existencial

↓

"Encontrar el sentido del supuesto sin sentido"

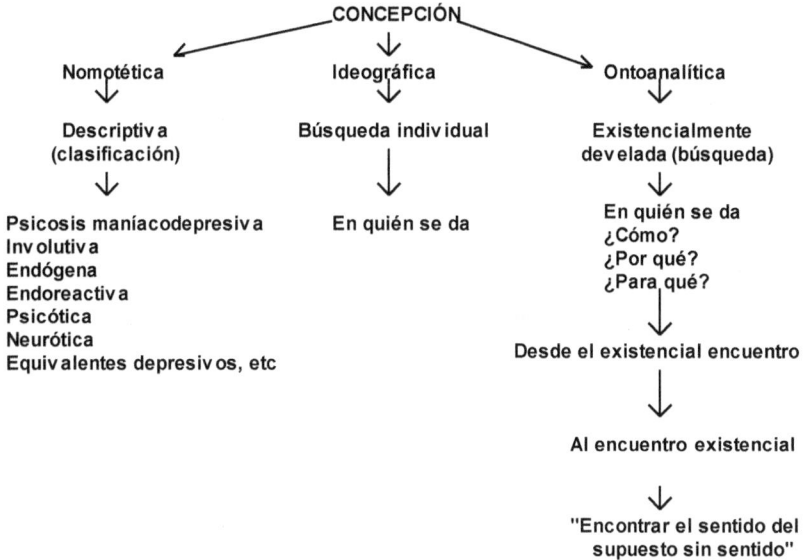

FORMAS DE PRESENTACIÓN EN LA CONSULTA:

Trastornos del estado de ánimo:

(Característica principal una alteración del humor)

Episodios afectivos:

Episodio depresivo mayor.

Episodio maníaco

Episodio mixto

Episodio hipomaníaco

Trastornos del estado de ánimo:

1) Trastorno depresivo mayor

2) Trastorno distímico

3) Trastorno bipolar

1)   Leve-moderado-grave

Único-recidivante

Sin síntomas psicóticos-con ellos

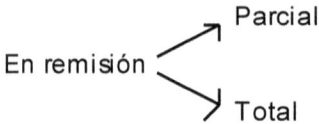

En remisión → Parcial
En remisión → Total

Crónico

Con síntomas catatónicos

Con síntomas melancólicos

Con síntomas atípicos

De inicio posparto

Con patrón estacional

Con ciclos rápidos

Con o sin recuperación interepisódica total

2)   Trastorno distímico: No cumple los síntomas necesarios para ser encuadrado en el trastorno depresivo mayor.

3)   Trastorno bipolar, cursa el episodio depresivo mayor, con cuadros maníacos o hipomaníacos.

Nosotros globalmente consideramos:

```
                                        Endógenas
                       A) Melancólicas
                                        Reactivas
    DEPRESIONES
                       B) No melacólicas o sintomáticas
                       Distimias
```

a)   Depresión Melancólica:

Encontramos que siempre hay una problemática dentro del continum del proyecto imaginario. Para Tellembach, la personalidad premórbida depresiva "Typus melancholichus".

Responden a los timolépticos en forma más notoria que las distimias.

Tienen restitución ad integrum.

No encontramos como manifestación sindromática grandes diferencias entre las llamadas endógenas y reactivas.

Entonces tratamos de develar la dinámica de su proyecto imaginario deviniendo en la totalidad del ser en situación. Siempre que pudimos develar (vocar) el proyecto imaginario, encontramos una serie de variables situacionales que frente a la presencia del factor que desencadena la depresividad hacía perder la identidad. Ingresaban nuestros pacientes en una existencia individualmente anónima.

Su devenir temporal, entraba en atemporalidad (circularidad).

A veces frente a lo melancólico como un mutismo estuporoso, notamos franca y totalmente la pérdida de identidad. Se acercaba más al ente que al ser, vale decir a una cosa algo "ósico-cadavérico", dice Otto Dorr.

Diferenciamos al ente del ser en su devenir y en el devenir de su proyecto y en el mismo su identidad deviniendo. Este es un caso claro de lo que decimos "pérdida de su identidad deviniendo" entrando en el anonimato de la cosa. Para Sartre es "Lo permanentemente trascendido, el acontecer silencioso". También encontramos el franco aplanamiento de sus pulsiones instintivas, cuando no su inversión con el suicido (Eros-Thanatos), anorexia, autoagresividad.

Siempre encontramos alteraciones francas de la corporalidad y de los ritmos biológicos.

b) Depresión no melancólica o sintomática:

No hay trastornos dentro de la identidad deviniendo, sí en cuanto a la circularidad de su pensar, sentir y hacer pero dentro del determinismo del pasado.

No encontramos a nuestros pacientes dentro de la atemporalidad ni de la cosificación. Sí con una vivencia de futuro gris.

No hemos encontrado alteraciones profundas de la corporalidad, ni de los ritmos biológicos, aunque es frecuente la disgripnia.

La disminución de sus pulsiones vitales no tienen la intensidad que en las melancólicas.

No predomina la intencionalidad autoagresiva, ni thanáticas.

No responde de la misma forma adecuada a los timolépticos. Muchas veces son medicados por no especialistas con ansiolíticos, creando dependencia.

REFLEXIONES SOBRE LA DEPRESIÓN ENDÓGENA O REACTIVA

Compartimos el pensamiento de Tellembach de que todas las depresiones son endógenas y reactivas.

La clasificación de las causas como climatéricas, por mudanza, etc., sería la situación que desencadenaría la problemática en el momento de su aparición. Siempre dentro de una historicidad individual irrepetible y concreta, donde generalmente se encuentra la dinámica que determine el fenómeno de la depresividad. Tenemos que descubrir el proceso a través del "vocar" en el diálogo, para develar el cómo ese ser ha perdido su proyecto y ha entrado en su situación de "cosa", sin futuridad plena, determinando una franja conflictiva en su identidad (Investigación del proyecto imaginario y la relación con la crisis).

En el caso de la llamada depresión climatérica, tendremos que tomar en cuenta el cambio de su corporalidad, su ser para otro, su relación interpersonal, su temporalidad (angustia de la finitud frente a la infinitud). Limitaciones de poder responder al modelo impuesto por los multimedios.

Al no encontrar diferencias genéticas entre la depresión endógena y la reactiva, se abre una gran incógnita a resolver. Si partimos de un planteo de un supuesto epísteme (sentido devenido de lo verdadero) y nos dejamos llevar por él, daríamos por sentado lo endógeno. Pero si nos planteamos que el ser humano es una totalización y destotalización en el devenir y pensamos en la díada endógeno-exógeno, ésta va diluyéndose, pues partimos de un encuentro entre el espermatozoide y el óvulo; entre el feto y el útero; el niño y la madre; el niño y la sociedad. La incógnita de lo endógeno-exógeno nos lleva a pensar en las pautas distorsionadoras del pasado donde se dividía en psique-soma, espíritu-cuerpo... nos surgen más incógnitas ...

¿Podemos pensar sin lenguaje? ¿Podemos sentir sin el habla?

Si asumimos la corporalidad como base de la posibilidad de nuestra mundaneidad, allí sí encontraríamos un acercarnos a lo endógeno. Pero si ese cuerpo tiene algún trastorno genético visible "la mirada severa de los otros" (J. P. Sartre), ¿no nos despertará conflictos en nuestro proyecto existencial? Y si es así, ¿la determinante es endógena o interpersonal (exógena)?

Creemos que lo endógeno en nuestra mundaneidad es lo que permite la posibilidad de nuestra historia como seres humanos dentro del movimiento de la humanidad.

Lo llamado a secas biológico, con sus características de ritmicidad, de globalización, abarcador, siempre se da en lo humano como una relación dialéctica con el mundo y a la vez, el mundo se da en nuestra biología. Tomemos como ejemplo las experiencias de Platonov descriptas en su libro "La palabra como factor fisiológico y terapéutico". Donde a través de la palabra se regula la glucemia en un diabético o se producen lesiones en la piel a través de decirle al sujeto de la experiencia, que lo están quemando con algo.

No hemos observado fenómenos psíquicos o somáticos o conductuales puntiformes, siempre se dan en el devenir del ser. Pensemos por ejemplo en un equivalente depresivo (llamado anteriormente enfermedad psicosomática) como es el colon irritable. ¿Podemos hablar de psíquico, somático, exógeno, endógeno? O solamente diremos, este ser humano, irrepetible, concreto, presenta en su totalidad el fenómeno de su manifestación existencial a través de sus síntomas y signos.

Notamos a través de estos últimos tiempos, un cambio que han experimentado en la manifestación de los síntomas depresivos con un desplazamiento desde lo psíquico hacia lo somático (López Ibor Aliño y otros (1981). Esto se debería a una problemática endógena, o a una pérdida de la interpersonalidad (ser-con el otro), y a un aumento de la llamada relación cosificada (alienada y alienante, de uso del otro).

Por último la supuesta reversibilidad de lo endógeno a través de las llamadas terapias electroconvulsivas y a los timolépticos que son estímulos exógenos, ¿permiten sacar conclusiones de su endogeneidad?

Entonces, en cuanto a la supuesta dicotomía que ha servido a clásicas clasificaciones de los cuadros depresivos, como enfermedad endógena o reactiva, concordamos con los autores que toman en cuenta factores endógenos y reactivos, con diferente predominancia en los distintos cuadros, aunque nos inclinamos a pensar en considerar como desarrollo central, el devenir existencial como una totalidad del ser-en-el-mundo en su aquí y ahora deviniendo. Y recordamos a J. P. Sartre: "el ser humano es un ser haciéndose ser que nunca es". El ser humano no es lo que es y es lo que no es".

EN RESUMEN

Depresión: (Episodio depresivo mayor). Trayecto de una existencia individualmente anónima, en su atemporalidad circular.

Distimia: Proyecto de una existencia individual con tendencia a la atemporalidad circular, determinada por su pasado en su pensar, sentir y hacer.

Deyecto: Trayecto de una existencia masificada y un anonimato existencial (inauténtico).

Proyecto existencial: Ser haciéndose ser, deviniendo con su tiempo en vivencia espiraloidea, o sea, en búsqueda de la libertad de su existencia, haciendo conciencia de que su posibilidad de libertad está en la libertad de los otros.

La finalidad del trabajo ha sido para reflexionar sobre el pasaje:

a) Del existencial encuentro al encuentro existencial.

b) Del monólogo al diálogo.

c) De la cosificación a la disponibilidad.

d) Del ser-para el otro al ser-con el otro.

e) De la atemporalidad al devenir.

f) Del anonimato al individuo en el mundo.

g) De la "enfermedad" a la "salud".

h) De lo nomotético ideográfico a lo ontoanalítico-terapéutico.

i) De la dependencia a la libertad.

j) De la seguridad del esquema nomotético, a la búsqueda del sentido y la significación de los síntomas en una realidad irrepetible de este ser humano individual, en relación a su ser y hacer en el mundo en la búsqueda de su libertad.

k) De la seguridad de lo supuestamente sabido, a la ingenuidad y estímulo de lo nuevo (lo por saberse). Porque como decía M. Proust, "La travesía real del descubrimiento no consiste en buscar paisajes nuevos, sino en poseer nuevos ojos".

CURRICULUM VITAE

DATOS PERSONALES.

APELLIDO Y NOMBRE: Valverde, Juan Manuel

D.N.I.: 6.866.151

NACIONALIDAD: Argentina

DOMICILIO: Pedro Molina, 249-2º Piso, Dpto. 13

TELÉFONO 299142

FECHA DE NACIMIENTO: 9 de Diciembre de 1935

ESTADO CIVIL: Casado.

TÍTULOS.

Bachiller: Expedido por el "Liceo Militar General Espejo". Año 1954

Médico Cirujano: Expedido por la "Universidad Nacional de Córdoba". Año 1967.

Médico Especialista en Psicología Médica: Expedido por el Consejo Deontológico de la Provincia de Mendoza, 29 de diciembre de 1972.

Médico Especialista en Psiquiatría: Expedido por el Consejo Deontológico de la Provincia de Mendoza, 29 de diciembre de 1974.

Médico Psiquiatra: Expedido por la Universidad Nacional de Cuyo, 1991

EJERCICIO PROFESIONAL.

Universidad Nacional de Córdoba, Facultad de Medicina. "Cátedra Psiquiatría". Años 1963 -1966 como ayudante alumno de cátedra; 1966 -1967 como Médico de dicha cátedra.

Hospital "Carlos Pereyra". Año 1967-1968.

Mendoza: Desde la fecha de iniciación Consultorio Psiquiátrico privado. Matrícula N° 1733.

San Juan: Consultorio Psiquiátrico privado desde el año 1971. Matrícula N° 913.

DOCENCIA UNIVERSITARIA:

Biotipología y Caracterología: Profesor titular interino desde el 12 de abril de 1969, hasta el 14 de noviembre de 1970, fecha en que es designado titular y en tal carácter se desempeña hasta el 18 de marzo de 1972 en que deja las funciones por renuncia. (Escuela de Psicopedagogía, Universidad Católica de Cuyo).

Psiquiatría: Profesor interino desde el 14 de junio de 1969 hasta el 27 de marzo de 1971, fecha en que se le designó titular y permanece hasta el 18 de marzo de 1972, fecha en que renuncia. (Escuela de Enfermería, Universidad Católica de Cuyo).

Clínica Psiquiátrica: Profesor interino desde el 14 de junio de 1969 hasta el 1 de abril de 1971 y desde esta fecha titular hasta el 16 de marzo de 1972, fecha en que renunció. (Licenciatura de Psicopedagogía, Universidad Católica de Cuyo).

Psicología General I: Profesor titular interino desde el 1 de abril de 1970 hasta el 1 de abril de 1971, fecha en que se lo designó titular permaneciendo hasta su renuncia el 18 de marzo de 1972. (Escuela de Psicología, Universidad Católica de Cuyo).

Psicología General II: Profesor titular desde el 1 de abril de 1972 hasta el 18 de marzo de 1972, fecha en que renunció. (Escuela de Psicología, Universidad Católica de Cuyo).

Profesor Adscripto área Psicológica, materias a dictar: 1° Trimestre: "Enfermedad Mental y Sociedad". 2° Trimestre: "Sistemas Psicológicos Contemporáneos".

Profesor titular por concurso a partir de noviembre de 1974, de la Facultad de Antropología. Materia: "Sistemas Psicológicos Contemporáneos I y II".

INVESTIGACIONES:

Director del Gabinete de Investigaciones Psicológicas de la Escuela de Psicología desde el 28 de Febrero de 1970 hasta el 18 de marzo de 1972, en que renuncia al cargo. (Facultad de Filosofía y Humanidades de la Universidad Católica de Cuyo).

Tres años formación Ontoanalítica en la Universidad Católica de Cuyo: tareas de investigación referentes a las relaciones entre Filosofía y Psicología (Preparación y formación Ontoanalítica), habiendo estudiado conjuntamente con otros profesionales las características ontológicas del análisis existencial dentro de la Filosofía Existencial con especial referencia a J. P. Sartre.

FUNCIONES ACADÉMICAS.

Director fundador de la Escuela de Psicología de la Universidad Católica de Cuyo de San Juan, desde el 1 de abril de 1970, hasta el 18 de marzo de 1972, fecha en que se retira por renuncia.

Representante de la Facultad de Filosofía y Humanidades de la Universidad Católica de Cuyo en la "XIX Conferencia Argentina de Asistencia Psiquiátrica y Salud Mental".

Representante de la Facultad de Filosofía y Humanidades de la Universidad Católica de Cuyo en el "I Congreso Argentino de Psicopatología del Grupo Familiar". (Buenos Aires. Año 1970).

Representante de la Facultad de Filosofía y Humanidades de la Universidad Católica de Cuyo en el "I Congreso Argentino de Psicología Social", realizado en Mar del Plata en abril de 1971.

CURSOS Y CONGRESOS.

Practicante agregado desde el 2 de mayo de 1957 hasta el 3 de abril de 1958 del Hospital de Higiene Social de Córdoba.

Curso de Patología de Mama. (Centro de Estudiantes de Medicina, Córdoba). Año 1959.

Curso de Clínica Radiológica. (Centro de Estudiantes de Medicina). Año 1959.

Cursos de Correlaciones de Hígado-Páncreas. (Centro de Estudiantes de Medicina, Córdoba). Año 1959.

Asistente al curso de "Sexología" dictado por la Facultad de Derecho y Ciencias Sociales de la Universidad Nacional de Córdoba. Año 1962.

Concurrente al curso sobre "Enfermedad de Chagas" del Centro de Estudiantes de Medicina. Año 1962.

Asistente al curso de "Tuberculosis Pulmonar" en el Hospital Nuestra Señora de la Misericordia (Córdoba). Año 1962.

Curso de Orientaciones Teóricas en Psicoterapia. Facultad de Ciencias Médicas de la Universidad Nacional de Cuyo. Año 1963.

Es aceptado como practicante agregado en la cátedra de Clínica Psiquiátrica del Profesor Carlos A. Morra en la Facultad de Medicina de la Universidad Nacional de Cuyo. Año 1964.

8° Curso de Psicopatología en la Práctica Médica. (Cátedra de Patología Médica de la Facultad de Ciencias Médicas de la Universidad Nacional de Cuyo.) Año 1965.

Es aceptado como Médico Agregado en la cátedra de Clínica Psiquiátrica a cargo del Doctor Carlos A. Morra en la Facultad de Medicina de la Universidad Nacional de Cuyo. Año 1967.

Miembro titular de las Jornadas Nacionales de Parálisis Cerebral realizada en Alta Gracia, Córdoba entre el 6 y el 8 de octubre de 1967.

Dicta 30 clases para Maestros sobre Higiene Mental, organizadas por el Instituto Pedagógico Social Argentino. Mendoza. Diciembre de 1967.

Conferencia sobre Orientación Vocacional. Instituto Pedagógico Social Argentina. Mendoza. Año 1967.

Participante en la reunión sobre "Patología Regional" en Mendoza. Año 1968.

Miembro titular del I Congreso Argentino de Psicopatología Infanto-Juvenil. Año 1969.

Confección del proyecto de la Escuela de Psicología dependiente de la Facultad de Filosofía y Psicopedagogía. Año 1969.

Participante de la "XIII Conferencia Argentina de Asistencia Psiquiátrica y Salud Mental", realizado en Mendoza. Año 1969.

Miembro titular del IV Congreso Argentino de Psiquiatría. Año 1970.

Asistente al curso de existencialismo dictado en la Facultad de Filosofía y Humanidades de la Universidad Católica de Cuyo. Año 1970.

Colaborador del curso sobre Psicología del Niño de primer grado. Año 1970.

Miembro titular de las II Jornadas en Mendoza de Educación Sexual. Año 1970.

Coordinador del Curso de Sexología realizado en la Facultad de Filosofía y Humanidades de la Universidad Católica de Cuyo. Noviembre de 1970.

Propuesto para la cátedra de Filosofía Contemporánea en la Facultad de Filosofía y Psicopedagogía de San Juan. Año 1970.

Miembro titular del I Congreso Argentino de Psicopatología del Grupo Familiar. Año 1970.

Director del curso Monográfico sobre: "Clínica Psiquiátrica". Año 1970.

Asistencia a las Jornadas de Salud Mental sobre Psiquiatría y Medicina Interna. Mendoza. Agosto de 1971.

Miembro activo de las Jornadas Científico Gremiales de Psiquiatría, realizadas por F.A.P. en Mendoza. Mayo de 1971.

Expositor del tema "Higiene Mental y su repercusión Social" en el curso de Licenciatura en Psicopedagogía de la Universidad Católica de Cuyo. Año 1971.

Colaborador del Seminario de "Psicología Socio-económica", realizado en la Escuela de Psicología y dirigido por el doctor D'Angelo. Año 1971.

Jefe del equipo de psicólogos que atiende los casos psicoclínicos de la Facultad. Año 1971.

Autor del Proyecto de Gabinete Psiquiátrico-Asistencial para el Penal de San Juan, por encargo del Decanato de la Facultad de Filosofía y Humanidades de la Universidad Católica de Cuyo. Año 1971.

Seminario sobre "Esquizofrenia Juvenil y Medio Social" en el curso de Licenciatura en Psicopedagogía. Año 1971.

Disertante sobre "Psicoterapia Existencial" en la Escuela de Psicología de la Universidad Católica de Cuyo. Año 1971.

Curso sobre Neurosis -Expositor. Año 1971.

Disertante sobre Sociedad, Psiquiatría y Alienación. Año 1971.

Miembro titular del II Congreso de Psicología Social realizado en Mar del Plata. Año 1971.

Concurrente al Simposio sobre Comunidad Terapéutica. Mendoza. Mayo de 1972.

Participante de la II Conferencia Nacional sobre problemas gremiales y profesionales de los psiquiatras. Mendoza. Junio de 1972.

Disertante sobre "La Sexualidad de la Juventud Actual" en el Instituto Cuyano de Educación Integral de Mendoza. Año 1972.

Asistente a las Conferencias sobre "Psicoterapia de Grupo" F.A.P. Mendoza. Año 1972.

Miembro titular de las I Jornadas Mendocinas sobre psiquiatría Infanto-Juvenil. Año 1972.

Asistente al curso "Alergia e Inmunología" de la cátedra correspondiente, en la Universidad Nacional de Cuyo. Año 1972.

Concurrente al Coloquio sobre "Asistencia Psiquiátrica". Mendoza. Diciembre de 1972.

Participante con trabajos en el V Congreso Argentino de Psiquiatría organizado por F.A.P. Córdoba. Año 1973.

Miembro titular del I Congreso Argentino para el "Estudio y prevención del Filicidio". Año 1973.

Concurrente "Claves para la Interpretación de los Grandes Problemas del Último Tercio del Siglo XX". Duración tres meses. Agosto, setiembre y octubre de 1973.

Miembro titular de la "Jornadas de Psicología Institucional". Año 1973.

Elegido Comisión Directiva (Tesorero) de la Federación Argentina de Psiquiatría. Octubre de 1973.

Miembro titular y relator en las Jornadas Psiquiátricas organizadas por F.A.P. Regional Cuyo. Diciembre de 1974.

Relator del tema "Sociopsiquiatría" en dichas Jornadas. Año 1974.

Concurrente Simposio sobre "Esquizofrenia y otras Psicosis". Hospital El Sauce. Julio de 1980.

Concurrente -participante "Curso sobre Neurotransmisores", organizado Facultad de Ciencias Médicas. U.N.C. Cátedra Psiquiatría. Agosto de 1981.

Participante I Congreso Iberoamericano "Psicología médica y Psicoterapia", organizado por la Cátedra "Psicología médica", Facultad Ciencias Médicas. U.N.C. Octubre de 1986.

Participante mesa redonda "Psicoterapia Existencial". Año 1986.

I Congreso Iberoamericano "Psicología Médica y Psiquiatría", Facultad de Ciencias Médicas. Octubre de 1986.

Participante mesa redonda: "Antropología Médica", I Congreso Iberoamericano, "Psicología y Psiquiatría", Facultad de Ciencias Médicas. U.N.C. Octubre de 1986.

Participante en un trabajo sobre: "Desde el Psicoanálisis hacia el hombre concreto". I Congreso Iberoamericano, "Psicología Médica y Psiquiatría", Facultad de Ciencias médicas. Octubre de 1986.

Participante en un trabajo sobre: "De la Psicología Social hacia la Sociopsiquiatría". I Congreso Iberoamericano, "Psicología Médica y Psiquiatría", Facultad de Ciencias Médicas. Octubre de 1986.

Concurrente Curso de "Esquizofrenia y Psicología Psicopatológica de la Conciencia", Facultad de Ciencias Médicas. U.N.C. Marzo de 1988.

Cursó primer año de la Especialidad, en la Cátedra de Psiquiatría dictada por la Facultad de Ciencias Médicas, U.N.C. Año 1988.

Congreso Mundial sobre Estados Depresivos. Octubre de 1990. Secretario del panel sobre "Filosofía y Depresión".

Curso de Especialista en Psiquiatría Médico Psiquiátrica. Universidad Nacional de Cuyo. Año 1991.

Iº Congreso Iberoamericano de Psicología Médica y Psicoterapia. U.N.C. Miembro Activo. Cátedra Psicología Facultad de Ciencias Médicas.

Cursillo sobre Difusión Cerebral Mínima en el Niño. Hospital Carlos Pereyra.

Disertante invitado en el Programa de Educación Continua (PRECAP). Desarrollando "Drogadicción -Alcoholismo -Marginalidad". Ministerio de Salud. Octubre de 1991.

Ministerio de Cultura y Educación. Dictado y realizado Taller sobre Sexualidad Humana. Escuela 4-524 Provincial de Bellas Artes.

Congreso Iberoamericano de Psiquiatría Biológica "Una nueva dimensión del conocimiento en Psiquiatría". Santiago de Chile. Agosto de 1992.

Curso de Psicoterapia Integrativa. Mendoza. Noviembre de 1992.

Miembro titular del X Congreso Argentino de Psiquiatría. Santiago del Estero. Junio de 1994.

Secretario de Mesa y presentación de Trabajo sobre Depresión en el Congreso Mundial de depresión. Octubre de 1994.

Miembro de panel sobre "Aspectos Psicoterapeúticos en Ansiedad y Depresión", con el trabajo "Psicoterapia, Identidad y Depresión", en el II Congreso Mundial de Estados Depresivos. Mendoza. Octubre de 1994.

Asistente al II Congreso Mundial de Estados Depresivos y Simposio Internacional de Ansiedad y Pánico. Mendoza. Octubre de 1994.

Expositor de la Comunicación Científica "Sociopsiquiatría" del XI Congreso Argentino de Psiquiatría de APSA, III Congreso de Mass Media y Salud Mental. San Carlos de Bariloche. Abril de 1995.

Miembro titular del II Congreso Argentino de Salud Integral del Adolescente. Mendoza. Agosto de 1995.

Asistente al Curso "Situaciones difíciles en Emergentología" del XII Congreso Argentino de Psiquiatría, San Miguel de Tucumán. Abril de 1996.

Miembro titular del XII Congreso Argentino de Psiquiatría, San Miguel de Tucumán. Abril de 1996.

Asistente al curso de Psiconeuroinmunoendrocrinología, del XII Congreso Argentino de Psiquiatría. San Miguel de Tucumán. Abril de 1996.

Asistente al curso de Motivos de Consulta y Abordaje Terapéutico en la terapia de Parejas, del XII Congreso Argentino de Psiquiatría. San Miguel de Tucumán. Abril de 1996.

PUBLICACIONES Y TRABAJOS.

"Existencialismo y Marxismo". Publicado en la Revista Cuadernos N°7. Universidad Católica de Cuyo. Año 1970.

En Colaboración. "Epistemología y Psicoanálisis". Publicado en la Revista Cuadernos N° 8. Universidad Católica de Cuyo. Año 1971.

En Colaboración. "Algunas Precisiones Epistemológicas sobre Psicosociología". Publicado en la Revista Cuadernos N° 8. Universidad Católica de Cuyo. Año 1971.

En Colaboración (2 y 3 con prólogo del Dr. Cuatrecasas). "Reflexiones sobre Psicoterapia" I y II. Presentados en el V Congreso Argentino de Psiquiatría. (Córdoba, Octubre de 1972).

En Colaboración. Uso del Beclamide en Clínica Psiquiátrica". Editado en Orientación Médica. Junio de 1974. "Ciencia y Medicina". Editado en Prensa. "Medicina y Ejercicio de la Psiquiatría".

Notas Bibliográficas y Revistas de Revistas: Publicadas en los números 7 y 8 de la revista "Cuadernos" de la Universidad Católica de Cuyo en los años 1971 y 1972, respectivamente.

"Psiquiatría Social". Estructura Social, Trabajo y Salud Mental.

Desde el psicoanálisis al hombre concreto.

De la Psicología Social a la Sociopsiquiatría.

El problema de la sexualidad humana.

Conferencias para Padres, miembros de la Iglesia y vecinos sobre el tema "La familia, salud y enfermedad", dada en el local de la Capilla de Godoy Cruz, en el mes de Junio de 1977.

Conferencias para Padres, miembros de la Iglesia y vecinos, sobre el tema "La familia: roles y valores", dada en el local de la Capilla de Godoy Cruz, en el mes de agosto de 1977.

Conferencias para Padres, miembros de la Iglesia y vecinos, sobre el tema "El niño: Crecimiento, desarrollo y madurez, todo un proceso de vida", dada en el local de la Capilla de Godoy Cruz, en el mes de setiembre de 1977.

Trabajos desarrollados en el Primer Congreso Iberoamericano de Psicología Médica y Psicoterapia.

"Reflexiones sobre Antropología".

"Psicoterapia Existencial dentro del Humanismo de la Libertad, máxima propuesta de J. P. Sartre, publicado en diario Los Andes en el día de su fallecimiento.

Trabajos presentados en grupo de reflexiones existenciales con otros profesionales filósofos y psicoterapeutas, titulado: "Orígenes y significado del movimiento existencial en psicología". Año 1979.

"Nuevas perspectivas de Salud Mental". Año 1980.

1968. Diario Mendoza.

LA CULPA LA TIENE LA SOCIEDAD

E l psiquiatra Juan Valverde: "Si nos preocupamos por el problema de los ancianos, nos preocupará el problema del hombre en general".

"Para ubicarnos dentro de la problemática del anciano debemos cuestionarnos primero qué consideramos como realidad concreta del hombre -previene el Doctor Juan Valverde, psiquiatra-. Ese hombre que llegará a anciano ha sido determinado por factores socioeconómicos, culturales, ideológicos, políticos, religiosos... y por su historia individual cuyo marco es determinado por la familia".

Y así como el proceso de la senescencia o envejecimiento es un fenómeno biológico que se manifiesta en todos los niveles del organismo (células, tejidos, órganos, funciones, etc.), se puede hablar también de una psicología de la senescencia influenciada por las posibilidades de adaptación social y la postura del hombre en la última parte de su vida y frente a la muerte.

DE 45 A 65 AÑOS

"La psicología de la senescencia puede ser dividida en dos períodos: 1) La presenescencia (de los 45 a 65 años) y 2) La vejez propiamente dicha (de los 65 años en adelante)", puntualiza el doctor Valverde y comienza a detallar las características que suelen presentar los encuadrados en el primer periodo: declinación de las funciones intelectuales, de las aptitudes y de la afectividad; disminución de la memoria (deterioro de la memoria de fijación y evocación de los recuerdos recientes), de la atención, de la imaginación; tristeza, irritabilidad, impaciencia; pérdida de la acomodación del ojo, disminución de las posibilidades auditivas, se torna más sensible a la fatiga; cambio progresivo y a veces brusco de

273

las relaciones sociales, depresión, repliegue sobre sí mismo, rechazo o rebelión del envejecimiento.

MÁS ALLÁ DE LOS 65 AÑOS

Los que ya caminan por los 65 años en adelante: pérdida de la lucidez mental, dificultad de adquisiciones intelectuales nuevas, dificultad creciente de adaptación a las nuevas situaciones, chochera, machaconería, disminución del control de las relaciones afectivas; sensiblería, egocentrismo, misoneismo (resistencia a los cambios), tendencia al conservadurismo y excesiva inclinación a la propiedad.

"Si nos preocupamos por el problema de la ancianidad, nos preocupará el problema del hombre en general -asegura el profesional- y el hombre debe luchar por la búsqueda y realización de su esencia humana. El anciano por sus procesos sociológicos no puede continuar entregando más posibilidades, su humanidad ya no puede ser enajenada más, ya no produce, su biología se orienta al ocaso, su sistema nervioso, sus arterias le responden menos, la esclerosis avanza. Entonces surge aquello de "No hay que poner años a la vida sino vida a los años...".

"UN SER HUMANO"

Simples y complejas las medidas a tomar en función del bienestar de los que transitan estos años, el doctor Valverde enuncia algunas: a) Control médico periódico. b) Cambiar las perspectivas del ocaso de la existencia de esos seres, por el reconocimiento social de la entrega de sus vidas en los periodos anteriores. c) Crear lugares de reunión para ellos. d) Solucionar los problemas de índole económica de los hogares, para que el tener un familiar anciano no sea una carga, sino una satisfacción y un premio a los esfuerzos realizados anteriormente. e) Posibilitar la seguridad de índole económico de los viejos. f) Conocer la problemática existencial del anciano y su psicología para comprenderlos, etc.

"La organización Mundial de la Salud define a la salud como el bienestar físico, psíquico y social del ser humano, y no solamente la ausencia de enfermedad. Para enunciar normas que podrían tomarse a fin de promocionar la salud mental del anciano, debe tenerse en cuenta esa definición. Entonces, en primer lugar, transformar la realidad socioeconómica, para que sea en función del ser humano y no en función solamente de la producción. De esta manera el anciano no se sentirá inútil pues aunque viejo (ya no produce) seguirá siendo lo más importante para todos: "un ser humano".

Miércoles 14 de junio de 1972. Diario EL ANDINO.

¿QUÉ GENERA LA VIOLENCIA?

La violencia, sus causas y la proliferación de hechos que simultáneamente se producen en diferentes escenarios deportivos del país nos obliga a recabar la explicación de un profesional como el médico-psiquiatra Juan Manuel Valverde, exdirector de la escuela de Psicología de la Universidad Católica de Cuyo, exprofesor de Psicología y Clínica Psiquiátrica en la mencionada universidad y exprofesor, por concurso, de Sistema Psicológico Contemporáneo en la Facultad de Antropología.

-¿Qué genera la violencia?

"No debe considerarse la violencia parcialmente, simplemente porque estamos siendo fruto de la violencia, individualmente. La violencia es fruto de una sociedad con altibajos y con presencia continua de la violencia. No hay que olvidar que la violencia social engendra violencia, sin negar -por supuesto-que el hombre arrastra una tendencia hacia la creación o destrucción que es acentuada o disminuida por el medio".

-¿Cuáles son las causas que determinan, por ejemplo, la existencia de un hombre violento?

"La sociedad inhumana que engendra la frustración individual, agravada porque pasa a ser una frustración sociológica que determina la aparición de hechos violentos. Un hombre reprimido, frustrado, agresivo, pierde pertenencias de grupo en lo humano, se siente usado, es objeto y degenera en la violencia".

-Últimamente han recrudecido los hechos violentos en el terreno deportivo, ¿hay un explicación sociológica para el problema?

-"Si analizamos los últimos acontecimientos que vivió el país podemos determinar la existencia de una profunda frustración, agravada en muchos aspectos por el sentido de patria que tiene el individuo. Además, la crónica diaria da cuenta de hechos violentos, (muertes, desapariciones, secuestros) que son causales de un estado opuesto al amor y al respeto, y que contribuyen agravando aquel sentido instintivo o sociológico que desemboca en la conducta.

-¿Qué determina la conducta, lo instintivo o lo sociológico?

-"Creo que responde más a lo sociológico..."

-¿Cómo se puede solucionar el problema de la violencia o cómo hay que erradicarla definitivamente?

-"Construyendo una sociedad con verdadera justicia social. Posibilitando que el individuo tenga otras vías de realización y no solamente quede limitado a la impunidad de las masas en una tribuna de un estadio. Hay que facilitar el sinceramiento y la libertad de expresión para disminuir las condiciones que hacen que el hombre se sienta objeto. Hay que pensar en que el desesperado no espera, y si tiene problemas, esos problemas derivan en un comportamiento dado por aquel resultado del instinto agravado por un medio social que no permite, como debiera, la completa realización individual.

Juan Manuel Valverde: "Violento es el desesperanzado, cansado de esperar. La sociedad inhumana genera violencia..."

Lunes 22 de julio de 1974. Diario EL ANDINO

NIÑOS DE LABORATORIO:

UNA EXPERIENCIA PARA APLAUDIR O REPROBAR

La noticia procedente de Londres, habló sobre tres "niños de laboratorio" y el comentario ganó la calle y se transformó en acaloradas discusiones y en mil encontradas conclusiones. Guiados por la intención de aclarar, profundizando en el tema, consultamos a varios profesionales ligados de una u otra manera a la materia.

UN JUICIO, NO UN PREJUICIO

Por su parte el doctor en psiquiatría, Juan Manuel Valverde opinó de la siguiente manera: "A veces las expresiones que son utilizadas por quienes realizan la información de una temática no responden al código de la información científica. Entonces ciertos contenidos son tergiversados por una actitud de prejuicio de quien recibe la misma y por intereses ajenos a la ciencia y también ajenos al compromiso humanista que debemos tener basándonos en el amor al prójimo. No como normalmente se hace, en la utilización del otro, dentro del proceso de deshumanización a que nos tienen condenados determinantes históricas profundamente condicionadas a una realidad objetiva, no impuesta por nuestras motivaciones ni por nuestros anhelos. La noticia que nos ocupa debe llenarnos de satisfacción y alegría pues la realización técnica de un investigador ha logrado superar una limitación que sería determinante de frustración en la mujer y en la pareja, en la posibilidad de ser artífices del fenómeno más bello del devenir histórico: la vida.

"La vida... y al ponernos a develar su origen, su presencia, su finalidad, aparece el mundo de las incógnitas y las respuestas. Incógnitas condicionadas y respuestas prejudicativas. En ellas están presentes los marcos impuestos a nuestros pensamientos por presupuestos mágicos, ideológicos, filosóficos, políticos, religiosos, que si no tomamos conciencia de su devenir en nuestras deducciones, no elaboramos un juicio sino un prejuicio creador de ansiedades, de explicaciones pseudocientíficas, de temores... En el fondo de toda esta falsa conciencia: la alienación. Todo progreso de la ciencia debe llenarnos de optimismo y de compromiso. Optimismo porque amplía la posibilidad de ser, de cada día humanizarnos más y de compromiso, para que esos avances en el conocimiento de nuestras necesidades y posibilidades, se realicen en la perspectiva humanística del amor al prójimo y del sentir que bulle en nuestra sangre la savia fecunda de una futuridad plena de amor y libertad".

Aldous Huxley hablaba en su novela "Un mundo feliz" de una época en que habría una "fábrica estatal de niños". Estas levantarían los pedidos de la comunidad y los satisfarían de acuerdo con un muy preciso detalle de sus necesidades. Había, en la ficción del escritor ingles, tres categorías sociales: "Alfa" (alta), "Beta" (media) y "Gamma" (baja). Los distintos componentes químicos de cada una de esas clases hacían que ninguno de sus integrantes pudiera pensar en acceder o alternar con otros individuos que no fueran los de su propio nivel. El problema está en saber si los científicos o los intereses que patrocinan sus investigaciones, no nos estarán llevando a ese "mundo feliz".

Todos los misterios en una probeta ¿Se logrará develar el origen de la vida?

Sábado 9 de noviembre de 1974. Diario EL ANDINO

DESEQUILIBRIO, ALIENACIÓN, VIOLENCIA... LOS MALES DEL SIGLO

Inestabilidad emocional, desequilibrio nervioso y un sinnúmero de trastornos psicológicos afectan al hombre de nuestro tiempo. "No hay -según la afirmación de algunos especialistas-prácticamente ningún hombre que no esté mentalmente enfermo".

Tan grave diagnóstico nos despertó la inquietud de saber las causas de la enfermedad, así como el remedio o el tratamiento más eficaz para prevenirla y superarla. Recurrimos a un experto en la materia, el doctor Juan Manuel Valverde especialista en psiquiatría, y lo cierto es que sus conclusiones resultaron inquietantes.

Justamente, comenzando el diálogo, preguntamos al doctor Valverde sobre cuáles eran los trastornos psicológicos más notorios y generalizados que sufre el hombre de hoy.

-Nuestras inquietudes y nuestros desequilibrios son producidos por factores a veces visibles, a veces ocultos, por intereses ajenos a nuestras propias motivaciones humanísticas. Ya quedan pocos psiquiatras que se conforman en reducir a determinantes biológicos o psicológicos la causa de la más humana de todas las enfermedades. La enfermedad mental se da en un hombre concreto, único, irrepetible y en un momento histórico de una sociedad dada. Ese hombre tiene relaciones de poder (o no poder) económico, político, cultural, social que condicionan su ser en el mundo. Vale decir, el ejercicio de su humanidad.

-¿No podría aclarar algo más el concepto?

-Desde luego. Tomemos como ejemplo los cambios sufridos en la conceptualización de la enfermedad mental; usaremos tres momentos diferentes en su evolución, por ejemplo: la conceptualización de los primitivos. Antiguamente la causa era siempre una; el ataque del ser humano por fuerzas sobrenaturales, malos espíritus, dioses, hechicería, brujería. Es decir, que en ese tiempo la posesión por un mal espíritu era la explicación para todas las enfermedades, en modo especial para las de la mente.

-¿Quiere decir que el encuadre era mágico-religioso?

-Efectivamente. Esta concepción toma nuevamente auge en la psiquiatría renacentista con lo que se cae nuevamente en los niveles culturales más primitivos. El reloj de los tiempos se retrasó mil años y durante ese tiempo, los enfermos mentales fueron considerados como posesos por el diablo u otros espíritus malignos.

-Parece que vamos camino del exorcista...

-Hacia él vamos. En la Edad Media las observaciones sobre enfermos mentales no se encuentran en los libros de medicina sino en los manuales o en los protocolos de los perseguidores, de hechiceros y precisamente de los exorcistas.

-¿Qué etapa sucede a la de los brujos?

-La que partió de la medicina de tipo clínico psiquiátrico clásico, donde el esquema era dado por la conceptualización de síntomas y signos, vale decir que se clasificaba a las enfermedades con total olvido del intercambio libre e infinitamente complejo del transcurrir de la vida humana. Luego el enfoque de la enfermedad va sufriendo enormes cambios hasta el advenimiento de figuras claves como Charcot, Freud, Adler, Pavlov y otros.

-Vale decir que hemos ido del "endemoniado", al delirante y del delirante al alienado...

-Sí, resumiendo sí. Y he aquí donde asentamos las causas más frecuentes de los trastornos mentales. "El hombre privado de ejercer su humanidad reacciona y tal reacción, cualesquiera fueran sus características, es calificada como locura o desequilibrio mental. El hombre es analizado, manipulado, cercado por quienes están interesados en valores supuestos de status y de poder, y en beneficiarse con el engaño. De esta manera distorsionan nuestra visión de la realidad creando falsas conciencias que no responden a nuestras perspectivas históricas y a veces frustran las mejores intenciones, transformando lo liberador en elemento útil para la esclavitud. La sociedad nos "enloquece", nos enferma porque está enferma.

-¿Podríamos conocer los nombres concretos de algunas de las enfermedades que nos aquejan?

-Hay infinidad. Solo por mencionar algunas consigno la depresión, la incomunicación, la drogadicción.

-¿Qué hay de la drogadicción?

-Lamentablemente, mucho. Como problema médico diré que está tomando una frecuencia inusual en nuestro medio. Hay gente que se "estimula", con gomas viejas de avión, inyectándose whisky, mezclando con vino una droga que se usa para el tratamiento del mal de Parkinson, en fin, que si no consiguen drogas las inventan.

-¿Cuales son las principales causas de la drogadicción?

-Las causas, aparte de la problemática individual, que impulsa a un ser humano a buscar un "consuelo equívoco", se deben a la promoción de su uso por intereses ajenos al proceso de liberación humana.

-¿Qué significa para usted "consuelo equívoco"?

-Yo también pienso "que en un país que no se realiza, ningún ser humano puede realizarse". Por eso la frustración crónica, la rebeldía fomentadas por los intereses bastardos que propician el uso liberador de la marihuana, por ejemplo. De esta manera, de donde podía surgir un luchador por la liberación nacional y social, aparece un mendigo de paz en el infierno.

-¿Cuál sería el tratamiento más adecuado para superar tal estado de cosas?

-Nuestra tarea fundamental es la de concientizar para la libertad, ejercer el amor al prójimo, la humanización por la persuasión con la honradez y el compromiso propio de la ética humanística. Que se realice la revolución del amor, que las estructuras económicas estén al servicio del hombre y no que algunos hombres, protagonistas reales y creadores de las posibilidades por medio de su trabajo, se vean condenados a vivir míseras existencias en función de intereses individuales.

-¿Y sobre la violencia?

-La violencia no tiene justificación, ni la que surge de una profunda frustración existencial y puede servir de método a ciertas ideologías que creen que les servirá para "acelerar el proceso" ni, por supuesto, la que se utiliza como elemento de terror con fines antinacionales, antipopulares y fundamentalmente antihumanos, destructora consciente del amor y del respeto a la persona humana.

Domingo. Diario Mendoza

LOS SUEÑOS

Jorge Luis Borges.

LIBRO DE SUEÑOS

Chuang Tzu soñó que era una mariposa y no sabía al despertar si era un hombre que había soñado ser una mariposa o una mariposa que ahora soñaba ser un hombre.

(Herbert Allen Giles, Chuang Tzu, 1889)

Todo el mundo está dividido en dos partes, de las cuales una es visible y la otra invisible. Aquello visible no es sino el reflejo de lo invisible.

Zohar, I, 39.

SOÑAR. Buscar en el tiempo de la no vigilia el reposo para el alma fatigada, para el corazón contrito, para el stress de la vida cotidiana. Soñar, dormir y que por nuestra almohada cabalguen desbocados los caballos de nuestras obsesiones, de nuestras esperanzas, de nuestras pequeñas locuras de todos los días.

¿Quién puede decir que sus sueños no son lo más importante en el preciso instante del despertar, en ese mágico, único tiempo de despegar los ojos hacia un nuevo día?

¿Qué son los sueños? ¿De qué materia extraña están compuestas esas imágenes que nos pueblan durante la noche? ¿Qué significado tienen para nuestra historia individual, qué compromiso adoptan para con nuestro pasado, para con el futuro? ¿Por qué son siempre materia interesante para los poetas, los cineastas, los artistas? ¿Por qué en definitiva, la psiquiatría y la sicología centran en los mecanismos simbólicos de los sueños la sustentación de sus terapias?

De todo esto y quizás un poco más que quedó en el tintero, conversamos con el doctor Juan Manuel Valverde, psiquiatra de larga y reconocida trayectoria en nuestra provincia. El especialista, que se inscribe en la corriente ontoanalista, aclaró muchas de nuestras dudas. De todos modos, su respuestas dejaron la puerta abierta a otro tipo de incógnitas, a otro tipo de laberintos que quizá, por qué no, tengan su respuesta en esa extraña y atrayente tierra del tiempo del dormir.

-¿El sueño es importante como elemento para el terapeuta?

-Si nos remitimos en la historia a la posibilidad de investigar el simbolismo onírico, podemos encontrar ya situaciones interpretativas en el Libro de los Libros: la Biblia. En el Antiguo Testamento José, hijo menor de Israel, ya daba una concepción de interpretación a los sueños, de los cuales la más relevante es la interpretación al faraón. Este soñó que se encontraba parado a la vera del río. De pronto, entraron al río siete vacas hermosas y lustrosas que se pusieron a pacer en el carrizal. Pero, he aquí que detrás de aquellas subieron al río otras siete vacas de mal aspecto y macilentas. Estas siete vacas se comieron a las otras siete vacas gordas y hermosas. Entonces el faraón se despertó y vuelto a dormirse soñó otra vez que siete espigas crecían en una misma caña, lozanas y buenas. Pero otras siete espigas flacas brotaron de aquellas y se comieron a las siete hermosas y llenas. El faraón llamó a los magos y narró su sueño. Pero no hubo quien lo explicara. Entonces llamó a José, quien interpretó lo soñado como un anuncio de Dios al faraón, donde le decía que habría siete años de abundancia y de hartura para Egipto y que luego sobrevendrían siete años de hambre. Aparece allí un enmarque teológico para interpretarlo.

-Pero, ¿dónde comienza, quién le da por primera vez al sueño entidad como elemento simbólico?

-Indudablemente Sigmund Freud, el creador del psicoanálisis. En las obras de Freud hay abundantes experiencias referidas al tema de los sueños. Su importancia para el psicoanálisis es capital, ya que representa la interpretación de los sueños, la "vía regia" en la exploración del inconsciente. "La interpretación de los sueños", escrita por Freud en 1900 es clave en la obra psicoanalítica.

-¿Cómo se transforma el símbolo onírico en una vía hacia la conciencia?

-Partiendo del supuesto de que el símbolo onírico es la "vía regia" para llegar al inconsciente. Tendríamos que trabajar con lo que el paciente recuerda de lo soñado (contenido manifiesto) a través de una teoría acorde al esquema referencial y operativo. Habría que tener en cuenta el conocimiento de los símbolos (al menos los más usuales); la personalidad del sujeto; las circunstancias en que vive y las impresiones en las cuales a aparecido el sueño (restos diurnos). Estos elementos nos permitirían encontrar el contenido latente, vale decir el acercamiento al inconsciente. Por supuesto no comparto las variables donde se asume al simbolismo como hecho universal, porque niegan la originalidad e irrepetibilidad del ser humano concreto, transformándolo en un hecho abstracto.

-Mientras lo escucho recuerdo haber leído que en su autobiografía Jung narra un sueño impresionante. Se hallaba frente a una casa de oración, sentado en el suelo en posición de loto, cuando advirtió a un yogui sumido en meditación profunda. Se acercó y vio que el rostro del yogui era el suyo. Presa de terror, se alejó y despertó y atinó a pensar: es él que medita; ha soñado y soy su sueño. Cuando despierte yo no existiré. Partiendo de esta hermosa anécdota le pregunto cómo debe ser la formación histórica, científica de quien trabaja con estos símbolos.

-Como consecuencia de pertenecer a un país subdesarrollado y dependiente, nuestra concepción del mundo y del hombre no responde a nuestra realidad sino a las determinantes de los centros de poder económico, a través de su desarrollo y de su fuerza. Esta situación despierta en nuestra mente una problemática de inferioridad que nos obliga, para superarla, a identificarnos con quienes nos colonizan, a la vez que nos da status de "científicos". Esta identificación nos lleva a considerar un "hombre universal" en lugar de un "hombre concreto de aquí y ahora", que nos compromete con la realidad.

En el caso que estamos tratando, su intermedio serían, por ejemplo, los símbolos. En este sentido, pensamos que el inconsciente de un mapuche tiene muy poco que ver con el de un vienés.

-¿Por qué a veces, luego de despertarnos sin saber a ciencia cierta lo que hemos soñado, ese sueño nos arruina el día o nos lo mejora?

-Si mantenemos la concepción de que el sueño sería la realización de un deseo reprimido según el significado o la vivencia no recordada, su contenido (no aceptado por la censura) nos determinará ese estado de bienestar o no. Si una persona sueña que mata o agrede a alguien, ¿qué podría pasar? ¿Como sería su dinámica? Su principio de censura no le permitiría que este contenido apareciera en forma manifiesta, lo rechazaría, no lo recordaría. Quedaría el malestar determinado por el contenido no aceptado por la conciencia.

-Luego, ¿es bueno soñar?

-No vamos a hacer un juicio valorativo sobre si es bueno o malo soñar, sino que diremos que es un hecho psicológico, funcional, que a veces sirve como válvula de escape y otras como preparación anticipatoria, para prepararse a la acción que vendrá.

-Y entonces se me vienen a la memoria aquellos versos de Antonio Machado:

"Ayer soñé que veía a Dios

y que a Dios hablaba,

y soñé que Dios me oía...

Después soñé que soñaba.

Anoche soñé que oía

a Dios gritándome: ¡Alerta!

Luego era Dios quien dormía

y yo gritaba: ¡Despierta!"

-Retomo el giro de la charla y le pregunto al doctor Valverde, ¿qué son las pesadillas?

-La pesadilla más de una vez es la manifestación de situaciones que preocupan profundamente a la persona. Es el envío de un mensaje para llamar la atención de alguna problemática sin resolver.

-¿Por qué es tan gratificante soñar que se vuela, por ejemplo?

-Volvemos a encontrarnos nuevamente frente al esquema referencial que utilizaremos al considerarlo. Podemos suponer, por ejemplo, que es gratificante por que simbolizaría una supuesta descarga sexual. Pero también podemos interpretarlo como una compensación de una minusvalía.

-¿Cómo interpreta usted los símbolos?, ¿desde Freud, desde Adler o desde el marco referencial del paciente?

-No puedo negar que yo también soy fruto de la historia de Occidente, si no, pecaría de omnipotencia. Me asumo como miembro de un país dependiente, asumí mi "negritud", como dice Franz Fannon. Es decir, trato de superar la dialéctica de colonizador-colonizado. Si bien es importante el análisis de los sueños, mi esquema referencial de encuentro con el sueño surge de lo vivido por el paciente. Vale decir, parto del paciente hacia el sueño y de ahí llego al símbolo.

-¿Se pierden las horas que se duermen?

-El dormir no es como se cree una situación de pasividad, sino que se cumplen funciones importantes de la actividad cerebral. De algún modo el hombre queda conectado con el mundo externo. Vale el ejemplo clásico del molinero que duerme mientras el molino anda y despierta cuando se detiene.

-En una sociedad represiva, ¿se sueña más o se sueña menos?

-En cuanto a esta pregunta, no creo que determine mayor o menor cantidad de sueños, sino que creo que sus contenidos latentes serán mucho más difíciles de interpretar, sino partimos de la necesidad del sujeto de esconder más su significado debido a la realidad que se vive. Tal vez en estos sueños se canalicen las frustraciones o las agresiones. Es como una válvula de escape. El sueño que se viva en estas situaciones funcionará como placebo.

-¿Hay libertad para soñar? ¿Hay posibilidades de creación en el sueño?

-Esto se debe considerar en relación al simbolismo. Por ejemplo, ¿qué interpretación le daríamos en la época de tremenda violencia armada vivida en este último tramo de nuestra historia?, si un hombre o una mujer soñaba con un arma, ya fuera revólver, fusil o cuchillo, no podíamos interpretarlo como en otro momento, como el órgano sexual masculino. Lo cual nos demostraría que en el sueño hay una especie de libertad condicionada, porque nuestra sociedad aún no permite la libertad, aunque esta se avizora. La libertad es en el fondo un proyecto donde se manejan conceptos distintos. Para Kierkegaard la libertad es aceptar la propuesta del partido nazi y para Sartre la libertad es un proyecto de futuriedad donde desaparecerá todo aquello que atente contra el desarrollo del ser humano. Él lo llama el "compromiso moral", ningún ser es libre si no lo son los demás.

-¿El sueño puede transformar la vida, la realidad?

-A través de un trabajo con los sueños, éstos pueden transformarse en un mejor manejo de la realidad. Y aspectos desconocidos por el paciente (o durmiente) pueden hacerse conscientes a través de los sueños. De alguna manera, ayudan a formar parte del mosaico del devenir humano.

-Dice Borges que el universo es un sueño de Dios. ¿La vida también es sueño, en definitiva?, ¿un sueño del cual despertaremos alguna vez para morir?

-La vida nacional donde estamos inmersos pretende determinarnos un principio de realidad gris, de resignación, de incapacidad de nuestras capacidades y de ahí surge, de nuestras fuerzas sociales y humanísticas, un planteo que podría interpretarse como un soñar, pero que debe transformarse en el alimento de nuestro espíritu. Debemos defender el mundo de las utopías. En definitiva, Calderón de la Barca decía que: "...toda la vida es sueño / y los sueños sueños son...", ¿no es así?

Mercedes Fernández

Martes 8 de abril de 1980. Diario Los Andes.

ERICH FROMM, DEFENSOR DE LA LIBERTAD Y DEL GRUPO FAMILIAR

POR JUAN MANUEL VALVERDE

P sicoanálisis, neopsicoanálisis, psicología social y libertad; sería ese, tal vez el itinerario que nos conduciría a visualizar la gaviota que inició el vuelo hacia los cielos eternos.

Psicoanálisis, pues fue discípulo del gran maestro y creador del mismo, Sigmund Freud, el insigne médico vienés.

Neopsicoanálisis, con este calificativo genérico se comprenden diversos métodos y concepciones psicoterapéuticas aunque si bien divergen notablemente de las ideas y técnicas de la psicoterapia freudiana, han sido inspiradas por ella. Fromm estaría ubicado dentro de los heterodoxos junto a terapeutas como Alfred Adler, C. G. Jung, Guillermo Stekel, Sandor Ferenezi, Otto Rank, Wilheim Reich, H. Stack Sullivan, Karen Horney y otros.

Plantea en su libro "La crisis del Psicoanálisis" el auge del mismo, fácil de reconocer debido a que este siglo "La era de la ansiedad" ha producido una soledad y un aislamiento cada vez mayores. Si bien unos pocos parecieron encontrar nuevos marcos de orientación en el surrealismo, la política de izquierda o el budismo en el liberal desilusionado, en general buscaba una filosofía a la cual pudiera adherir sin cambios fundamentales en su visión del mundo, es decir sin volverse "distinto" de sus amigos y colegas.

El psicoanálisis ofreció la satisfacción de esa necesidad. Esto rige en especial para quienes no sufrían de síntomas definidos, sino de un malestar general a fin de cambiar en alguna forma significativa. Estos últimos habrían debido poseer una visión de lo que es una persona no alienada, de lo que puede significar vivir una vida que tiene su centro en el ser, no en el tener y el usar. Semejante visión habría exigido una crítica radical de su sociedad, de sus normas y principios declarados y en particular de los ocultos: habría exigido la valentía necesaria para cortar muchos vínculos protectores y consoladores, y para encontrarse en minoría. He ahí su heterodoxia.

Ya ingresamos francamente en su proceso hacia la Psicología Social. E. Fromm en efecto, no es médico. A pesar de ello, ha ejercido considerable influjo en el campo de la terapéutica mental. Realmente fue un psicólogo social formado en las filas del freudismo. Se opuso al "aislamiento" en que se pretendía colocar a los pacientes, al llevarles a establecer una relación "cerrada" con el terapeuta, toda vez que el gran problema del hombre no consiste en relacionarse con "una" sino con "cualquier" persona. Convencido del enorme influjo de los factores sociales, consideró que la pequeña "sociedad" familiar es decisiva en la determinación de las actitudes y sectores de la conducta infantil, que inexorablemente reflejará los conflictos y fricciones que en ella existan. Lo que significa por tanto, que disminuye considerablemente la importancia de los instintos y aumenta, en igual proporción, la de los influjos culturales en la formación humana.

En efecto no es el impulso sexual, ni el impulso agresivo lo que crea las situaciones conflictivas y sí las obligaciones impuestas al individuo por su grupo social.

En este sentido podemos decir que participó profundamente dentro del campo de la Sociopsiquiatría y Psicología Social. Surge así en todos nosotros, una lucha entre una tendencia a la soledad y otra a la comunidad, entre un deseo y un miedo a la libertad, porque aspiramos a ella sin estar preparados para usarla. Para superar esa contradicción surgen los dispositivos de defensa o evasión y la estructuración de un tipo caracterológico individual. Los tipos de carácter descriptos por el autor son: receptivo, explotador, acumulativo, comercial (de compra venta) y productivo.

En su libro "El miedo a la libertad" nos dice: "Bien poco interesan los símbolos bajo los cuales se cobijan los enemigos de la libertad humana:

ella no está menos amenazada si se la ataca en nombre del antifascismo o en el del fascismo desembozado".

"A pesar de los muchos descalabros sufridos, la libertad ha ganado sus batallas. Muchos perecieron en ellas con la convicción de que era preferible morir en la lucha contra la opresión que vivir sin libertad. Esta muerte era la más alta afirmación de su individualidad" ("El miedo a la libertad" Ed. Paidós, pág. 27).

"...el hombre cuanto más gana en libertad, en el sentido de su emergencia de la primitiva unidad indistinta con los demás y la naturaleza, y cuanto más se transforma en "individuo", tanto más se ve en la disyuntiva de unirse al mundo en la espontaneidad del amor y del trabajo creador, o bien de buscar alguna forma de seguridad que acuda a vínculos tales que destruirán su libertad y la integridad de su yo individual. ("El miedo a la libertad" Ed. Paidós, pág. 47).

Nos dejó obras de profunda importancia como: "El arte de amar". "Ética y psicoanálisis". "Psicoanálisis de la sociedad contemporánea". "Psicoanálisis y religión". "Budismo Zen y psicoanálisis" y otras.

Fue un investigador profundo de los procesos de deshumanización, de sus causas, de sus determinantes. Buscó las posibilidades del ejercicio de la libertad, sin que por ello, en su medio socio-cultural lo condenaran al destierro.

Fromm ya partió, pero su humanismo dejó impreso en nuestro devenir, el compromiso de su presencia.

Martes 22 de Abril de 1980. Diario Los Andes.

EL HUMANISMO DE LA LIBERTAD, MÁXIMA PROPUESTA DE SARTRE

POR EL DR. JUAN MANUEL VALVERDE

Existir es comprometerse; asumir como elección esa perspectiva es lanzarse al devenir profundo de la esencia humana. Frente a esta situación de contingencia no se puede huir, hay que elegir y asumir el proyecto. Y el proyecto está inmerso en la creación e invención de su propia posibilidad de ser. "La única cosa que tiene importancia es saber si la invención que se hace, se hace en nombre de la libertad. Nadie puede no elegir; o está en el proceso de lo humano o es cómplice de lo inhumano".

Ya ingresamos en el juego de la relación entre la exposición de un pensamiento auténtico, honrado, comprometido, como es el pensamiento de Jean Paul Sartre y la postura y reacción de quien lo lea. Por lo general nos acercamos a un tópico discursivo con el mismo aparato cognoscitivo e intelectual que utilizamos para abordar cualquier campo del saber, tratándolo como algo que está allí, separado de él mismo; es este el primer obstáculo a superar, pues hay que comprender que cada lector es también un "existente" y posee una conciencia preexistencialista de la existencia.

El lector mismo está implicado en la existencia, es decir, tendrá una familiaridad prefilosófica con la materia de que se ocupa el existencialismo, lo que distingue a esta filosofía de la mayoría de las restantes. El existencialismo tiene dos amplias dimensiones que se interpenetran en un punto: el pensamiento filosófico en general y la situación mundial; su interpenetración representa la situación actual del hombre, particularidad que distingue al pensamiento existencial de la mayoría de los enfoques filosóficos.

Las filosofías de la existencia se oponen con firmeza a la tradición filosófica clásica, que supone una realidad universal y estática que está allí, exterior al pensador e independiente de él, el ser existencial es asumir una realidad que deviene y que determina la historicidad del pensador. Otra diferencia fundamental es con la expresión clásica de Descartes "cogito ergo sum" (pienso luego soy); esta situación es superada por el existencialismo en el planteo. "Soy, por lo tanto pienso", siempre relacionado existencialmente con mis objetos. Supera aquí la escisión sujeto-predicado. Otra fundamental diferencia con las otras filosofías es el ser protagónico del hombre como centro del filosofar.

Para Jean Paul Sartre, Marcel, K. Jaspers, el filosofar gira alrededor del hombre integral, y en definitiva alrededor del filósofo mismo en su relación con el mundo.

Puede concebirse el pensamiento existencial como una reacción o protesta contra la negación del hombre integral en los círculos filosóficos dominantes, y también como protesta contra la negación del hombre integral en un mundo enajenado. Puede sintetizarse el existencialismo como un intento de reafirmar la importancia del individuo mediante un análisis riguroso y en muchos aspectos radicalmente nuevo de la naturaleza humana. La reacción existencial ante el medio social del hombre de ningún modo se limita a los filósofos. En el siglo XIX es posible destacar (arbitrariamente) tres almas afines: Carlos Marx, Fedor Dostoievsky y Vincent Van Gogh. La intuición fundamental de Marx consistió en señalar la primacía de la existencia social del hombre como determinante de su conciencia.

En el "Gran Inquisidor" Dostoievsky formuló lo que debemos considerar como dilema fundamental del hombre moderno: la opción entre el pan (es decir la seguridad social) y la libertad.

Van Gogh es un ejemplo típico, si bien extremo del artista del siglo XIX, alienado existencialmente del público, de la sociedad burguesa y que busca en su interior los valores que no puede hallar fuera de sí mismo.

Hace unos días el filósofo militante de la libertad se encontró en la situación límite, de la coincidencia de su vida con su pasado, entró en la imposibilidad de toda posibilidad, murió, replanteándose su último compromiso como resultante de su mensaje en la poesía de su existencia. Podríamos plantear la posibilidad de una biografía y preguntarnos ¿quién es? para este existente que distorsionará subjetivamente, por su historicidad, por su contingencia, por su ser en el mundo el reflejo objetivo que es en su devenir (Jean Paul Sartre).

Con sus propios planteos ofreceré el acercamiento a él, pero será necesario desprenderse de toda búsqueda de seguridad con actitudes prejudicativas (pre-juicios) que nos lleven a no lograr poder valorar adecuadamente la riqueza humana y humanística de su generoso mensaje.

"Entendemos por existencialismo una doctrina que hace posible la vida humana y que, por otra parte, declara que toda verdad y toda acción implica un medio y una subjetividad humana".

"El hombre no es otra cosa que lo que él se hace. Este es el primer principio del existencialismo. Es también lo que se llama la subjetividad que se nos echa en cara bajo ese nombre. Pero, ¿qué queremos decir con esto si no que el hombre tiene una dignidad mayor que una mesa o la piedra? Porque queremos decir que el hombre empieza por existir, es decir que empieza por ser algo que se lanza hacia un porvenir, y que es consciente de proyectarse hacia el porvenir".

El hombre es libertad: "Estamos solos, sin excusas. Es lo que expresaré diciendo que el hombre está condenado a ser libre. Condenado, porque no se ha creado a sí mismo, y sin embargo por otro lado, libre porque una vez arrojado al mundo es responsable de todo lo que hace".

Compromiso, elección y subjetividad: "La elección es posible en un sentido, pero lo que no es posible es no elegir. Puedo siempre elegir, pero tengo que saber que si no elijo, también elijo".

El hombre elige su moral: "El hombre se hace, no está todo hecho desde el principio, se hace al elegir su moral, y la presión de las circunstancias es tal, que no puede dejar de elegir una. No definimos al hombre sino en relación con un compromiso".

El hombre se elige en relación con los otros: "Si hemos definido la situación del hombre como una elección libre, sin excusas y sin ayuda, todo hombre que se refugia detrás de la excusa de sus pasiones, todo hombre que inventa un determinismo, es un hombre de mala fe. La mala fe es, evidentemente una mentira, porque disimula la total libertad del compromiso.

La libertad: "Cuando declaro que la libertad a través de cada circunstancia concreta no puede tener otro fin que quererse a sí misma, si el hombre ha reconocido que establece valores, en el desamparo no puede querer sino una cosa, la libertad, como fundamento de todos los valores".

La libertad ajena: "Queremos la libertad por la libertad y a través de cada circunstancia particular. Y al querer la libertad descubrimos que depende enteramente de la libertad de los otros, y que la libertad de los otros depende de la nuestra".

"A los que oculten su libertad total por espíritu de seriedad o por excusas deterministas, los llamaré cobardes, a los que traten de mostrar que su existencia era necesaria, cuando que es la contingencia misma de la aparición del hombre sobre la tierra, los llamaré inmundos. Pero cobardes o inmundos no pueden ser juzgados más que en el plano de la estricta autenticidad".

Humanismo existencialista: "Humanismo porque recordamos al hombre que no hay otro legislador que él mismo, y que es en el desamparo donde decidirá de sí mismo; y porque mostramos que no es volviendo hacia sí mismo, si no siempre buscando fuera de sí un fin que es tal o cual liberación, tal o cual realización particular, como el hombre se realizará precisamente en cuanto a humano".

Sartre opone al humanismo académico un humanismo de la libertad, supeditada la obra a la libertad humana. Frecuentemente, según Sartre, se invierten los términos de las relaciones: la libertad que no tiene otra forma de reconocimiento sino a través de sus productos, transfiere a la obra su carácter absoluto, convirtiéndola en mito. Si la obra es un absoluto deja de significar una posibilidad; el escritor no puede rectificarla ni superarla. Y el lector se convierte en algo pasivo, en un medio al servicio de la comprensión de su significado, los dos casos ejemplifican la alienación para la literatura.

Los temas del hombre, del mundo, de la libertad, de la conciencia, que constituyen el núcleo de la filosofía de Sartre, pueden englobarse en el más general de la existencia humana. La afirmación, el rescate de la existencia humana, responde a un intento por parte de Sartre, a la vez con Kierkegaard y Heidegger antes que él, de rescatar la singularidad de la existencia humana. Y la investigación psicológica de esta singularidad debe partir de una posición existencial primigenia: la conciencia en la circunstancia real de su unión con el cuerpo y ante el mundo. En este sentido, cada actitud de la vida humana supone un relación con el mundo. La vida humana no tiene una significación natural; requiere de la conciencia y del mundo para existir. Sartre, precisamente, describe la existencia como vía de la conciencia, que es además la sola realidad de la que el hombre puede tener experiencia.

Sartre ha dejado un profundo sendero a la interpretación de la existencia concreta; nos ha condenado a nuestra angustia como seres libres, que se mueven en la contingencia de sus determinantes; nos impulsó a caminar ese sendero que hay que realizar andando; sin la brújula de las universales muertas, sin el cuadrante de las determinantes alienadas; nos recuerda en cada momento a Unamuno cuando dice: "Yo me propongo agitar e inquietar a las gentes. No vendo el pan, sino la levadura".

Domingo 28 de abril de 1985. Diario Mendoza.

Doctor Juan M. Valverde

VIOLENCIA EN EL FÚTBOL

"La solución es la justicia social"

La violencia en el fútbol y otros espectáculos masivos debe ser explicada en sus raíces, en la forma como nace la violencia en el propio hombre protagonista y espectador de esos espectáculos. En esta oportunidad el médico psiquiatra Juan Manuel Valverde analiza esas causas que hoy preocupan a los principales sectores de la sociedad. Valverde ha sido director de la Escuela de Psicología de la Universidad Católica de Cuyo, profesor de Psicología y primer director del Instituto de Investigaciones Psicológicas de la Universidad Católica Argentina.

-¿Cual es, a su criterio, la causa de la violencia en el hombre?

-La violencia en el hombre debe ser analizada desde dos perspectivas determinadas. Por un lado violencia desde el punto de vista instintivo: jugando dialécticamente los dos instintos básicos para algunas escuelas que serían Eros y Thanatos: el primero representaría el instinto de creación y amor, etc. y Thanatos que sería el instinto hacia la destrucción o la vuelta a lo orgánico. Por otra parte el hombre a través de su evolución incorpora otra violencia, es decir, como consecuencia de su evolución cultural con mucha más trascendencia. Unos dicen que la cultura frenaría la violencia. Sin embargo, a través del tiempo, la violencia ha ido siendo cada vez más destructiva en función de la transformación del conocimiento del hombre.

-¿Y eso cómo se explica?

-Porque las sociedades han ido evolucionando, a través de diferentes formas de gobierno, donde se pasa de la época del amo y el esclavo, a la del feudalismo, la del capitalismo, y actualmente estaríamos en la época -para algunos países-hacia el socialismo, o la crisis del capitalismo, dentro de nuestro medio.

-¿Por qué la violencia, entonces?

-Porque se da tanto en los países desarrollados como en los subdesarrollados, que tienen una formación económico-social, que determina que los hombres de alienen, se enajenen. Esto es debido a que unos enajenan el producto del trabajo de los otros. En los países desarrollados, justamente al tener la base de esas estructuras económico-sociales injustas, aparece pues la forma de alienación. Esto es: se enajena en el hombre la posibilidad de desarrollarse plenamente. Dice R. Laing, que se necesita una gran violencia de unos hombres sobre otros hombres para mantener la injusticia de esos sistemas de vida. El autor Laing, que es un psiquiatra del primer mundo, describe este problema diciendo que: "En la sociedad humana, la verdad no radica hoy en lo que son las cosas sino en lo que no son. Vistas a la luz de nuestras verdades terrenas, hay en nuestras realidades sociales mucha fealdad, y, a menos que sea mentira, la belleza ya es poco menos que imposible.

¿Qué hacer los que aún estamos semivivos en el corazón a menudo, fibrilado, de un capitalismo que envejece?". ¿Podemos hacer algo más que reflejar la podredumbre que se halla en torno y dentro de nosotros?. ¿Podemos hacer algo más que cantar nuestras tristes y amargas canciones de desilusión y derrota?. Las exigencias del presente, el fracaso del pasado, nos llevan a lo mismo: dar un informe humano, totalmente autoconsciente y autocrítico del hombre. En la actualidad nadie puede comenzar a pensar, sentir y obrar, sino desde el punto de partida de su propia alienación". Entendiendo por supuesto, como alienación aquello humano que no permite el desarrollo pleno de ese humano".

Agrega el psiquiatra: "Todos somos asesinos y prostitutas, no importa a qué cultura, sociedad, clase o nación pertenezcamos, ni cuán normales, morales o maduras las consideremos. La humanidad está enajenada de sus auténticas posibilidades. Somos criaturas estupefactas y maniáticas, ajenas a nuestro verdadero ser, extrañas entre sí y con respecto al mundo material y espiritual. Locas inclusive. Desde un punto de vista ideal, ¿qué podemos vislumbrar pero no adoptar? Nacimos en un mundo en el que nos aguarda la alienación. Somos hombres en potencia pero nos hallamos en estado de alienación, y este estado no es simplemente un sistema natural. Para que la alienación sea nuestro destino actual, se requiere una violencia atroz perpetrada por seres humanos contra seres humanos".

Es decir que este planteo lo realiza un psiquiatra del primer mundo. Pero nosotros como psiquiatras del tercer mundo tenemos que analizar el tema bajo ese punto de vista. Nuestro Tercer Mundo, y nuestro país en particular, atraviesa en estos momentos una consecuencia de toda la violencia que se arrastra desde antes, pero en particular desde 1930, donde en toda sociedad la violencia está en no permitir la continuidad constitucional de los gobiernos elegidos por el pueblo. Llegamos al momento actual, en particular desde el año '55, donde aparece una violencia atroz. Hay masacre, como la de León Suárez, de Trelew, como la masacre o si queremos llamar el infantilismo de algunos elegidos, o pretendidamente esclarecidos que instrumentaron la violencia política.

Todo esto con otros supuestos signos, que no era el terrorismo de Estado, pero que de todas formas es un terrorismo. Hay un autor italiano, Humberto Eco, que hablando del terrorismo dice que no es un enemigo de los grandes sistemas, sino su contrapartida natural, aceptada y prevista. Quiere decir que la aparición de las clases y élites del infantilismo de izquierda también genera violencia.

Posteriormente aparece la nefasta ley de Seguridad Nacional donde el argentino era el enemigo del argentino si pensaba diferente. No era necesario que actuara diferente.

Era tachado de terrorista y subversivo con tal de que pensara diferente. Y en el momento actual, con las consecuencias del plan nefasto de José Alfredo Martínez de Hoz, que destruyó la economía nacional, no por incapacidad sino por ser demasiada su capacidad. Vale decir, que implementó, en una forma genial, lo que él quería: que la Argentina siguiera o aumentara su dependencia con las multinacionales. Dejó así una deuda externa tremenda para el país, que es inmoral e ilegal. Es ilegal porque nació en un gobierno que no era constitucional, e inmoral porque produce sufrimiento, desnutrición, recesión, etcétera, en el país.

-La crisis económica, ¿induce en las formas de violencia?

-Calcule que cualquier ser humano, que se encuentra frente a necesidades de alimentación, vivienda, salud, educación, sufre una tremenda frustración. Y como se apelaba en el proceso anterior, a un no te metas, a un individualismo extremo, entonces aparece la angustia individual. Es decir, el ser humano ha perdido la posibilidad de insertarse en la transformación del mundo por ese individualismo. En estos momentos hay 600.000 psicóticos diagnosticados, 1.500.000 alcohólicos, y 7.000.000 de diagnosticados con depresión ansiosa, aparte de todos aquellos que no concurren a un psiquiatra porque no pueden o no quieren. La violencia hay que aducirla a la deuda externa que es injusta.

Las expectativas del pueblo no han tenido respuestas en el partido mayoritario previo a las elecciones, sino que ha instrumentado con fines no respaldados por la doctrina justicialista su accionar. Se ha prestado a ser cómplice del golpismo.

En este momento, entonces, el peronismo ha perdido la orientación eminentemente humanista que tenía. Apareció simultáneamente el gobierno actual levantando banderas humanistas, de democracia con la que se va a comer y estudiar, dicen. Plantea, pues, banderas de esperanza. Pero es otro elemento más que participa en la frustración de las expectativas del hombre. Eso incide también en la agresión del hombre.

Tenemos que analizar también en el juicio a los excomandantes, la actuación de los gremialistas. Si se piensa que hubo gremialistas desaparecidos, y muertos por la violencia, hay que tener en cuenta que también es violencia que aparezcan dirigentes como Triacca, Baldassini, argumentando que perdieron la memoria. No se acuerdan de si hubo desaparecidos. Vale decir que desde el punto de vista del país subdesarrollado, ésta sería la situación de violencia en general.

Ahora tenemos que plantear cómo es la violencia de lo individual, lo grupal y lo social, en un país desarrollado y subdesarrollado. En los primeros, se defiende con la violencia el pasado y sus privilegios. Se diferencia de la violencia de los pueblos subdesarrollados en que éstos luchaban con una violencia hacia el futuro. Quiere decir que la esclerosis del pasado está en los países desarrollados y la esperanza en los subdesarrollados.

-¿Cómo es la violencia en los grupos?

-La violencia en los grupos es una canalización de problemas psicológicos, psicopatológicos, y también de lo que algunos llaman una falsa toma de conciencia. Su origen generalmente es no-obrero. Los supuestos guerrilleros y terroristas, por lo general, no son obreros, porque éstos tienen la historia del sufrimiento y saben que mágicamente no se cambia nada. También saben que el socialismo, que supuestamente es una perspectiva de esperanza o de cambio, tampoco se da por voluntad sino por las contradicciones propias del sistema capitalista. La violencia individual está determinada por factores económico-sociales, siempre y cuando no intervengan factores psicopatológicos y orgánicos.

-¿Cómo se da la violencia en el fútbol?

-Con toda la realidad violenta del país, y en particular de los años oscuros que vivió la Argentina, el que llega como espectador a una cancha arrastra toda esta violencia como consecuencia de su participación social de los problemas.

Pero en ese espectáculo no está solo: están la policía, las barras bravas, los jugadores y el espectador. Hay que ver entonces como se relacionan todos estos factores, para que finalmente aparezca el fenómeno de la violencia. Por ejemplo, hay una instrumentación política de las barras bravas utilizadas por dirigentes para ser elegidos en comisiones directivas y de ahí salir a la vida política. El policía -por su parte- es un ser humano como cualquier otro pero nunca estuvo preparado para prevenir sino para reprimir, y todavía no se ha adaptado a la democracia.

-¿Qué participación tienen los jugadores en esto?

-Los jugadores también están dentro de una sociedad alienada y enajenada que los ha transformado en objeto de consumo.

También está, la participación, el desequilibrio y la pérdida de ciertos valores.

-¿Un árbitro no es factor para incitar a la violencia?

-Yo pienso que el árbitro debería ser una parte imparcial. No puedo opinar si el árbitro está motivado por otra idea que no sea la disciplina dentro del campo de juego.

-¿Cuál es la solución a todo el problema de la violencia en el fútbol?

-La solución es instaurar justicia social, acorde al momento histórico que vivimos. Pero como eso va a llevar algún tiempo, habrá que tratar de prevenir, y aplicar un poco de disciplina preventiva, humana, y personalizada en las canchas de fútbol. Tratar de que los jugadores sean más personas que vedettes, y de que la policía sirva para ajustarse a nuevas pautas de cambio.

Domingo 29 de setiembre de 1985. Diario Mendoza.

LA HOMOSEXUALIDAD, O LA BÚSQUEDA DE UNA IDENTIFICACIÓN PÉRDIDA

INFORME EXCLUSIVO

Experiencias médico-psiquiátricas permiten elaborar distintas ideas al respecto, pero una sola coincidencia: "el paciente no es libre". Mendoza entrega en esta edición un informe con las opiniones de dos especialistas, los doctores Juan Valverde y Fernando Linares.

NO ES CULPABLE

El doctor Juan Manuel Valverde entiende la homosexualidad como "una situación existencial en un individuo, irrepetible, y determinada por factores históricos, grupales, familiares, que no permiten el ejercicio pleno de su humanidad".

En el marco de esta definición, el psiquiatra insiste sobre el concepto "irrepetible", porque "para nosotros no hay dos homosexuales iguales, sino dos proyectos amputados en su devenir hacia lo humano".

De esa interpretación se desprenden dos "variables muy importantes: el homosexual no elige serlo porque está determinado, y si no elige, no es libre; por lo tanto, no es culpable...".

"Con esto aclaro, en resumen, que para algunos puede tratarse de una enfermedad congénita (uranismo), para otros adquirida (alteración psíquica) y para nosotros es la imposibilidad de alcanzar un proyecto de plenitud".

Valverde, un científico enrolado en la corriente del ontoanálisis, dice que circunscribir la definición de la homosexualidad a la opción enfermedad o afección psíquica, presupone un "esquema conceptual prejudicial", sujeto en buena medida al devenir histórico en torno a la interpretación del tema.

En la Roma del siglo XV -comenta- Sixto IV permitía practicar la predicación en los meses calurosos del año. El sexólogo Havelock Ellis (1896) dice que la inversión sexual puede hallarse en individuos que por lo demás son perfectamente sanos y normales. En 1901, Bloch (psiquiatra) aportaba: "La homosexualidad puede existir en personas sanas de cuerpo y espíritu". Sin embargo en 1936, un célebre especialista, Lombroso, afirmaba que el homosexual "posee taras físicas y características psicopatológicas congénitas, estableciendo así un paralelo con el delincuente nato. Lambroso propone su reclusión por tiempo indefinido".

Nuestro entrevistado entiende que los saltos cuanti y cualitativos sobre el conocimiento de la dinámica psicológico-existencial, en sus íntimas manifestaciones, permiten determinar que se producen casos de inversión sexual congénita, denominada uranismo, y adquiridas, que entrarían en el campo de la perversión sexual.

En ese marco, se describen comportamientos sexuales regresivos que sustituyen, con predilección y a veces en forma exclusiva, las condiciones normales del orgasmo y a las conductas relacionadas con él. "Esta aberración va acompañada del deseo sexual, con alteraciones del carácter, la personalidad y la vida social", agrega.

"El llamado genético -continúa- sería el homosexual nato, pero en mi concepción esto es muy raro. En general, todos los planteos de homosexualidad serían adquiridos. En los salvajes y en los animales se encuentra la inversión sexual, por ejemplo, las hormigas macho, cuando no encuentran hembras, violan a las llamadas obreras. La pederastia en los animales es muy común si faltan hembras para los machos. Por su parte, otro autor, Krauser, expone como caso muy común entre los perros y los monos".

¿Y el llamado bisexual? "En primer lugar digamos que el homosexual desea seguir siendo un hombre aunque tenga lazos emocionales con su propio sexo; segundo, que el homosexual femenino se comporta como una mujer, y tercero, el bisexual, que no quiere ser hombre ni mujer, sino pertenecer a un tercer sexo".

"Por otra parte, desde edades muy tempranas existen síntomas que tenemos que analizar a partir de una perspectiva total del grupo familiar. Madres que tuvieron ilusiones de tener una hija y tratan a sus hijos varones a través de conductas motivadas por ilusiones, vistiéndolos con ropas afeminadas, con sobreprotección, juegos, muñecas, mimos exagerados. Esos hijos no están preparados para luchar en una sociedad competitiva. Llegan a la adolescencia con los cambios de la misma época, carentes de información, con el problema de las influencias ambientales, y el riesgo del proselitismo homosexual.

Lunes 20 de febrero de 1989. Diario Hoy

La depresión

A fines de 1988, un dato estadístico consignaba que entre un 25 y un 30% de la población padece afecciones nerviosas no neurológicas, hecho que supone un dato preocupante.

Para conocer un panorama al respecto, hablamos con el doctor Juan Manuel Valverde, psiquiatra, cuya primera apreciación señaló que en los niveles habituales, se calcula que las depresiones -estados depresivos- ocupan un lugar predominante con un aumento de casos que rondan el 16% en las mujeres y 5% en los hombres, lo cual lleva -dijo- a porcentajes globales del 11 al 21% de casos en más.

Explicó que lo común es la depresión reactiva, o sea la que se produce como respuesta frente a un hecho altamente vulnerable que afecta a la persona de muy diferente manera. A punto tal, que el 100% de la población, normalmente, pasa, por esta fase, alguna vez en su vida, aun cuando la respuesta final dependa de una diversidad de factores de muy extensa enumeración.

La depresión en sí, como cuadro, puede deberse a causas externas, que dependen del mundo de afuera o internas, imputables a factores constitucionales y genéticos entre otros muchos.

Signos de alarma

Los signos que pueden alertar al propio paciente, o a sus familiares, sobre la existencia de un cuadro de esta naturaleza, ya en gestión, son, según el doctor Valverde, una merma notable de la iniciativa personal y de la espontaneidad, acompañada de reacciones lentas, ante determinados estímulos.

El paciente -aclaró- demuestra una creciente falta de interés por todo lo que le rodea y tiende a la chatura, aun frente a hechos que deberían estimularlo e impulsarlo. En su esfera afectiva -agregó- se notan actitudes penosas con tendencia al negativismo y una notable incapacidad para amar. Es decir que no sólo no demuestra amor, sino que deja de hacer aquello que el ser humano hace generalmente por amor a los suyos. Todo acompañado de sentimientos y sensaciones de malestar y angustia, especialmente frente a circunstancias que dentro de su estructura lo hacen sentir vulnerable y expuesto a una suerte de microclima de riesgos y temores.

A efectos de clarificar el panorama, el doctor Valverde explicó que en los estados depresivos, a la par que hay una pérdida del impulso vital (ganas de vivir y de hacer), se hace evidente una disminución del apetito y del deseo sexual, notándose la somatización en diversas áreas. Lo que se entendería por una disminución en la esfera instintiva. Es decir, la existencia de malestares orgánicos de diferente tipo, sin causa clínica o detectable ni existente, por lo menos en la medida y magnitud que el paciente las denuncie con sus molestias. O sea que en definitiva, se produce lo que se conoce como somatización del proceso. Y lo importante -dijo- es la idea suicida que lleva a que uno de cada seis depresivos severos intenten su autoeliminación por considerarse, en virtud de su estado patológico, como causa principal de lo que les ocurre a sí mismos y a quienes les rodean. Obviamente, en razón de su fuerte repliegue que los lleva hacia el mundo interno, a encastillarse en el pasado sin proyectarse hacia el futuro.

ASPECTO SOCIAL

El doctor Valverde asignó a los factores sociales una importancia casi crucial dentro de los factores externos debido -dijo- a la pérdida de valores y al deterioro de las pautas de desarrollo cultural y moral, lo cual, en conjunto, tiene una clara repercusión en el campo laboral. Se notan allí, notables fallas en el poder de decisión del paciente y su dominante tendencia a rumiar el pasado, encerrarse en el presente, y no proyectar el futuro.

Resulta obvio -indicó- que las complejidades del presente afectan de diferente manera a la psique de cada persona y por ende, su reacción frente a ella. Hay un predominio de factores de stress que mantenidos durante mucho tiempo, terminan por minar la capacidad reactiva. Algo similar a lo que ocurre con enfermedades somáticas que por su larga evolución terminan con las defensas del enfermo hasta llevarlo a situaciones críticas.

En lo que hace a tratamiento y posibilidades de restitución integral propiamente dichos, el especialista explicó que los avances de la psicofarmacología, con drogas casi selectivas de muy buen resultado general, acompañadas de una buena psicoterapia en los casos que por sus características lo indiquen, logran conquistar éxitos notables. En otras palabras -rubricó- el paciente depresivo, no es un incurable pero necesita correcta atención en tiempo y forma y una buena medicación auxiliar para salir a flote.

Domingo 10 de setiembre de 1989. Diario Los Andes

OPIO, COCAÍNA, MARIHUANA...
"ARGENTINA ES UN PAÍS DE CONSUMO DE DROGAS"

La delincuencia juvenil, la violencia, la drogadicción y otros flagelos sociales que fustigan periódicamente a la comunidad, últimamente con sorprendente y llamativa asiduidad, obligan a analizar falencias estructurales concernientes a educación familiar, escolar, medios y recursos, etc.

Con tal motivo, entrevistamos al doctor Juan Manuel Valverde, médico psiquiatra que, por su profesión, esta prácticamente en permanente contacto con la problemática que citamos precedentemente.

Luego de conocer los objetivos de nuestra entrevista, el doctor Valverde delineó algunos fundamentos sobre el comportamiento humano, citando filosóficamente lo siguiente: "Desde la orquídea bajo las luces de Neón; desde la cocina de microondas; desde el rayo láser y su disco dorado; desde la ganancia sin trabajo; desde el trabajo sin ganancia; desde la especulación; desde la hiperinflación; desde esta sociedad de consumo 'sin consumo', reina entre nosotros la alienación como compañera inseparable".

-¿Qué es la alienación?

-Es la imposibilidad de ejercer la plenitud del ser en el proyecto humano de la libertad. Vale decir, el ser humano es, sólo si tiene algo para consumir, o sea que se ha producido la tremenda distorsión de que el hombre es manejado y alienado por la posibilidad, que es imposible en nuestro medio, de consumir lo que los centros del poder imperial producen.

"Entonces el hombre -reflexionó Valverde-, no usa en función de lo humano lo que produce, sino que la producción usa al hombre, planificada por intereses ajenos al mismo".

-¿Se refiere a la producción de drogas?

-Exactamente. Y entramos a plantearnos uno de los temas más dramáticos que se presentan en el mundo y a la realidad actual de Argentina. Una producción mundial que moviliza 500.000.000.000 de dólares, que equivale a la totalidad de la deuda externa que tiene Latinoamérica. Una producción que creció entre 1982 y 1984 más del 50 por ciento en la elaboración de opio; más del 40 por ciento en lo concerniente a cocaína y más del 30 por ciento en la producción de marihuana.

-Son cifras alarmantes...

-Y hay más. Se ha estimado que la producción mundial de cocaína, por ejemplo, es de más de 4.000 toneladas por año, cuyo precio promedio por tonelada asciende a 50.000.000 de dólares. Estos datos los he extraído del libro "Los políticos y las drogas", del actual vicepresidente de la Nación, doctor Eduardo Duhalde.

"Pero siempre hablamos del drogadicto -añadió-, de los elementos que necesita para dejar la droga, de la ayuda que requiere, etc. ¿Por qué generalmente se comienza el análisis por la otra cara del drama que representa la drogadicción? ¿Por qué no analizar primero las causas y después los efectos?".

-¿Por qué?

-Porque nuestra concepción multidisciplinaria y totalizadora nos impone como premisa no perder el bosque por ver solamente el árbol. Entonces nuestro problema fundamental es el hombre y la vedette es la droga, y detrás de ellos están los que producen ese encuentro destructor: los intereses del narcotráfico. Así nos encontramos con la droga, objeto de consumo; con los intereses de la producción, el narcotráfico -delito-; y el drogadicto, o sea el enfermo.

-¿Esa es la realidad en nuestro país?

-Le contesto con otra pregunta: ¿Qué actitud ha tomado la sociedad frente al problema de la drogadicción en nuestro medio? En primer lugar, negar la realidad del fenómeno, haciendo lo que hace el avestruz cuando se asusta: esconder la cabeza y no ver. Vale decir, planteando que Argentina es un país de tránsito y negando que ya es un país de consumo. En segundo lugar, pretender analizar y tratar el problema como algo reducido al drogadicto y su tratamiento. Y en tercer término, reprimiendo al drogadicto, marginándolo o asumiendo una actitud indiferente.

-¿Es una característica netamente argentina?

-La problemática de la drogo-dependencia se da en todos los lugares del mundo, con características propias de cada país o región. En nuestro país partimos con un complejo de inferioridad que nace en la antigua relación colonizador-colonizado, mágicamente superado con un planteo de omnipotencia cuando recurrimos a frases como éstas: "Argentina es el granero del mundo"; "Argentina potencia"; o "Los argentinos somos derechos y humanos", sin lograr aún asumir, en general, que somos un país dependiente, subdesarrollado y colonial.

-¿Pero existen valores propios?

-Sí, ¿pero qué pasó con nuestros valores en la Argentina de los últimos años? Por lo general las pautas de los pueblos son determinadas por principios culturales que dan enmarque. ¿Qué pasó con los principios cristianos, con el amor al prójimo? ¿Qué pasó con los valores de la tradición? ¿Que pasó con nuestros principios identificatorios en la esfera sexual?

-Y bien, ¿qué pasó con todos esos valores?

-Todos ellos y los que no analizamos, fueron distorsionados por los principios de los centros de poder, trastocándolos. El paradigma del lupus homini lupi (el hombre es lobo del hombre) se impuso. Y algunos de los que pertenecían a la clase dirigente, pretendidamente ilustrados a causa de su problemática de inferioridad y queriendo imitar al colonizador, crearon las antinomias civilización-barbarie, pluma y alpargata, etc., y fueron ellos, consciente o inconscientemente, cómplices de la pretendida destrucción de nuestro proyecto nacional y por ende de la crisis de valores.

-Campo fértil para la droga, ¿no es así?

-En un período crónico de inestabilidad económica; en medio de dificultades para subsanar necesidades primarias; con otras dificultades para proyectar el futuro; rodeado de mensajes ambivalentes, etc., aparece la desorientación, la angustia, trastornos de diversa índole, falta de futuridad; en períodos o situaciones particulares, como el caso del adolescente con sus características propias, surge la droga que ataca principalmente a ellos y a la sociedad en general.

VIOLENCIA: ¿ENFERMEDAD O SISTEMA DE VIDA? "LA NARANJA MECÁNICA"

Domingo 22 de octubre de 1989. Diario Mendoza

"PARA DEFINIR AL HOMBRE VIOLENTO"

Sin duda alguna, el psiquiatra mendocino doctor Juan Manuel Valverde desdeña la explicación química de la violencia. "Es uno de sus componentes, pero no el principal", explica este profesional de sólido prestigio en nuestro medio.

"Para definir al hombre violento debemos situarnos dentro del grupo familiar, a éste dentro de un grupo social y, finalmente, a éste dentro de una sociedad. En nuestra sociedad es muy particular, pero en general la violencia es parte de este mundo".

Valverde afirma que "la violencia es totalmente necesaria para que exista este sistema de vida. Se necesita una gran dosis de violencia para mantener esta forma de vida que tenemos, competitiva por un lado, alienada, pues todo el mundo se basa no en la búsqueda de la realización humana, sino en la búsqueda de valores como la ganancia del poder".

"Vale decir -continúa- que estamos en un mundo que es agresivo. Plantear o suponer que hay una participación más importante en la generación de la violencia en lo biológico o lo sociológico, es perder de vista la realidad que nos rodea. ¿Por qué?, porque si vamos a lo biológico vemos que el único animal que mata a los de su especie -no por necesidades primarias, como son su espacio vital, la hembra o la jerarquía- es el hombre".

El entrevistado demuestra que el resto de los animales nunca se mata entre sí. "Se pelean, pero llega un determinado momento en que la pelea se convierte en rito, pues el que pierde ofrece al que gana su parte caudal". Valverde analiza que "en nuestra sociedad, lejos de desaparecer, la violencia ha adoptado formas mucho más desarrolladas. Piénsese si no en Indochina (Vietnam), en el desarrollo de las tecnologías de muerte, de grandes empresas en función de la muerte.

El psiquiatra consultado es de opinión que "en lugar de desaparecer el instinto de Thanatos (Dios griego de la muerte) -en contraposición al instinto de amor erótico-, vemos que ese instinto destructivo es manejado totalmente por lo que rodea al ser humano".

Según su detallada explicación, también la agresividad es parte del aprendizaje humano, además de los instintos.

-¿No hay componentes hereditarios en la violencia humana?, preguntamos.

-Sí, pero lo importante es -como dice Sartre- "el hombre en situación", y el hombre en situación es el medio en el que vive. El nuestro es totalmente violento-, contesta.

Agrega que "si yo me pongo a pensar en la Argentina contemporánea, las estadísticas me demuestran que solamente la Policía Federal ha realizado 6.000 operativos antidroga, que tenemos 600.000 sicóticos, que hay más de 1.800.000 alcohólicos y 7.000.000 de depresivos, este panorama me está demostrando que la estructura social que los condiciona es violenta, que están así por la violencia. Porque, ¿en qué se basa nuestra sociedad? Yo estimo que en el principio según el cual "el hombre es el lobo del hombre". Sin embargo, ésa es una concepción sicológica y económica que en nuestro país está parcialmente realizada. ¿Cómo no va a existir violencia si el que trabaja vive mal y el que especula re-bien? Para colmo, somos una sociedad dependiente desde todo punto de vista y subdesarrollada. Cuando asumamos todo esto, comenzaremos a darnos cuenta más clara de la violencia. Pero explicar la violencia que hay en este mundo solamente a través de casos patológicos, es escapar a la concientización del problema".

VIDA COTIDIANA Y ALIENACIÓN

MARTES 5 DE JUNIO DE 1990. DIARIO LOS ANDES

> ➢ Desencuentro, desorientación, desamparo

> ➢ Causas del comportamiento suicida

> ➢ Ser es tener, pero tener no siempre es ser

*E*l *Doctor Juan Manuel Valverde es un médico psiquiatra de reconocida trayectoria en la provincia. Ha sido director de la Escuela de Psicología en la Universidad Católica de Cuyo, titular del primer Instituto de Investigaciones Psicológicas de América Latina, profesor de varias materias en la carrera de la especialidad, también en antropología escolar, y miembro de una entidad que analiza el narcotráfico y la drogodependencia a nivel nacional, entre otras actividades.*

-¿Qué cuestionamientos presentan los pacientes que recibe diariamente?

-La problemática que siente cualquier ser humano en una situación determinada, y cómo vemos nosotros la realidad que está fuera del consultorio, donde realmente el paciente encuentra su enfermedad. La gente se encuentra bajo una serie de inquietudes y de estímulos del medio externo sin saber cómo resolverlos, que en general se presentan en forma de incógnitas o dudas.

"Por ejemplo -agregó Valverde-, cuando la gente se plantea si las privatizaciones deben hacerse o no; si el petróleo debe ser explotado por el Estado o no; que la corrupción; que si se paga la deuda externa o si no corresponde pagarla por ser injusta, inmoral, impagable; que la pena de muerte; que si le van a alcanzar los ingresos más allá del día 15; si su obra social está atendiendo o no; si a su padre o abuelo le van a dar los medicamentos. En fin, todo lo que de alguna forma no le permite un esquema conceptual para manejarse en su realidad cotidiana".

-¿Cuáles son las consecuencias de todo ese panorama?

-Como resultante de esto y de mucho más surge el desencuentro, la desorientación, el desamparo, la pérdida de continencia de aquello que tendría que contenernos, entonces se origina escepticismo, impotencia, minusvalía, frustración, agresión, drogodependencia, divorcios, hasta llegar al límite de encontrar la posibilidad en la imposibilidad de toda posibilidad.

"Parece un trabalenguas o un juego de palabras, pero este es el planteo de la muerte, del suicidio. Sobre este tema, el doctor Diekstra, científico de la Organización Mundial de la Salud, de Ginebra, Suiza, ha dicho que entre las causas múltiples del comportamiento suicida está el contexto socioeconómico, que origina privaciones, desempleo, descomposición de la infraestructura social, etc.

Esta situación socio-histórica concreta en la cual se encuentra inmersa la gente, ¿la elige, es irreversible, tienen que irse del país y partir al paraíso del exilio, donde gran parte de la identidad nacional y personal muere? ¿Para qué? ¿Para transformarse en ciudadanos del mundo, pero de segunda, en "sudacas"? ¿No será que por consumir, sin darnos cuenta, nos consumimos?

Al hombre lo hacen girar alrededor de la producción y la misma ha estado enfocada en la ganancia, ya sea económica o de poder. Y me pregunto: en ese proyecto, ¿dónde está el hombre? Lo han reducido a un ser que consume a través de técnicas muy desarrolladas del manejo psicológico, para transformarnos en alguien que produce ganancias o es usado en función de producir poder para otros. Le han quitado su ser en sí y para sí.

Simplemente en un objeto de uso para otro. Su esencia humana, que es su existencia concreta, se la han enajenado, le han ido quitando sus valores, sus creencias, su Dios, su tradición, sus pertenencias, sus esperanzas, su identidad de patria, en pos de una nueva muletilla, la modernidad, que es imitar modelos inhumanos".

-¿Algún ejemplo?, sin nombre ni apellido, por supuesto.

-Tomemos por ejemplo un paciente que concurre a nuestro consultorio y escuchamos su mensaje, tratándolo de significar a través de él y no a través o solamente de nuestros esquemas referenciales. Entonces pensamos: ¿cuál es su grupo de pertenencia? ¿Cómo ha vivido su niñez? ¿Cómo son sus características morfológicas? ¿Cómo han sido las relaciones parentales? ¿Qué problemas orgánicos tuvo, estrabismo, disritmia? ¿Cómo fue su ingreso en el ambiente social, en la escuela? ¿Cómo es la relación entre sus padres? ¿Cómo es su medio ambiente actual? ¿Cómo son sus creencias? ¿Cómo responde a las mismas? ¿Cómo se formaron sus valores? ¿Cuál es su imagen del mundo? ¿Cómo se instala en su autoimagen?.

"El paciente del ejemplo tiene 50 años de edad y hacemos por su cuadro clínico un diagnóstico particular, que llamamos depresión ansiosa. Este cuadro está formado por tristeza, abulia, trastornos de sueño, falta de interés, falta de apetito, disminución de su apetito sexual, y nos dice lo siguiente: "No veo ni me interesa el futuro; a veces tengo deseos o ideas de muerte; el futuro lo veo negro; no le encuentro sentido a la vida".

"Le preguntamos cuándo y cómo empezó esto, y nos contestó: "Mire doctor, yo presenté por primera vez este cuadro hace 5 años; me atendió un colega suyo y con algunos medicamentos y algunas visitas salí de ese estado en unos 6 meses".

"¿Tenía alguna situación particular que lo afligía en aquellos momentos?", le preguntó Valverde, y el paciente respondió: "No que pueda ubicar; creo que no. Al contrario, eran los momentos donde mi situación económica había solidificado. Como dicen algunos, yo ya estaba hecho".

-Entonces, ¿que pasó con él?

-Tenía finca, bodega, vacas, cuenta bancaria, etc., y pese a ello sentía una gran tristeza y una gran insatisfacción. No encontraba razón de existir. Anteriormente también participaba en comisiones directivas y otras cosas. Y a través de una terapia de orientación ontoanalítica, es decir, existencial, en un enmarque del hombre concreto, este paciente evolucionó bien y todavía está bajo terapia superando estas limitaciones de su falta de sentido, y ha logrado encontrar parte de su ser existencial y de vida en un acercamiento hacia otra nueva serie de valores.

"Dejemos por un momento esta situación del paciente y tratemos de reflexionar. Este señor poseía lo que podría ambicionar tener mucha gente; él partía de una situación económica muy difícil cuando niño, y tenemos que tomar en cuenta esto para ver cómo se formaron sus valores, qué le determinaba el medio y su situación real de posibilidades económicas. Ser es tener, y desde su óptica de la niñez y sus falencias reales, sobrevaloraba en algunos aspectos el tener. El medio reforzaba lo que ya había despertado en él y concientizaba que ya tenía, pero en el fondo se despertaba en el paciente, como un enroque, que no surgía la satisfacción existencial que él esperaba al tener. Sin concientizar debidamente su situación, entraba en un cuadro depresivo ansioso. ¿Qué había pasado? Había cumplido con los valores del medio, ser es tener, pero se encontró con que tenía y no era, y se había quedado sin proyecto de futuridad. Estaba anclado en el tener y no encontraba una vigía para el ser, sintiéndose inmerso en la selva donde el hombre es lobo del hombre".

-¿Soluciones?

-Dentro de este minianálisis de parte de la problemática humana, parece que sentimos un gusto amargo y ácido en nuestra boca, pero tenemos que considerarnos satisfechos de este sabor, ya que estamos tomando conciencia de la realidad que hay que transformar para lograr plenitud humana; para que la belleza sea realmente posible y el fenómeno de lo humano y la felicidad sean nuestro compromiso.

"Los seres humanos somos siempre un proyecto; somos un ser haciéndonos ser; somos un por-venir, quiere decir que tenemos por delante siempre el futuro. Tenemos que lanzarnos al proyecto de la libertad humana; tenemos que plantearnos frente al prójimo algunas variables que son importantes, por ejemplo: simetría en vez de asimetría, somos similares en situaciones diferentes. Proceso, vale decir movimiento; acercamiento versus estatismo; aprendizaje continuo en lugar de rigideces estereotipadas pero serias; diálogo no monólogo; alteridad y no egocentrismo; solidaridad con el otro y no cosificación.

"Habrían muchas más, pero resumiéndolas me parece importante transformar en la práctica diaria el mandato bíblico: ama a tu prójimo como a ti mismo; no seas lobo del hombre, aunque la realidad que nos rodea lo dé como valor máximo para el consumo. En fin, démonos la mano para transitar humanamente el proyecto hacia el futuro y la libertad".

Sobre este dibujo, el doctor Valverde explicó: "Lo hizo un paciente, un joven de 30 años con problemas de pareja, individuales, trastornos en el habla, inmadurez en sus decisiones, etc., atravesando un gran proceso de tipo depresivo. Quien está en la cruz es él, arrastrando su propia cruz y la que le dan las circunstancias. Si analizamos el dibujo, vemos que las formas son muy rígidas, duras, aplastantes, que significan la falta de independencia. Simbólicamente parecía un mausoleo, donde está bien manifestado su estado depresivo.

UN CAMBIO DE ENFOQUE

LUNES 3 DE ABRIL DE 1995. DIARIO RÍO NEGRO

EL HOMBRE ES ANALIZADO EN SU CONTEXTO

Con su trabajo científico sobre Sociopsiquiatría, presentado durante los encuentros organizados en el marco del XI Congreso Argentino de Psiquiatría, el mendocino Juan Manuel Valverde pretende señalar que el ser humano debe ser analizado no sólo como individuo irrepetible sino también como integrante de un núcleo social, "rodeado de una infraestructura económica" en la que se desenvuelve.

"Si en este momento histórico del país analizamos el problema del suicidio relacionado con la totalidad social que determina que los jóvenes no tengan proyectos de futuridad y los adultos pierdan sus fuentes de trabajo, nos vamos a dar cuenta de la relación determinada y determinante que desempeñan las variables sociales sobre el fenómeno psicológico", definió.

En este sentido, y sin separar al hombre concreto de la realidad en la que se encuentra inmerso, analizó que en la actualidad se observa un "avance tremendo de la violencia cuyo origen debería ser estudiado entre el mundo de lo interno y de lo externo. Allí vemos que nuestro país está viviendo las consecuencias de la relación de dependencia que atravesamos los latinoamericanos. Mientras los países no sustancien la trascendencia que tiene la deuda externa, por ejemplo, seguiremos siendo simplemente exportadores de capitales. Al hacerlo estamos exportando salud, bienestar, confort y viviendas de nuestra población", consideró. (AB).

HAY UNA NECESIDAD DE VOLVER AL HUMANISMO

LA CRISIS DEL HOMBRE ACTUAL

JUEVES 28 DE NOVIEMBRE DE 1996. DIARIO LOS ANDES

Para Juan Manuel Valverde, conocido psiquiatra de nuestro medio, hablar de la problemática del hombre actual resultó una tarea relativamente fácil. Bastaron unas pocas preguntas para que su exposición se transformara, prácticamente, en un monólogo.

En primer lugar, para hablar del hombre contemporáneo, debemos enfocarlo desde una perspectiva antropológica. Vale decir, como una concepción del hombre, de ese hombre que aparece como un ser arrojado al mundo, aseveró Juan Manuel Valverde.

En Latinoamérica existen cultores de la concepción existencialista, y uno de los maestros universales fue Carlos Alberto Seguín, que utilizó un término latinoamericano para darle expresión: el ser humano es un ser "botao" al mundo, en el sentido de lanzar, botar.

Y esa expresión quiere decir que el hombre no elige nacer, sino que lo determinan nacer. Porque si eligiera nacer o pudiera elegir, elegiría tal vez ser hijo de un industrial, de un obrero, de un periodista o tal vez no nacer. Entonces, el primer planteo es que el hombre es arrojado al mundo. ¿Pero en qué mundo? Sartre diría que se encuentra en situación, y está condenado a ser libre.

El hombre está capacitado para superar los condicionamientos, y está condenado siempre a ser libre porque siempre tiene que elegir, y cuando lo hace elige por todos, es decir que condiciona a los demás por su elección.

Cuando hablamos de ese ser en el mundo, no tenemos que cometer el error de la ciencia, ya que estamos hablando de antropología. Porque el hombre se origina y desarrolla en función del lugar que ocupa en el mundo, por ejemplo, en donde nace.

Si nace en el primer mundo, en el mundo del desarrollo o en el del subdesarrollo, existen elementos que estarían condicionando a ese hombre y a la crisis de ese ser. Esta situación la estaríamos enfocando en una etapa posterior del ser arrojado al mundo, pues ya sería el hombre en el mundo, en ese mundo donde va a participar de una determinada situación, ya sea en el primero, en el segundo o en el tercer mundo.

De esa manera, responder por el hombre, por la crisis del hombre actual o del hombre contemporáneo, es ocultar a través de un universalismo la realidad del hombre concreto, que es individual, irrepetible y donde tenemos que adaptar el análisis de ese hombre en función de las variables que lo rodean como hombre concreto.

Por ejemplo, en función del trabajo, no es lo mismo trabajar o no trabajar en el primer mundo, que trabajar o no trabajar en el tercer mundo. Vale decir que el hombre tiene posibilidades totalmente diferentes, que van condicionando su proyecto de futuridad.

En ese proyecto de futuridad, el hombre universal se encuentra con realidades, una ciencia que avanza con un sentido de lo verdadero, que no responde al problema de lo humano, sino a la problemática de la ciencia que, aplicada, se llama tecnología y puede tener dos variables. Si tiene una variable ética y humanística, tiene que ser en función del hombre. Si tiene una variable en función de determinados intereses económicos, entonces es la tecnología en función de la ganancia.

Dentro de esa tecnología en función de la ganancia, en el hombre universal, aparece una tecnología que produce elementos, cosas que hay que consumir, y junto a esa tecnología surge toda una formación de conceptos, de técnicas, para que el hombre transforme esa pseudonecesidad en una necesidad humana.

Pero junto a esa técnica de la ganancia aparece otro problema, que es que el ser humano universal va disminuyendo su posibilidad de interpersonalidad, pues la comunicación entre personas se va perdiendo, porque esa tecnología y esos intereses económicos han transformado a los seres en instrumentos de uso.

Esta universalización sobre la que estamos hablando, ya sea del primer mundo o desarrollado por nuestra dependencia cultural, por nuestro conflicto de inferioridad del colonizado frente al colonizador, produce que el colonizado, hagamos cuenta que es el argentino, quiere parecerse al modelo que le determinan los centros de desarrollo.

Entonces aparecen una serie de situaciones particulares, pues queremos parecernos al mundo del desarrollo que nos va haciendo dependientes cultural y existencialmente, ya que nos impone modelos. Por ejemplo, un modelo de mujer X, con ciertas y determinadas características, que se acompaña con las portadas de las revistas y con toda la penetración cultural que estos medios pueden realizar.

Así surge, en el campo de la patología, el problema de la anorexia-bulimia, donde las chicas en particular, frente a una situación de comparación, de competitividad con una imagen formada por los multimedios, enajenan su mismidad, su mundo de autenticidad y se proyectan en lo inauténtico.

Y lo inauténtico consiste en qué es lo que se debe usar, lo que se debe decir, lo que se debe imitar... Vale decir que es el mundo del "se debe", y se ingresa así en la búsqueda de un modelo que no es precisamente el que predomina en nuestro medio.

Entonces ese ser humano, particular, se encuentra sumergido en una sociedad dependiente, con dirigentes que efectúan planteos no acordes a la verdadera realidad sino a la realidad virtual que el colonizador le inculcó.

CONSECUENCIAS

Si tomamos el proceso de la depresividad, notamos que en ciertos lugares del mundo se producen índices bajísimos de depresión, como en la India que es el 2,5% o en Concepción de Chile con igual cifra, en donde el concepto del trabajo es diferente a otras ciudades o países, como Bélgica o en Holanda en donde los índices son del 17%.

En Concepción, por ejemplo, predomina el hombre de origen mapuche y la opinión que tiene de lo laboral es diferente: le importa más la interpersonalidad que el trabajo; se encuentra en la naturaleza como parte de ella, mientras que la mayoría de los restantes occidentales nos situamos prácticamente frente a la naturaleza, con la agravante de que lo hacemos para transformarla sin cuidarla.

Estamos viendo desde lo universal a lo particular, y en este último caso, en lo nacional, el hombre se encuentra en un mundo de temor y sin futuridad. Temor a un proceso económico con características propias que produce la desocupación, por lo que tiene miedo a perder el trabajo, si lo tiene. También tiene miedo a no encontrar trabajo, a dispersarse, a no hallar proyecto de futuro.

Pero la mayor trascendencia se ve en el campo del adolescente, con sus cambios particulares. Antes tenía modelos, el padre, por lo general. Pero ahora no, pues el padre es quien trata de imitar al hijo, porque se ha hecho una estructura cuyo centro viene a ser el consumo que se da, en particular, en el adolescente.

Esos modelos de antes tenían valores, del amor al hombre, de su proyecto de futuro, de solidaridad, etcétera, que se han ido perdiendo y actualmente el hombre se encuentra en un grave conflicto de los valores en sí, porque el valor máximo actual es el tener, el poseer para poder consumir. Entonces lo vocacional está sufriendo la transformación para pasar a ser un objeto de consumo.

¡PARA QUÉ ESTUDIAR!

Por ese motivo surge la pregunta del padre al hijo: ¿por qué no querés estudiar? Y la respuesta: ¡Para qué, papá!, si el ingeniero en electrónica está vendiendo repuestos de televisor, el médico no tiene trabajo y el abogado está manejando un taxi.

Vale decir que el campo que en un momento fue orientador de futuridad, en el caso del estudio, ahora no tiene proyecto. Y si el chico quiere trabajar, no tiene dónde, por lo que aparece una gran crisis, aparte de la que producen los propios cambios adolescentes o juveniles.

Además de esa situación, surgen los hechos de violencia que nos brindan algunos medios de comunicación. Hay series como Robotec, que poseen escenas de violencia cada 1 minuto 31 segundos; Thundercat, 1m 30 s; Los superamigos, cada 1m 25s; Los tigres del mar, 1m 14s; Los guardianes del espacio, cada 34s.

Todo esto determina que la imagen virtual vaya transformándose en el ser humano como algo real, entonces va aceptando, sin darse cuenta el niño, la violencia física mediante trompadas, pedradas, atropellos, tiroteos, etcétera, como algo normal.

En este mundo del consumo y de ciertos elementos que dan status, se origina frustración que, con los modelos de violencia, se transforma en la agresión que vemos todos los días. Por otro lado, esta situación desorienta al hombre y al adolescente, y mal orienta al niño.

Muchos profesionales opinan que la solución está en aumentar los castigos y la represión. Esa no es la solución, sino que es tratar de que vivamos un pleno humanismo, que se base en evitar todo aquello que no puede ayudar a la realización del ser humano.

Habrá que trabajar sobre las pautas económicas, sociales, políticas, etcétera, para que el ser humano pueda ir desarrollándose en un proyecto como hombre y no como actualmente se pretende, aunque el problema está en esta dependencia cultural donde predomina el consumo sobre lo verdaderamente humano.

En nuestra sociedad, pretendidamente orientada a imitar el modelo central, se cree que actualizar la educación es traer el avance de ciertos aspectos tecnológicos a la relación del educando, pero no se le enseña al niño, o se va perdiendo, la creación de un pensamiento crítico, humanístico, de proyecto de futuro de país, de proyecto de hombre, sino que es intermediario de una tecnología que ni siquiera posee porque es dependiente.

Entonces el chico no va a poder desarrollar cuando adulto, muy claramente, un proyecto, porque el que se le ha impuesto es el manejo de la intermediación de la tecnología. No estamos en contra del aporte de esa tecnología hacia al niño, sino que consideramos que se le debe enseñar qué es, para qué sirve y cómo de alguna forma, a través del tiempo, puede instrumentar la creación de su propia tecnología. Vale decir, que se le dé un proyecto de libertad; que la tecnología esté al servicio del hombre y no el hombre al servicio de la tecnología.

¿Podemos superar esa crisis...?

"Por supuesto -respondió Valverde-, empeñándonos con autenticidad y compromiso con los valores humanísticos, adaptándonos activamente, asumiendo una conciencia de cambio, sintiéndonos plenamente identificados por el proyecto de futuro, en búsqueda de la libertad que siempre estará enmarcada en la de los otros. Buscando en las relaciones el encuentro y no la cosificación (uso del otro). En fin, hacia la futuridad con amor, con conciencia, con verdaderas posibilidades de esperanzas y compromiso por lo humano y sus valores acordes.

¿Debe asustarnos la crisis?

-No, pues la crisis es una posibilidad de cambio. Sí debe asustarnos, si no asumimos esa posibilidad para orientar el cambio. Hemos dicho que el ser humano es lanzado al mundo, pero libre, y esto quiere decir que es responsable de todo lo que hace y también es libre porque puede hacer algo diferente de lo que se haya hecho con él.

ENTREVISTA RADIAL
(FM SIGLO XXI) 19-09-96

P: ¿Qué está pasando con la salud mental en el país y en general aquí, en Mendoza?

V: Plantear la salud no se puede escapar de una concepción global del ser en el mundo y, en particular, plantearse qué es la salud porque, por lo general, se hace una antípoda de salud y enfermedad que no es real. La Organización Mundial de la Salud plantea como salud el bienestar físico, psíquico y social y no solamente la ausencia de enfermedad. Y en otros lugares del mundo, aparte de esto también se plantea la vivencia de la libertad. Si nosotros consideramos a la salud en esa concepción totalizadora y planteada por la Organización Mundial de la Salud, podemos sacar consecuencias muy claras. Si respondemos de alguna forma a un modelo impuesto, dependiente, globalizado, donde todo lo determina el mercado, tenemos el peligro de que la salud también se transforme en un objeto de consumo. Entonces la relación interhumana fundamental de un médico con su paciente se transforma también en algo que se consume, y para colmo, en la época actual mal que nos pese a los médicos, se están haciendo cursos de marketing para los médicos, quiere decir que se investiga en el mercado las necesidades emergentes que más de una vez se fabrican para tener pues, un planteo de ganancias, vale decir que la relación interpersonal se ha transformado en una relación entre cosas, algo que se usa, se ha cosificado consciente o no conscientemente al paciente (no todos los médicos), y esta determinante de globalización nos impone en qué forma debe ser medicado, y de algún modo la atención médico-paciente se va reduciendo a una relación dependiente de organizaciones prepagas, que a la vez han sido compradas por bancos nacionales o extranjeros, pero por lo general son extranjeros, holandeses en particular, que van a buscar cantidad para ganar, no calidad interhumana para el bienestar de la gente. Si tomamos el concepto de la salud como bienestar físico, psíquico y social y no solamente la ausencia de enfermedad, podemos observar que la riqueza que se produce va quedando en menos manos, la pobreza, las carencias y la necesidades básicas insatisfechas van quedando en más seres humanos, vale decir que desde el punto de vista económico ya hay una razón determinante de que la salud en general no se desarrolle en beneficio de todos, sino de algunos.

P: O sea, acá se está denunciando todo un sistema social y político, toda una historia muy claramente intencionada, ¿y qué pasa, entonces, con este sistema que se está orientando todo hacia el que tiene dinero? ¿Qué pasa con las otras capas sociales que no tienen acceso a esa medicina?

V: Yo creo que de alguna forma hay intentos de superar ciertas falencias, pero esos intentos siempre están enmarcados en un planteo de dependencia no solamente cultural sino económica, entonces pueden perderse sin resultado, justamente por la imposibilidad que proponen los centros de poder. Por ejemplo, en general, en el país la mortalidad infantil ha disminuido en los lugares de mayor desarrollo y ha aumentado en los lugares mas lejanos a la Capital Federal. Por ejemplo acá, en Mendoza, se ha logrado bajar la mortalidad infantil y se está trabajando con intensidad desde la dirección Infanto-Juvenil o Materno-Infantil sobre una serie de variables que nos demuestran cómo los centros de poder nos han impuesto hasta enajenantes formas de tratar a nuestros pacientes. Un ejemplo patético es la promoción que hicieron laboratorios multinacionales sobre la leche matemizada, que era mejor darle leche en polvo de las multinacionales que darle de mamar la madre. Eso se ha recuperado en particular acá en Mendoza haciendo un programa para la lactancia materna que tiene una serie de beneficios irremplazables, en primer lugar es una sustancia homóloga, no heteróloga como la otra, produce aumento de las defensas del organismo, tiene todas las vitaminas, minerales, proteínas que se necesitan y de esa forma estamos superando esa dependencia cultural que a través del pseudocientificismo se nos había impuesto en la mente de los especialistas en niños. Se están haciendo cosas, se intenta, en el campo, por ejemplo, también de la niñez, de la relación materno-infantil se está promocionando el desarrollo de que el vínculo madre-hijo sea más afectivo, en particular a través de la lactancia materna y en ciertos casos particulares con un programa que ha desarrollado un médico argentino, que evita en ciertos aspectos usar toda la estructura que determina la emergencia del recién nacido y todo el aparataje importado también y lo ha reemplazado por una canastita en el abdomen de la mujer que directamente permite el contacto de piel a piel que se llama "canguro", es el programa ANAF (Acondicionador Neonatal Ambulatorio Fisiológico) de un chaqueño. Ese desarrollo también se está pretendiendo implementar en Mendoza, también desde la Dirección Materno Infantil estamos avanzando en cuanto a la problemática de enfermedades infecciosas respiratorias agudas, de las diarreas y estamos haciendo un relevamiento y una investigación de la problemática tan severa que se presenta actualmente que es la del adolescente. Ese adolescente, que por todo esto que hemos venido hablando de la realidad que lo rodea, recibe el choque entre dos concepciones. Las concepciones que buscan el desarrollo de lo humano y las concepciones que buscan nada más que la ganancia. Y los que buscan la ganancia tienen tal fuerza que no solamente se plantea esto a nivel de una perspectiva económica sino también de una estructura mental que está determinada por una serie de variables, la mayoría de las cuales determina una distorsión subjetiva del mundo objetivo. Entonces aparecen ciertas variables del llamado postmodernismo. En ese posmodernismo se plantea que las ideologías han muerto, y no es otra cosa que una nueva ideología. Se plantea que la historia se ha detenido. Entonces, ¿cuál es la solución de todo?. Adaptarse a la globalización del mercado, y dentro de esa globalización y de esas determinantes del mercado, aparecen los multimedios, aparece la intoxicación de los multimedios. Ustedes por ejemplo son, digamos, un poco de sol dentro de las nubes de la oscuridad. ¿Qué quiero decir con esto?. Que nos plantean la paraestructura y los medios de comunicación, nos desinforman, nos malinforman y nos deforman.

P: Me había quedado pensando en el tema de la juventud, y también fuera de micrófono habíamos estado hablando del aumento de suicidios de los jóvenes aquí en Mendoza, pero sigamos con el tema de los multimedios.

V: Los multimedios, ¿qué nos ofrecen? Nos ofrecen modelos, modelos a imitar. Esos mismos modelos que nos ofrecen los multimedios para que nos adaptemos a esa globalización del mercado también actúa en los profesionales. ¿Y qué produce en esos profesionales?. Los profesionales de alguna forma, al tener una conciencia de colonizado, pretenden imitar al colonizador y el colonizador en qué nos aventaja; en muchas cosas y sobre todo en el planteo económico pero, no nos aventaja en el avance de la ciencia porque el avance de la ciencia en el fenómeno íntimo, en su ontología no se ha desarrollado esencialmente más allá de Einstein. Lo que ha aparecido posteriormente es la aplicación de esa ciencia y la aplicación de esa ciencia es lo que comúnmente llamamos tecnología. Esa ciencia tiene una ideología, entonces se transforma en un cientificismo y ese cientificismo fabrica aparatos, aparatos que hay que consumir para que esa tecnología gane, entonces nos van creando en nuestra mente la necesidad de consumir esos aparatos como ocurre en la gente en general, que queremos comprar el televisor, que queremos comprar la videocassetera, que hay gente que realiza esfuerzos para comprarse la videocassetera y después posteriormente la usa cuatro meses y se acabó la historia porque ya se cansó o apareció una cosa tecnológica nueva. En los profesionales ocurre lo mismo y, ¿qué pasa si hay un colonizador y hay un colonizado?. La intermediación entre esos dos seres es una problemática de inferioridad, un complejo de inferioridad del colonizado frente al colonizador.

P: Sobre los medios, los grandes multimedios y la deformación de la información y eso ha hecho llegar un pase a lo que decíamos fuera de micrófono, a la bulimia y a la anorexia. ¿Cómo deviene la mala información en esas enfermedades?.

V: En primer lugar estos multimedios a través de la TV o las portadas de las revistas van ejerciendo en la mujer en particular una imagen o un modelo, un modelo al cual hay que responder y por lo general ese modelo responde a los centros de poder. Vale decir donde se fabrican todas estas cosas y por supuesto que no responde a las características propias de nuestro medio. Entonces, ¿qué hace la mujer?. Aparece la necesidad de transformarse, perder su dignidad y entrar en el modelo, vale decir, en lugar de una perspectiva o de un proyecto hacia una búsqueda de lo auténtico, entra en lo que Heideeger llamaría el deyecto, ¿a qué llama Heideeger el deyecto?, a aquél que mal elabora su angustia perdiéndose en la masa, entonces qué hace, trata de imitar al modelo, como el modelo de las tapas y demás tienen determinadas características físicas, esa niña, trata de parecerse al modelo. Entonces por una situación de frustración aparece la necesidad de alguna forma (que produce depresión también) de negar la comida, diríamos, por que si como voy a alejarme más del modelo, entonces ahí aparece que comen y buscan que esa alimentación en general no quede en el organismo, entonces o vomitan posteriormente o usan laxantes o directamente no comen.

P: ¿Se da solamente en las niñas o hay también casos en los varones?

V: El porciento es mucho mayor en la mujer que en el hombre; no deja de darse en el hombre también y este problema en particular aparece en una edad muy particular que es la adolescencia. ¿Cómo podríamos elaborar la situación actual del adolescente?. En nuestra época nos enseñaban el amor al prójimo, nos enseñaban a ser solidarios, nos enseñaban a ayudar a los demás. Las profesiones eran en función de ejercer algo que era vocacional y, en particular, la medicina en función de acompañar o sanar a su paciente. ¿Pero qué pasa en la actualidad con la globalización del mercado?. Se hace una investigación de qué es lo que el modelo impone, por ejemplo, en la mujer, entonces se empieza a desarrollar toda una cantidad de ejercicios o de técnicas módicas que se apartan del fin para el que se crearon, por ejemplo, de la cirugía plástica, que se usaba en su momento para solucionar un labio leporino o un paladar con problema, se apunta a qué impone el modelo, entonces aparecen por ejemplo las siliconas, entonces la niña se hace colocar siliconas, por ejemplo. Beatriz Sarlo desarrolla en un libro sobre la adolescencia un diálogo que escucha en Norteamérica entre unos padres y la hija, la hija cumplía quince años y el padre le dice "te vamos a hacer un buen regalo" y la chica le contesta "ustedes ya saben que es lo que yo quiero". Pero no, nena, le dice el padre, te podemos regalar un viaje a la Bahamas con tu amiga preferida, un curso completo con todas las técnicas del patinaje artístico. "No, no, ustedes ya saben lo que yo quiero". ¿Qué es lo que ella quería?. Ella quería que le hicieran un levantamiento de los glúteos porque con esa cola en la escuela pasaba desapercibida y nadie le decía nada. Estaba tratando de imitar al modelo. Vale decir que la cirugía plástica en su momento fue reparadora, fue un hecho médico de avanzada, ahora hasta salen en TV los cirujanos plásticos. Se expone a riesgo quirúrgico como cualquier otra operación. Ahí tenemos el ejemplo de Mancini, que por una lipoaspiración entró en un coma grado cuatro. Pero qué es lo que tenemos que sacar de esto. No podemos pensar que el médico sea cómplice de esto, sino que es un alienado, prefiero decir, un enajenado de la búsqueda del bienestar humano. Está respondiendo a qué hacer para tener, para poder consumir y entonces ser. Esto ocurre en el adolescente severamente en función también de lo que determinan los multimedios a través del status, que determina que hay que usar tal modelo de tal marca. Entonces los chicos que pueden, que cada vez son menos, los padres de clase media, que cada ves son menos, tratan, esforzándose, de comprarle la marca que está de moda. Pero hay una gran cantidad de chicos que no pueden y hay otra gran cantidad de chicos de barrios marginales donde también aparecen modelos. En esos barrios marginales aparecen otros tipos de modelos, Maradona, Coppola. Yo conocí el caso de un chico que quería que le dijeran PANGARITO, porque el tenía un tío que respetaba y quería mucho y que era un delincuente famosísimo en Bs. As. y le decían Póngaro, entonces dentro de su núcleo familiar, dentro de su nicho, como diría Heideeger, tenía un sentido determinante, habían 7 hermanos muertos por la policía y 3 presos. Entonces el modelo de ese chico no podemos decir que es universal, que es el otro problema a desarrollar. Cada ser humano es un ser irrepetible en situación, ni elige nacer, ni elige la situación, pero de ahí debe asumir que es un ser libre. ¿Qué quiere decir eso?. Que es responsable, que puede cambiar lo que el mundo a hecho de él, porque puede elegir.

P: En el transcurso de la humanidad siempre se han estado buscando modelos, modelos personales, modelos sociales y así ha ido avanzando esta historia humana. ¿A qué se debe que en esta época los modelos sean tan "ligth" o tan externalizados?

V: Claro, ahí entraríamos en una dinámica de valores, y en el fondo de distorsiones subjetivas, pero esas distorsiones subjetivas no se dan solamente por problemas de tipo psicológico, si no que se dan por problemas eminentemente de tipo sociológico, vale decir estamos hablando de los multimedios que es el invitado de los almuerzos, que nunca se lo invita, pero siempre está, que es la TV. Entonces continuamente se le está dando al chico, al chico y al adulto, una situación virtual que se va transformando en real, por ej.: nos asusta la violencia, que realmente ha aumentado profundamente en los adolescentes, pero ese chico cuando vio la TV veía programas continuos cargados de agresividad como ROBOTECK; en fin, un montón de programas que reciben una imagen de agresividad algunos hasta cada 34 seg., entonces ese chico está recibiendo como algo real y algo normal esa imagen virtual de violencia que después se transforma en elementos de la normalidad alienada.

P: ¿Tenemos datos de la violencia en el país y en Mendoza?

V: Tenemos datos en Mendoza donde podemos sacar conclusiones interesantes de la relación de la salud y las variables económicas. En el año 1986 que fue el período de la hiperinflación entre el 85 y el 87 hubo un pico de suicidios en Mendoza. Se suicidaron 37 adolescentes. Esa curva desciende hasta el 90 y del 90 hasta hoy ha ido en continuo ascenso. Dentro de la salud podemos ver también los problemas de los accidentes de tránsito y los grupos etáreos en el grupo etáreo de 20 a 24 años en el año 94, por ej., hubo 42 muertes por accidentes de tránsito y en el 95 han habido 128. Quiere decir que ha aumentado el 300%. Los ataques con armas de fuego en esa edad han aumentado un 75%, quiere decir que si vamos a hablar de parte de esa totalidad de la concepción de salud vamos a ver que los índices nos indican que estamos en una situación que se está luchando para superar pero, que realmente es preocupante, porque el suicidio algunos lo plantean como un hecho de libertad, pero para mí es la derrota de la humanidad. ¿Por qué?. Porque ese adolescente o adulto que se suicidó, no puede significar nunca su propia muerte, vale decir que en el fondo no es un hecho de libertad.

P: El tema este de la gran deshumanización básicamente de la ciencia médica, originado en cierta manera por los multimedios que son como los cucos de fin de siglo, ha originado un producto muy consumible que son los políticos y la política. ¿Cómo lo ve a ese tema?

V: Tanto la humanización de la medicina con sus distorsiones es el mismo problema que puede plantearse en los políticos. Si yo asumo a un médico que debe reflexionar sobre su conciencia y su existencia frente al mundo, el mismo problema se va a plantear en política. El médico o el ser humano en general que pueda reflexionar sobre su conciencia, su concepción de mundo, su antropología fundante, se plantea una opción: o elige los valores humanistas para humanizarse y humanizar el mundo, o elige los valores mercantiles. ¿Qué pasa si ese profesional médico o ese político? (al político lo vamos a ver enseguida en particular) pero, si ese profesional médico asume los valores humanistas, va a tener frente al mundo una adaptación activa; si elige los valores mercantiles se va a adaptar al mundo, va a tener un adaptación pasiva. Frente al mundo va a ser una valoración del mundo, ese mundo es injusto o es justo. Si eligió los valores humanistas se da cuenta que saltan injusticias, si eligió los valores mercantiles, es justo, es lo que debe ser, es el destino. Entonces, si ha asumido valores humanistas, con una adaptación activa y el mundo es injusto, pues se transformará un poco en verdugo de la injusticia, el otro se transformará en cómplice. Si es humanista y todas las otras variables que hemos dicho, tendrá una conciencia de cambio; si es mercantilista, adaptado pasivo y cree que la injusticia es justa tendrá una conciencia cómplice. En un caso, en el del humanista, en el que ha reflexionado sobre la existencia se comprometerá con el cambio y en el otro caso será lo que Heideger le llama una "deyección". Esto es muy largo de elaborar, pero vamos a ir a dos o tres puntos, a ese compromiso que asume el humanista. Hay un "proyecto de futuro" en el que ha elegido los valores inauténticos mercantiles, va a entrar en la angustia y en esa angustia su proyecto no será de futuro sino de pasado y se justificará con el destino ya sea con variables, con determinismos mundanos o supramundanos pero esto actúa profundamente en las relaciones interpersonales. El humanista buscará el encuentro, el mercantil buscará el uso del otro, vale decir serán relaciones cosificadas. En los afectos, ¿qué le pasara al humanista?. Para ser él se encontrará en el otro, ¿y qué le pasará al mercantilista?. Para ser él, poseerá al otro en la profesión, ya sea un profesional médico o algunos políticos y demás. El humanista ayudará a la libertad del otro para encontrar la suya; el no humanista o mercantilista o pragmático usará al otro en beneficio propio. Todo eso y mucho más lo llevara al humanista a tener un pensamiento dialéctico, al mercantilista a un pensamiento dogmático. ¿Cómo encontrarán la identidad?. El humanista en el devenir del futuro, el mercantilista encontrará su identidad en la posesión y en la imitación de modelos.

P: En los médicos puede ser posible que tengan conciencia de reflexión. ¿Los políticos la tendrán?

V: Yo creo que es muy importante no confundir la política con algunos políticos. La política debe ser un grado de compromiso ético mayor del hombre porque en gran parte se debe desprender de una serie de situaciones que lo benefician para beneficiar a los demás. ¿Qué es lo que pasa en la actualidad con algunos políticos?. El que decíamos que elegía lo auténtico y el planteo humanista cuando habla de solidaridad la habla y la siente y participa en política, el inauténtico, el pragmático, el que usa al otro, charla la solidaridad y la usa como moneda de cambio y en beneficio propio. Este mismo pragmatista, este mismo mercantilista no hace política, realiza operaciones políticas, el humanista vivencia los valores; el pragmático, el que a veces confundimos con algunos políticos, hace uso de ellos en busca de poder. ¿Qué quiere decir esto?. Si nosotros nos remitimos un poco a la última historia nuestra, veremos que gente que en su momento histórico parecía que quería cambiar el mundo en función de ciertas variables de justicia, que algunos lo hicieron de forma violenta, lo cual no comparto, posteriormente son socios del modelo neoliberal. Quiero decir ¿qué pasó con esa gente?, ¿fueron buenos, fueron malos, son traidores?. No, respondieron a su proyecto imaginario y ¿cuál era su proyecto imaginario?, desde su problemática de inferioridad, buscar el poder y muchos lo lograron y hay ejemplos bien típicos.

P: ¿Uno de ellos?

V: Galimberti era un líder dentro de la violencia armada de un determinado momento que supuestamente querían un mundo más justo.

P: Firmenich.

V: No sé bien al detalle pero supongo que también. Pero Galimberti es un caso más típico que ya sale en las revistas de moda donde aparece con una moto que vale $38.700 y un auto sport que vale más de $140.000. Quiere decir que la justicia para él de los humildes, de los pobres, de los desposeídos, es que él, tal vez se sentía desposeído y pobre de poder y ahora lo tiene. Sigamos este análisis muy global. El que eligió comprometerse en bienestar del hombre, su militancia es en función de sus valores, en el pragmático o en el que el proyecto imaginario le hace perder su compromiso con la libertad y con el futuro, usa su militancia en beneficio propio y con fines privados. El humanista se compromete, el otro usa toda su capacidad para que todo se transforme en rentable, el humanista escudriña los grandes valores, los grandes relatos y si hay que comprometerse ya sea con el humanismo teocéntrico, vale decir en función de una concepción relacionada a Dios o una relacionada al hombre, compromete su existencia en función del bienestar del hombre; el otro usa los relatos para buscar fines privados, pasa en su época de Carlos Marx, de Juan XXIII, de la teología de la liberación. El humanista investiga las determinantes de la realidad para superarla en conjunto, el otro usa lo que conoce en beneficio propio y pierde a la larga su proyecto de lo humano y el problema fundamental es que hace perder las posibilidades del desarrollo de mucha gente.

P: ¿Es posible la psiquiatría sin medicamento?

V: Esta es una inquietud muy profunda donde no podemos negar que se avanza en ciertos aspectos de lo que se llama psiquiatría biológica, vale decir en el uso de sustancias externas para, de alguna forma, actuar sobre la relación sináptica, vale decir donde se unen dos neuronas hay un espacio sináptico donde están los neurotransmisores. Entonces, la evolución del conocimiento de la tecnología, ha ido pasando, por ejemplo, en la depresión desde el uso del litio a otros medicamentos. Anteriormente el electrochoque (algunos lo usan actualmente), lo que también de alguna forma da la concepción del psiquiatra, porque el electrochoque lo descubrió Domingo Cerletti en plena época fascista de Italia y se sacó de la picana que se usa en los animales, el avance de la psiquiatría biológica y de los psicofármacos es interesante siempre y cuando lo veamos como una parte de la totalidad. ¿Qué quiero decir con esto?. La situación particular que se produce en la sinapsis es posterior a la problemática de la depresión o junta, pero nunca antes, vale decir que las causas de la depresión no son puramente, diríamos, biológicas. ¿Qué pasa?. Se confunde lo biológico con la totalidad del ser; el ser se da en el devenir, se da en un campo sociológico, en un campo psicológico y en un campo biológico, todo junto. Entonces, pretender como se hace ahora en función de intereses conscientes o no conscientes, el uso puro de los psicofármacos sin el desarrollo de una psicoterapia que tenga base antropológica humanística, que desarrolle el proyecto de libertad del hombre, estamos parcializando totalmente al hombre simplemente en un fenómeno químico.

P: Un ejemplo: me voy a quedar sin trabajo, me asusto, me da miedo, me deprimo y voy al médico y el médico me da una pastillita para anfetaminisarme.

V: La anfetamina ya no se usa. La pregunta es tremendamente correcta. ¿Por qué tremendamente correcta?. Porque la situación de desocupación no se la va a solucionar el psicofármaco y en último caso si no podemos hacer una psicoterapia en función del proyecto humano, del futuro, del cambio, del proyecto de país, del proyecto mío, individual, dentro de ese país que yo quiero y proyecto, simplemente le estoy dando a ese ser humano un placebo. ¿Qué quiere decir?. Que estoy quitándole parte de sus síntomas y en general con ansiolíticos que más de una vez producen dependencia. Lo que pasa es que la globalización del mercado etc., etc., no busca la humanización del mundo, busca el consumo del mundo para que algunos pocos tengan ganancia.

P: El próximo libro de qué se trata.

V: Bueno el próximo libro es una historia de los trabajos en congreso que son 30 años de ciencia básica psiquiátrica, vale decir, para ver si logramos que los colegas, en particular los psiquiatras, y yo, junto con ellos, aprendiendo de ellos, logremos humanizar la psiquiatría. ¿Qué quiere decir eso?. Eso quiere decir que yo hago un planteo gnoseológico de la psiquiatría, vale decir, clasifico la enfermedad, el síntoma, el síndrome, el signo, pero no veo la totalidad de ese ser humano en su devenir. ¿Qué estoy haciendo?, lo estoy deshumanizando, es una relación entre dos cosas, alguien que se sienta ajeno al otro y éste que tiene su esquema referencial donde debe ubicar al otro, entonces, por ejemplo, en particular en el campo del depresivo donde mi planteo es en una depresión mayor severa, prácticamente, fundamentalmente es la pérdida de la identidad del ser, ha quedado en su devenir temporal, y no podemos solucionarle su problema solamente con psicofármacos. Entonces toda esta evolución de este libro es desde el comienzo de las reflexiones que hice desde hace 30 años y que nos dan como resultado el próximo libro que va ser técnicas que se basan, perdonando la palabra técnica porque no me gusta. De todas formas va ser orientador el próximo libro para usarlo en función del ser humano en situación buscando la libertad.

P: Si estoy depresivo no me lo cura una pastillita y si estoy alterado porque me he peleado con el pasado y no logro reconciliarme, tampoco me lo cura una pastillita.

V: ¿Si se ha peleado con el pasado?

P: Por ahí uno anda enojadísimo.

V: El Pasado como primera medida nos ha ido determinando un paradigma, diríamos, en la corriente de la terapia cognitiva conductual; nosotros diríamos que nos ha ido determinando una existencia en el mundo, que no nos permite el proyecto de la futuridad y estamos insertos en el pasado, entonces cuando concientizamos el aquí y ahora no estamos viviendo el aquí y ahora, sino que estamos repitiendo el pasado, repitiéndolo en el sentido de los esquemas referenciales de vida de los valores, de la formación del lugar que ocupa en la familia, en fin, de la sociedad. ¿Y qué pasa?, repito en el presente toda una serie de vivencias sin darme cuenta y las repito, y cuando creo que me proyecto y pienso en futuro, estoy proyectando mi pasado en el futuro porque el futuro es pura posibilidad y es por venir donde yo puedo insertar mi vida.

ENTREVISTA RADIAL
(FM SIGLO XXI) 12-12-96

P. Doctor, ¿cómo le va?

V. Muy bien, ando muy bien, muy satisfecho de estar con Uds. porque sé que la concepción que tiene esta emisora es en función de la búsqueda del encuentro humano, no del uso del ser humano, vale decir, están en una situación de apertura y en una búsqueda del desarrollo del pensamiento abierto, del desarrollo del pensamiento humanístico y del desarrollo en particular del pensamiento dialéctico.

P. Doctor, el propósito de la charla -es la segunda vez que Ud. charla con los oyentes de Siglo XXI-, sería el de ahondar un poco más en los temas que alguna mañana se escucharon aquí por Siglo XXI.

Ud. como catedrático, como estudioso del área de la Psiquiatría, ha estado trabajando este último tiempo en un amplio trabajo sobre la psiquiatría y un replanteamiento de la disciplina y el porqué la existencia de la psiquiatría en estos tiempos y cómo ha sido ocupada para beneficio o no de la gente no. Ud. me hablaba fuera del micrófono del ontoanálisis, no sé si está bien empezar por el final o por los antecedentes, en los que Ud. se ha basado.

V. Claro, se comience por el final o por el principio, siempre debemos considerar una expectativa de buscar el bienestar humano, desarrollo humano en función de un replanteo de lo que supuestamente se considera como episteme en la psiquiatría. Vale decir, el sentido de lo verdadero. ¿Por qué? Porque tanto en psiquiatría como en otro tipo de pensamiento y de acción nuestro pensar por lo general es dependiente de intereses que no están orientados hacia el desarrollo humano.

Este pensamiento no surge ahora, sino que es un pensamiento en el que estamos trabajando hace más de 30 años, donde investigamos el fenómeno particular irrepetible del ser humano en su individualidad, en su ser en el mundo. Entonces, hemos ido repasando, investigando, desarrollando, todo aquello que de alguna forma llegó a conceptualizarse, o a plantearse como enfermedad mental. Y al plantear la enfermedad mental, también hemos tratado en ver sus orígenes, cómo ha evolucionado a través de la historia de la humanidad, como han ido desarrollándose sus esquemas referenciales, vale decir, los paradigmas de la Psiquiatría, y cómo ha ido actuando y actúa el esquema referencial o paradigma del psiquiatra en el fenómeno de lo humano y en el caso individual. Y más de una vez, distorsionado en forma, creo, no consciente por parte del terapeuta.

P. ¿Cómo es que se plantea uno ser psiquiatra? Ud. que tiene experiencia y ha intercambiado con sus colegas...

V. Claro, tendríamos que remontarnos probablemente al desarrollo del proyecto imaginario en los seres humanos que se dedican en particular a esta especialidad.

Ese proyecto imaginario surge a través de motivaciones, de elecciones en un determinado momento de la niñez donde se forja este proyecto que es totalmente autoritario, en el sentido de que no es consciente, vale decir que va determinando un supuesto desarrollo de ese ser humano, en este caso en el campo de la problemática mental. Lo que pasa que como en todo, si no vamos desarrollando nuestra concepción de ese proyecto imaginario, y no lo vamos o asumiendo o superando o elaborando podemos caer en una trampa. ¿Cuál es la trampa? Ud. me pregunta por qué un psiquiatra se hace psiquiatra.

Una respuesta universal a esto sería desconocer el porqué un psiquiatra se hace psiquiatra.

Vale decir, tendríamos que analizar el devenir existencial, la situación en el mundo, de cada psiquiatra en particular. Porque al unificar la concepción psiquiátrica a través de esquemas que responden a una supuesta realidad, del paciente, si no replanteamos nuestra propia realidad frente a nuestra elección de la psiquiatría podemos caer en un análisis equivocado del desarrollo de esa vocación. Porque la vocación si no responde a una elección auténtica, a un compromiso humano, a una amor al prójimo, a un desarrollo de valores humanos, ese psiquiatra puede entrar en una concepción inauténtica de su supuesta elección.

No está eligiendo esa profesión por esa búsqueda de que hablamos de lo humano, del amor al prójimo, de lograr que el otro supere sus conflictos, sus limitaciones, sino que puede ser que entre en ese campo porque de alguna forma signifique para él algo relacionado al poder. Poder superar sus limitaciones. Pertenecer a una determinada élite.

Por eso es necesario asumir que no somos los dueños de la verdad, de la normalidad de la gente, de lo contrario podemos encontrarnos con que hemos sido lanzados a una masificación del poder en el sentido individual.

Vale decir, somos psiquiatras porque "se debe" ser psiquiatra, porque es lo que conviene a determinados intereses y no nos damos cuenta que más de una vez responde a intereses no conscientes, más de una vez no dirigidos en función del bienestar humano, sino dirigido en función de satisfacer necesidades no conscientes nuestras.

P. Doctor, y en base a este planteamiento, es por eso que también debe tener alguna explicación en base a su dicho, de tratar de justificar algunas precariedades; ¿podríamos llamarlo así?

Cómo es que una persona, quizás bien intencionada en un principio, deviene en un artífice del poder o de buscar ser un instrumento más de un sistema negador de la evolución de la gente. Este replanteo del ontoanálisis que Ud. está impulsando a través del estudio que ha estado realizando, ¿tiene que ver con esta situación, verdad?

V. Claro, nosotros estamos tratando y hemos logrado en parte (porque siempre estamos abiertos al devenir), marcar nuestra propia distorsión investigando nuestra propia concepción.

Quiero decir con esto que no respondemos explícitamente a modelos que se transforman en dogmas, sino que tenemos una apertura hacia el mundo, una apertura hacia el fenómeno del ser humano y en particular una disponibilidad para nuestro paciente y no solamente para nuestros pacientes sino también para aquellos que supuestamente no tienen la posibilidad de ser pacientes.

Vale decir, no solamente enfocar en la supuestas concepciones de enfermedad-salud, sino enfocarlo bajo la perspectiva de salud desde que la salud es el desarrollo del bienestar global físico, psíquico y mental, no solamente la ausencia de enfermedad y el proyecto del desarrollo de la libertad humana. Sabiendo que esa libertad humana siempre va a estar limitada por la falta de libertad del otro. Entonces, ¿como llegamos a esta concepción? Asumimos la historia de la concepción de la enfermedad, de la enfermedad psíquica, vemos que del comienzo del pensamiento humano aparecen diferentes concepciones. En su primera época estaban enmarcadas dentro del mundo de la explicación mágica, mística; no había respuestas en ese momento que pudieran asumir una situación lógica, sino que era una respuesta mágica.

Entonces la enfermedad mental era fruto de los malos espíritus. De ahí comienza la evolución de esta concepción donde aparecen también médicos, pensadores, y empiezan a hablar de que, por ejemplo, la epilepsia, el mal sagrado, que se llamaba en esa época, mal sacre, no tenía nada de sagrado, sino que era una alteración de tipo biológica ubicada en el cerebro, en el mecanismo que produce la electricidad del cerebro. Esto es muy largo de explicar. Pero si nosotros vamos a conceptualizar la concepción que había en función de la enfermedad mental, vamos a ver que aparece con mayor claridad el pensamiento de loco en un determinado momento de la historia. ¿Qué pasaba? Anteriormente, en la época de las cruzadas, además de que había mucho movimiento, apareció con mucha fuerza una enfermedad que era la lepra. Entonces aparecieron en Europa muchísimos leprosarios. Después empiezan a desaparecer esos viajes y empiezan a disminuir, empieza a desaparecer la lepra y empiezan a quedar vacíos los leprosarios. Entonces apareció otra enfermedad traída de América que es la sífilis. Por eso se usa esa parte de los leprosarios para estos pacientes pues era una enfermedad indigna, diríamos, contagiosa,

P. ¿Una especie de SIDA?

V. Claro. Con gran temor de la gente. Entonces aparece la sífilis también acompañada con prejuicios de tipo sexual y concepción de mundo y demás. Entonces, ¿dónde podía ir esa gente a ser tratada? En los leprosarios. En esos leprosarios, donde ya no estaban los leprosos o habían muy pocos, sino enfermos sifilíticos. Entonces ahí ponen también a los vagabundos y a los gerontes, vale decir a los viejos. ¿Qué sacamos de eso? Ahí iban entonces los indignos, los viejos que no podían producir y los vagos. Hacía falta o aparece un cuadro donde algunos seres humanos por el supuesto trastorno mental, no producían o decían cosas que molestaba a la normalidad del sistema. La normalidad del sistema era trabajar y producir. Lo que no se preguntaba o bien sabían los que organizaban el sistema era para quién trabajaba esa gente. Entonces ahí aparece gran parte del ideal de occidente. El trabajo. Situación diferente en Oriente. Situación diferente en la civilización mapuche, por ejemplo, donde el trabajo no es lo más importante sino que lo más importante es la interpersonalidad. Y aparte el respeto por la naturaleza. El hombre de Occidente se encontraba frente a la naturaleza, a la que tenía que explotar, sin cuidarla. Ahora tenemos las consecuencias. Y el hombre de Oriente o de la sociedad mapuche, respetaba la naturaleza. Y buscaba en vez de la producción y el ahorro, el encuentro humano. Pero nos hemos ido un poco del tema. Llegamos a ese momento donde aparece el loco. El loco no produce y cuestiona al sistema. Entonces hay que internarlo. ¿Y dónde se lo interna? Donde estaban algunos leprosos, los sifilíticos, los vagabundos, los gerontes, y ahora los llamados locos. Quiere decir que de alguna forma el psiquiatra en ese momento histórico se había transformado en un gendarme del sistema. Vale decir, el que cuestionaba algunas cosas o no producía iba al manicomio. Eso en el comienzo de toda esta historia.

P. Ud. dice que la locura, entonces, ¿tuvo una raíz de protesta social? ¿Podría llamarse así? O de protesta contra el sistema por la forma de vida. O el que elegía no vivir como el sistema. ¿Se puede interpretar así esto?

V. Claro. Ahí entraríamos en una temática a desarrollar...

P. ¿Teniendo en cuenta el entorno histórico también, verdad?

V. Claro, desarrollar si las enfermedades psiquiátricas son determinadas en particular por los factores endógenos o serían mucho más determinantes los factores exógenos. ¿Qué quiere decir esto? Si nosotros en la evolución que hemos ido haciendo del análisis de la psiquiatría, de la psicología, la psicoterapia, asumimos algunas corrientes, algunas dicen que el hombre es determinado básicamente por los instintos. Por los instintos en una dialéctica en función de la educación, en particular, de la educación con los padres, y supuestamente en esa dinámica aparece lo que podríamos llamar consciente. Pero la determinante sería endógena. Serían los instintos. Podríamos decir que eso es zoologizar al hombre, porque sería determinado simplemente como cualquier animal por el aspecto endógeno. Este es un tema muy interesante, trascendente para dialogar con los colegas. ¿Por qué? Porque si un colega asume que es fundamental y determinante lo endógeno y otro que lo exógeno es más determinante, ¿qué nos están diciendo? Nos están diciendo que atrás de ese psiquiatra hay una concepción del hombre, hay una concepción de mundo. Si lo endógeno determina todo, ¿para qué voy a cambiar lo exógeno? ¿Para qué voy a cambiar la sociedad? ¿Para qué voy a entrar a analizar las estructuras económicas? ¿Para qué voy a analizar la ideología? ¿Para qué voy a analizar las concepciones filosóficas? Para qué si en el fondo todo es determinado por lo endógeno.

Ahí ya vemos que esa concepción que parecería ser solamente psicológica o psiquiátrica, está actuando o pensando en una situación eminentemente sociológica.

Nosotros asumimos que lo endógeno existe, pero decimos que la mayoría de lo endógeno es lo exógeno endogenizado. Tratamos de diferenciarnos entre hombres de izquierda y hombres de derecha. Norberto Bobbio, filósofo Italiano, dice en su libro "Derecha e Izquierda", Ed. Taurus, 1995, que os hombres de izquierda son los que tratan que el mundo progrese en función de que disminuyan las diferencias, y los hombres de derecha asumen y ahí toman conductas para aumentar las diferencias. Nosotros nos consideramos hombres de izquierda. ¿Por qué? Porque pretendemos disminuir las diferencias para que haya un desarrollo armónico del hombre. Entonces, consideramos que el ser humano es un ser arrojado al mundo, vale decir, que nadie elige nacer, lo arrojan al mundo. Y en ese arrojar al mundo, donde no hay elección, se encuentra en situación. ¿Qué quiere decir que se encuentra en situación? Encontrarse en situación significa encontrarse arrojado y en el mundo. Si el ser humano hubiera podido elegir nacer, probablemente hubiera elegido nacer hijo de un escritor, hijo de alguien que tenga una empresa, hijo de un periodista, hijo de un filósofo. Y en gran parte tendríamos que plantearnos por qué elegiría eso y no otras cosas. En gran parte también sería la sociedad la que supuestamente entraría en esa determinada dirección.

P. En esa interacción supuesta... ¿No es cierto?

V. Claro, o no elegiría nacer... Si él eligiera nacer; pero no elige, lo lanzan al mundo. Y en ese mundo, se encuentra en una determinada situación, en un determinado "nicho", como dice Heidegger. Porque qué pasa cuando hacemos el análisis de este libro que estamos conversando. Estamos elaborando a través de plantearnos, replantearnos, aprender, desaprender lo aprendido, para aprender lo nuevo. Estamos tratando de ver si nuestra concepción de hombre, no del hombre, de hombre, de ese hombre irrepetible, individual, que está frente a mí en mi consulta, si mi esquema referencial, responde a ese hombre particular, o responde a una concepción psiquiátrica-psicológica. Vale decir, estamos siempre en una actitud de vigilancia, de ponernos siempre en el lugar del otro. No poner al otro en función de nuestras concepciones psicológicas o psiquiátricas.

P. Bien, teniendo en cuenta esta diferenciación, ya que Ud. lo ha planteado muy bien, del punto de vista psiquiátrico, y lo ha generalizado para entenderlo en cualquier ámbito de la expresión humana, ¿dónde están divididas las aguas entre hombres de izquierda y hombres de derecha? La oportunidad, entonces, es propicia para preguntarnos ahora, si el sufrimiento mental en estas circunstancias, y desde su punto de vista, no es más que una consecuencia, una sumatoria de hechos en la vida de cualquier persona que habita en algún punto del planeta que termina siendo bajo estas circunstancias una persona que está sentada frente a Ud. preguntándole: Dr., ¿qué me pasa en la cabeza?... Esto significaría que nosotros podríamos adentrarnos aún más en temas que tienen que ver con la salud.

V. Claro.

P. ¿De modo que de la salud definitivamente podríamos llegar a tener una concepción, no sé si nueva, pero un replanteo del concepto de salud, Doctor?

V. Así es. Nosotros los psiquiatras tenemos la costumbre de escuchar. Y en el escuchar tratamos de encontrar cómo piensa el otro. Ud. me dice "en cualquier lugar del mundo"... El ser humano concreto, individual, irrepetible, no se da en cualquier lugar del mundo igual. Se da en todos los lugares en forma diferente. Con diferencias determinadas por el lugar que ocupa en el mundo, dónde nació, si nació en las sociedades desarrolladas, por ejemplo, la problemática laboral no es la misma que si nació en América Latina. Y menos si nació en una sociedad en cambio como es ésta, que es nuestra Argentina. Si en la sociedad desarrollada hay desempleo, tiene seguro de desempleo. Es diferente esa situación a la situación en otro lugar del mundo, como es en la Argentina, donde si hay desempleo no hay seguro de desempleo o es mínimo o en muy poca gente y para colmo no hay posibilidades de empleo. Por otro lado, ese ser humano concreto, tiene cierta estabilidad en las sociedades desarrolladas. En nuestro medio, está temiendo perder su fuente laboral, porque sabe que no hay fuentes laborales para ofrecerle. Vale decir, no podemos universalizar conceptos. Tenemos que ir partiendo del análisis para encontrar al otro. Y el otro se da irrepetible. Yo no sirvo en mi análisis si no me pongo en el lugar del otro y a disponibilidad del otro. Yo no puedo, si un paciente, por ejemplo, entra a comentarme una actividad onírica o un sueño, y yo quiero encontrar algún sentido psicológico que lo tiene, y parto de una concepción universal, donde el inconsciente va a ser elaborado a través de simbolismo onírico, del simbolismo de un sueño, de los restos diurnos, de la personalidad del paciente, de la situación transferencial, etc., etc., llegaré a una determinada interpretación. Pero si ese simbolismo es universal, como lo plantean algunas corrientes psicológicas, muy en boga en su momento, me voy a dar cuenta que pierdo a mi paciente individual. ¿Por qué? Porque yo pienso que un mapuche no va a soñar, probablemente hace unos 100 ó 150 años con un revólver. Porque no está en su entorno el revólver. Entonces no puedo pensar tampoco que va a soñar con un paraguas, y si yo interpreto que no puede soñar con un paraguas, si no que soñará con otro símbolo de su medio ambiente donde se desarrolla, estoy quitando la posibilidad de universalización de interpretar ese sueño a través de este simbolismo universal. Vale decir, estoy tratando de encontrar en el otro, la realidad del otro, a través del otro. ¿Qué es lo que voy a tratar de hacer? Develar al otro. ¿Qué quiere decir develar al otro? Encontrar los sentidos, encontrar el significado de las cosas de la existencia del pensamiento de ese otro ser humano a través de él. ¿Por qué? Porque los significados parten de una serie de consideraciones y vivencias individuales. Por ejemplo, simplemente una cosa muy global: Si estamos aquí y Ud. sale y se pone ahí y dice: Gato, gato, miau, miau, y vuelve y me dice: No lo encuentro. ¿En qué voy a pensar yo?, qué estaba buscando? Un gato, un animal de cuatro patas con cola. Pero si Ud. va en el auto, se le pincha una goma, va atrás del auto abre el baúl y me dice: no encuentro el gato. ¿Qué voy a pensar yo? Que es el aparato para levantar el neumático, o sea, el gato. Vale decir, que una palabra en esa sencillísima explicación, tiene dos significados. Pongámonos en consideración de los hechos humanos y de las existencias diferentes y vamos a ver la tarea difícil e interesante de encontrar la significación que el otro le da a sus hechos, a su vida, a su existencia. Insisto que en nuestro trabajo, hemos ido tratando siempre de desaprender lo aprendido. ¿Por qué? Porque lo aprendido en gran parte no ha sido elegido, no ha sido puesto entre paréntesis, sino que simplemente, más de una vez, la enseñanza ha sido repetir. El que mejor repitiera era mejor, después aparece el tratar de aprender, y en los últimos tiempos nosotros planteamos que en gran parte en nosotros y en nuestros pacientes debe desaprender lo aprendido. ¿Por qué? Porque lo aprendido no le ha permitido vivir en plenitud. Y ese no vivir en plenitud, por lo general, es fruto de la historia individual y del medio que ha determinado en gran parte que ese ser humano refleje su mundo interno a través de determinantes del mundo externo.

P. Doctor, entonces significaría esto que el desaprender se puede leer como una liberación de lo que se entiende como aprendido, que podría llegar a explicarse como algo normal y aparte como algo que a uno de alguna manera lo cerca en su accionar, y entonces como que la libertad llega hasta ese entorno que está ya diagramado y no poder salirse de esa situación. Es un poco, a ver si se puede entender, desde alguien que lo está escuchando con atención. Su trabajo en este caso, ¿es como un acto de libertad sobre su profesión, no?. ¿Se puede interpretar así?

V. Correcto. Vale decir, ponemos entre paréntesis, como diría J. P. Sartre, "la seriedad de lo serio". ¿Qué quiere decir con esto? Con eso Sartre quiere decir que a través del tiempo se han ido imponiendo ideas, concepciones en el pensamiento humano en particular, estamos hablando del pensamiento psiquiátrico, donde la concepción altera la percepción. ¿Qué quiere decir esto? Que voy a ver en gran parte, a pensar, en función de la concepción y no de la realidad. Si yo no pienso en función de la realidad y pienso en función de mi concepción, pierdo la posibilidad del encuentro humano en mi terapia. Vale decir, pierdo la posibilidad de encontrarme con el otro en un proyecto. Pero, como le decía, nosotros los psiquiatras tenemos la costumbre de escuchar a los otros y Ud. dijo la libertad cercada por tal y cual cosa. El ser humano que es arrojado al mundo y que está en el mundo, está condenado a ser libre. ¿Qué quiere decir eso? Que es responsable de lo que hace y que lo que hace lo condena a él y condena al mundo, pero fundamentalmente y en base al proyecto de la terapia hacia la satisfacción, hacia la felicidad, puede cambiar los condicionamientos que el mundo haya producido en él con él. La terapia no es solamente un hacer consciente lo no consciente, sino que es ayudar, ayudándome conjuntamente con él, al compromiso y la libertad. Y la libertad es tratar de hacer conmigo un proyecto, un porvenir, una elección diferente de lo que ha aprendido, porque lo que ha aprendido me ha llevado al dolor.

P. Bueno, y en términos netamente psiquiátricos y teniendo en cuenta que Ud. escucha y trata de encontrarse con su paciente, debemos deducir que Ud. no está muy de acuerdo entonces con medicar al paciente, por ejemplo.

V. Este es un problema muy actual. Muy actual y digno de analizarse con paciencia, con conciencia y con ciencia.

P. Más allá de la generalidades que yo le meto a esto.

V. Porque no se puede negar el avance de los psicofármacos. Los psicofármacos que actúan sobre el proceso de la neurotransmisión han ido avanzando en particular, los llamados antipsicóticos, los antidepresivos, los ansiolíticos. Pero, ¿qué pasa con esto? Han avanzado, pero, ¿ha avanzado el hombre junto a estos conocimientos?

Ha podido el hombre asumir que estas consecuencias de la necesidad de usar los psicofármacos están determinadas por procesos existenciales. ¿Hemos podido lograr los terapeutas pensar que el trastorno de la neurotransmisión es una parte de una totalidad que es el ser en el mundo sufriendo?, ¿hemos asumido el compromiso de cambiar las causas que producen el sufrimiento?. Nos recuerda a Ernesto Guevara de la Serna, "Che", cuando dijo: "No sólo soy médico porque aprendí a auscultar el corazón de los hombres, sino que soy médico porque aprendí a auscultar el corazón de los pueblos". O estamos de alguna forma usando con muy buena voluntad un placebo que actúa sobre los síntomas, pero que no quita las causas que producen el dolor humano. Esto es muy importante porque, ¿qué pasa? Hablábamos recién de dependencia tecnológica, también de dependencia cultural y hay una dependencia ideológica, y hay una dependencia y un cruce en este momento, un cruce, una lucha por imponer la globalización de un mercado, el planteo del neoliberalismo. ¿Qué pasa con esto y los psicofármacos? Los productores de psicofármacos necesitan que se consuman para que produzcan ganancias. Entonces, ¿qué hacen? Con el gran poder económico que tienen, con el gran poder de penetración ideológica que tienen, van fabricando también un supuesto episteme. Vale decir, el episteme es el sentido de lo supuestamente verdadero. Y el sentido de lo verdadero después se transforma como prejuicio de la doxa. Vale decir, lo que se debe decir, lo que se debe pensar y lo que se debe hacer, lo que se debe medicar y lo que se debe consumir. Entonces esta penetración es tan grande, que frente a un determinado paciente, nosotros nos vemos condicionados a ver síntomas, signos, síndromes y enfermedades. Pero al ver esto solamente estoy perdiendo al ser humano concreto que está enfrente mío. Nuevamente estoy adecuando al otro a mi concepción. Pero este poder de penetración de que hablábamos de los creadores de tecnología, determina que nosotros si no pensamos eso, si no estamos supuestamente actualizados en las últimas clasificaciones de las enfermedades, nos hacen pensar que no estamos en lo que debemos estar, pero ¿para qué debemos estar?. Y porque si solamente yo pienso en signos, síntomas, síndromes y enfermedad, ¿cuál es la solución que me dan a través de la penetración cultural?.

En este año me deben haber regalado más de 30 libros. En esos 30 libros, yo voy a ver signos, síntomas, síndromes u enfermedades y su cura. ¿Cuál es su cura?

Conocer el metabolismo de la neurotransmisión y el manejo de sustancias adecuadas (psicofármacos). Todo en la psiquiatría, en este momento todo o casi todo, gira en función de la llamada neurotransmisión. Por ejemplo, los inhibidores de la recaptación de la serotonina que son útiles cuando la serotonina como neurotransmisor ha disminuido a nivel de la sinapsis y hay que aumentar la cantidad para que desaparezcan los síntomas.

La serotonina es un neurotransmisor. Realmente son útiles, no podemos negar que ayudamos al paciente, que supera síntomas, no todos. Pero, dos interrogantes: Primero, ¿lo curamos?. Segundo, ¿estamos comprometidos con superar las causas que determinan el desequilibrio de esos neurotransmisores? ¿Estamos ayudando a que ese ser humano elabore herramientas cognitivas y demás para que posteriormente no se le presente la depresión, por ejemplo?

¿O estamos cumpliendo lo que se debe hacer? Y ese "se debe" está tan metido ideológicamente en la mente del terapeuta que a veces tememos no dar un psicofármaco porque vamos a ser mal terapeuta. Porque ya el paciente viene pidiendo el psicofármaco tal. Porque lo leyó en un diario norteamericano y lo leyó en dos libros, con el nombre del fármaco "El Señor tal....". No digo el nombre porque haría propaganda a un psicofármaco.

P. Esto responde entonces a un mercadeo constante, que un psiquiatra se tiene que estar planteando constantemente, digamos, el avasallamiento, o el avance profundo de los psicofármacos como producto, a través de un marketing.

V. Claro, de un tremendo marketing... Que va desde esto de los regalos de libros, determinada atención, llevarnos a congresos. Y se llega a tal límite de saturación, que para que los mismos psiquiatras concurran a las conferencias de los psicofármacos, hacen rifas para viajes a Europa, porque si no la gente está ya colmada de la neurotransmisión. Recuerdo el comentario de un joven colega que manifestaba su desconfianza hacia la literatura médica actual porque, a su juicio, está llena de "chivos". Pero el problema es que es tal la penetración, que más de un colega, y uno mismo a veces, se ha quedado sin letra, se ha quedado con la letra que le han dado los laboratorios, que le han dado del DSM IV. Vale decir, el DSM IV es un libro de clasificación de predominio norteamericano y ahora en el mundo, que trata sobre los trastornos mentales.

Entonces, describimos síntomas, signos, síndromes y enfermedades, pero estamos perdiendo continuamente a nuestro ser humano (paciente). "Ser haciéndose ser en el devenir". Estamos repitiendo, desarrollando y diagnosticando. ¿Para qué? Para dar psicofármacos y no es que nuestros colegas o yo mismo seamos culpables, es tal la penetración cultural en este sentido, que en el fondo, ese psiquiatra, ese terapeuta, ese pensador, ese filósofo, en todas las corrientes, y fuera de la psiquiatra también. Se da de cabeza con su condición de pensador "Sudaca".

Ese pensador "Sudaca" sufre un gran complejo de inferioridad. ¿Por qué complejo de inferioridad? Porque consciente o no consciente se siente colonizado. Al sentirse colonizado quiere imitar al colonizador. Esto ya lo analizó un discípulo de Sartre, Franz Fannon, en uno de los libros "Máscaras negras sobre rostros blancos", que quería decir que el argelino que se iba a Francia a estudiar y volvía a Argelia, asumía un comportamiento similar al colonizador, pero siempre tenía el problema de que quería ser blanco y era negro.

P. Una profunda contradicción.

V. Que es la dificultad que tenemos de asumir un proyecto de pensamiento auténtico y que surja de nuestras propias capacidades. Porque siempre esas propias capacidades las vemos disminuidas a través del complejo del colonizado.

P. Este complejo al que Ud. hace referencia, y que estamos descubriendo que sufren los terapeutas.

V. Lo sufrimos todos... y si no, veamos la anorexia, bulimia. Veamos, en fin, un montón de cosas.

P. Entonces, los terapeutas se ven un poco condicionados y se sienten colonizados.

V. No sé si se sienten, si se dan cuenta. No universalicemos.

P. Vamos a universalizar, digamos, en el sentido de ver esta corriente que puede estar identificándose como que se siente colonizada y seguramente que aquí vendrá el intento de respuesta, Ud. lo está haciendo con este análisis y este trabajo que pronto estará en la calle. Entonces, este sentimiento y esta situación de poner los puntos sobre las ies, aquí, digamos, desde Sudamérica o desde Latinoamérica, ¿tendrá alguna respuesta más receptiva por parte de otros colegas suyos o habrá que ayudarlos a que se den cuenta?

V. Bueno, yo creo que cuando se ha intentado realizar este planteo, se ha tenido mucho éxito. Carlos Alberto Seguin, casi diríamos el introductor y recreador en cierto aspecto del existencialismo en Latinoamérica, un peruano, él dentro de la concepción que desarrolla, hizo un libro de medicina psicosomática en particular, que después fue un libro de texto en el mundo. Vale decir, que cuando lo intentemos, y lo anhelemos, vamos a tener éxito. ¿Por qué? Porque ahora, esto que hablábamos de la neurotransmisión se le pone con un gran título, y a veces nos sentimos como atropellados, como asustados. La psiquiatría biológica. Pero la psiquiatría biológica o la vida se da en el encuentro de un sinfín de variables, que son sociológicas, son psicológicas, son las llamadas biológicas. Vale decir, que la vida se da en ese entrecruzamiento de variables, y no es solamente en un mecanismo interno de neurotransmisión.

P. En términos prácticos, Doctor, ¿qué habría que hacer? Habría que lanzar, por ejemplo este libro, ver las respuestas, organizarse, digo esto por los tiempos de hoy, el aceleramiento de los tiempos es profundo y va "in crescendo" cada día más, no somos futurólogos, sino que lo vemos, lo observamos. Los fenómenos sociales, políticos, culturales sufren una profunda aceleración, en la medida que se van produciendo en diferentes sectores de la sociedad, y lo que Ud. está planteando tendrá su respuesta casi inmediata en algunos sectores y en otros no. ¿Ud. ha estado en contacto con otros colegas? Hay expectativas frente a estos planteos?

V. Yo tengo que ser auténtico. Y la evolución de este pensamiento, por supuesto que no es de generación espontánea. Es en gran parte la historia de muchos pensadores también argentinos, que siempre fueron vanguardia del pensamiento, pero que en determinadas épocas eran transgresores en el sentido de la normalidad. Ahora, gran parte de esa transgresión se está transformando en parte del episteme. La normalidad del pensamiento. Vale decir, que eso que fue transgresión, ahora se acepta, con un planteo serio, planteo epistemológico, planteo científico y el avance del pensamiento y aquello que fue transgresor ha cambiado. Por ejemplo podemos ver que Juan Pablo II ya acepta de alguna forma la teoría de la evolución.

Sin embargo, cuando nosotros hablábamos de la evolución éramos transgresores. Ahora tenemos el apoyo, la perspectiva compartida por el progreso del pensamiento.

Yo creo que este libro en cierto aspecto fue transgresor desde el comienzo. Porque fue cuestionando cómo fue una investigación continua, fue cuestionando las normalidades de los terapeutas, la normalidad del sistema, si el sistema era creador o posibilitaba la salud mental, la salud en general. Cuestionábamos esa posibilidad. ¿Por qué? Porque por muy buena psicoterapia que se hiciera, ese hombre va a volver a un medio que continúa siendo alienatorio.

Ahora si la psicoterapia lleva su tiempo, su contigüidad y continuidad, es muy probable que ese ser humano salga con la posibilidad de transgredir la enfermedad, y no identificarse con la misma. Sino identificarse con el proyecto de libertad.

P. Doctor, ¿qué supone entonces Ud.?, porque me lanzado una imagen bastante poderosa, por decirlo así, y que tiene que ver con que en el futuro, para los que estamos esperanzados, haya una evolución humana, creadora, trabajando para una civilización que aspiramos que sea mejor, para lo cual el suyo es un aporte importante. Pero, le pregunto en forma personal, quizás sea una obviedad o una falta de respeto, ¿no siente miedo?

V. Hemos pasado mucho miedo. Pero era un miedo creador. Y nos comprometía. ¿Por qué, con quién nos comprometía? Nos comprometía con el desarrollo humano, nos comprometía con la libertad, nos comprometía con el bienestar, nos comprometía con la búsqueda de felicidad entre todos, nos comprometía a realizar un mundo donde el proyecto humano se fuera desarrollando.

Miedo, no sé... Decir que no tengo miedo, y decirle a Ud. recién que siempre la costumbre del psiquiatra es escuchar, al decir Ud. que es un mensaje grande, nos hace pensar en qué contestaría otro terapeuta. Si el mensaje es tan grande y omnipotente en el fondo, debe estar sintiéndose bastante impotente.

Vale decir, que nuestro mensaje no es omnipotente, nuestro mensaje no cree que tiene la verdad. Y sabe que la está buscando. Nuestro mensaje está en función fundamental del proyecto de la libertad, del proyecto del humano devenir.

Y ahí si no lo encontramos entre todos, entre todos digo, incluyendo los centros del poder, el mundo no tiene salida. Pero yo sí creo que el hombre va a crear un mundo con salida, lo está creando. Con las propias contradicciones de una situación emergente, en este momento, donde pareciera que el planteo de lo humano, de lo humanístico estuviera superado por el planteo de la globalización del mercado, del marketing, de la imitación de los modelos, de sistemas light, las fast food, etc. Un mundo que propone el consumo para los que puedan y cada día practican menos los valores de los grandes relatos (Cristianismo, Revolución Francesa, Marxismo).

Porque, por ejemplo, en este momento, las profesiones de carácter humanístico, en general, están siendo asumidas más por la mujer que por el hombre. Porque se supone que en los "tejos", como dice la gente, en el aspecto económico, van a ser más rentables, en el aspecto de los negocios, en el aspecto de la exportación, en las empresas, en dirección de empresas, en marketing y ahí se ubica el hombre. Y qué va a pasar con eso, va a pasar lo que pasó en nuestro país, que el ingeniero en electrónica no encontraba fábricas para trabajar.

P. ¿Y se entiende este planteo del encuentro entre lo neoliberal impuesto o tratando de imponerse y lo humanístico?

V. Es muy sencillo. Se habla de la muerte de las ideologías. ¿Qué es la ideología? La ideología es el reflejo subjetivo, distorsionado del mundo objetivo. ¿Qué quiere decir eso? Es sobre lo que hablábamos hace un rato de las concepciones y las percepciones. Yo voy a ver el mundo a través de cómo se han formado mis ideas. Entonces aparece el neoliberalismo que dice que las ideologías han muerto. Como si eso no fuera una nueva ideología. Porque si hay una distorsión anterior y esto se ha muerto aparece una distorsión nueva por un lado. Por otro dicen que la historia se acabó, se frenó, no hay más cambios, ¿qué mensaje nos están dando? Nos están dando un mensaje de que no se puede, que todo se paró, todo se frenó, que queda una sola cosa, adaptarse al mercado, pero el mercado ¿nos va a dar salud? El mercado ¿nos va a dar educación? El mercado ¿nos va a dar libertad? Si ni siquiera pueden decir que nos va a dar libertad de mercado. Porque va a consumir el que pueda, no todos. Entonces, este juego dinámico entre las dos tendencias, lógicamente que yo creo mucho en la posibilidad del ser humano, creo mucho en los grandes relatos actualizados, creo que no se le puede pedir a los grandes relatos lo que supuestamente se les pide, por ejemplo: se le piden soluciones económicas al cristianismo. El cristianismo en el fondo no plantea una situación económica, no plantea una situación económica, plantea un humanismo teocéntrico. Se plantea que la Revolución Francesa fracasó, que la igualdad, la fraternidad, etc. no se dio; se plantea que el comunismo fracasó. Pero la pregunta que me hago yo es la siguiente: ¿No tenemos todos acaso un poco más o menos de raigambre cristiana, no tenemos todos la búsqueda de los principios de la Revolución Francesa? ¿No tenemos todos la necesidad de que los hombres no se exploten entre los hombres, sino que proyecten un mundo mejor?

Entonces las ideologías y el resultado de todo eso no ha muerto. No ha muerto la ideología. Nos quieren imponer otra ideología. Pero yo creo en el hombre.

P. Esa ideología, ¿sería la llamada ideología de la nada o del nihilismo?

V. Ese sería el planteo un poco de lo que se está llamando el posmodernismo, todo es negociable, todo es light, hay que imitar los modelos, que lo importante es consumir. Consumir la marca, tener para ser. Esto de tener para ser históricamente también ha venido, pero en particular ahora encontramos la identificación en el modelo, en el modelo impuesto, vale decir, en el campo de lo inauténtico, en el campo del "se debe", donde se pierde el ser humano.

Se pierde todo, se pierden las concepciones. Si yo analizo la política y los políticos en la época actual voy a ver primero, que es necesario no confundir la política con los políticos. La política es un compromiso fundamental, trascendente, ético, en función de principios de solidaridad y de desarrollo de los demás. Pero la práctica del político responde a su proyecto imaginario, por lo general responde a una búsqueda, no todos, a una búsqueda de poder, una búsqueda de rentabilidad, no se hace política, se hacen operaciones políticas con una finalidad rentable. Se habla de solidaridad pero no se la practica. Se habla, si es útil en un determinado momento histórico, de Juan XXIII, de la Teología de la Liberación, de Carlos Marx, de la justicia social, de la independencia económica, de la soberanía política, etc., se habla pero no se practica. Después se termina hablando de marketing, de negociados. Vale decir que hasta en la política, también ha prendido el posmodernismo, por decirle posmodernismo en este caso. Por no usar otro término.

P. Doctor, muchas gracias por la forma y la oportunidad. Lo único que nos quedaría como final es saber, tener una idea, de cuándo vamos a tener ese libro en la mano, y cuándo vamos a poder tener la oportunidad de decirle a la gente: mire, hay un punto de vista que ha nacido o, por lo menos, tiene la idea de exponerse en un lugar donde normalmente se cree que nadie piensa. ¿Verdad? Estamos hablando de este lado del mundo, y creo que nos debemos la oportunidad de dar nuestro punto de vista. En este sentido, recuerdo que en un momento en la universidad se nos planteaba en una clase de introducción a la filosofía si era factible hacer filosofía en Latinoamérica o la filosofía ya venía hecha. Cosa que podríamos extenderla al conocimiento en general.

V. Yo creo que lo que le planteaban en la Facultad de Filosofía, por supuesto que era un prejuicio, que era una ideología. Porque la filosofía no está hecha, siempre se está haciendo, lo que está supuestamente hecho, son las formas de la filosofía. ¿Qué quiero decir con eso? Que hay formas instrumentadas a través de universidades con conocimientos dependientes de los centros de poder. Nosotros tenemos la obligación de lograr que nuestro tratamiento como terapeutas sea junto con nuestro paciente, aprendiendo a filosofar. Porque filosofar es superar lo cotidiano en función de un proyecto de libertad.

En cuanto al libro, tenemos el compromiso serio de que salga a circulación en febrero o marzo de este año.

Agradezco esta oportunidad que me brinda esta institución para que comience el devenir de las ideas del libro. Muchas gracias.

P. De nada.

BIBLIOGRAFÍA

ACEVEDO, JORGE, Eterno a Heidegger. Ed. Universitaria, 1990.
ADLER, ALFRED. El carácter neurótico. Ed. Planeta Agostini, 1993.
Obra maestra del pensamiento contemporáneo. Ed.
Planeta Agostini, 1993.
Guiando al niño. Ed. Paidós, 1957.
Superioridad e interés social. Ed. Fondo de Cultura Económica, 1968
ADORNO, THEODORE. Sobre la metacrítica de la teoría del
conocimiento. Ed. Planeta Agostini, 1986.
AFANASIEV, VÍCTOR. Manual de filosofía. Ed. Cartago, 1985.
AGUINIS, MARCOS. Elogio de la culpa. Ed. Planeta, 1993.
ALARCÓN, VIDAL Y OTROS. Psiquiatría. Ed. Panamericana, 1988.
ALEXANDER, FRANZ Y OTROS. Psiquiatría Dinámica. Ed. Paidós,
1962.
ALTHUSSER, LOUIS. Curso de filosofía para científicos. Ed. Planeta
Agostini, 1985.
ASTRADA, CARLOS. Humanismo y alienación. Ed. Devenir, 1964.
Dialéctica y positivismo lógico. Ed. Devenir, 1964.
Nietzsche y la crisis de irracionalismo. Ed. Dédalo, 1960.
BACHELARD, GASTÓN. La filosofía del no. Ed. Amorrortu, 1970.
BANDLER, RICHARD. Use su cabeza para variar. Ed. Cuatro
Vientos, 1994.
BASAGLIA, F. ¿Qué es la psiquiatría?. Ed. Punto Omega, 1976.
Y OTROS. Psiquiatría, Antisiquiatría y Orden Manicomial. Ed. Barral,
1975.
Qué pensamos acerca del psicoanálisis. Ed. Cientec, 1972.
BAULEO, ARMANDO. Ideología, Grupo y Familia. Ed. Kargieman,
1970.
Y OTROS. Cuestionamos 2. Ed. Granica, 1973.
Psicología y sociología de grupo. Ed. Fundamentos, 1975.
BAUMGARDT, ERNEST. Las Sensaciones del animal. Ed. Paidós,
1953.
BEAUCHESNE, G. Y OTROS. La Libertad. Ed. Troquel, 1965.
BEAUVOIR, SIMONE DE. ¿Para qué la acción?. Ed. Siglo XX, 1965.
Jean Paul Sartre versus Marleau-Ponty. Ed. Siglo XX, 1969.

El segundo sexo. Ed. Siglo XX, 1972.

BECK, AARON Y OTROS. Terapia cognitiva de la depresión. Ed. Desclee de Brouwer, 1983.

BERCKE Y OTROS. Laing y la antipsiquiatría. Ed. Fundamentos, 1973.

Antisiquiatría y contracultura. Ed. Fundamentos, 1973.

BERLINGUER, GIOVANNI. Psiquiatría y Poder. Ed. Granica, 1972.

BERGMANN, GREGORIO. Problemas Psiquiátricos. Ed. Paidós, 1965.

Nuestra Psiquiatría. Ed. Paidós, 1960.

BERNFELD Y OTROS. Marxismo, Psicoanálisis y Sexpol. Ed. Granica, 1972.

BESANCON. Los días del hombre. Ed. Buenos Aires, 1954.

BETTA, JUAN C. Manual de Psiquiatría. Ed. Albatros, 1972.

BIENEL, WALTER. Sartre. Ed. Salvat, 1985.

BIGNANI, ARIEL. Arte, ideología y sociedad. Ed. Sílaba, 1973.

BINOIS, RENÉ. La psicología aplicada. Ed. Paidós, 1960.

BLANCK, GUILLERMO. Memoria y Vigencia. Ed. Ediciones, 1984.

BLAUBERG Y OTROS. Breve diccionario filosófico. Ed. Estudio, 1975.

BLEGER, JOSÉ. Teoría y práctica del narcoanálisis. Ed. El Ateneo, 1952.

Psicología de la conducta. Ed. EUDEBA, 1964.

Psicoanálisis y dialecto materialista. Ed. Paidós.

Psicohigiene y psicología institucional. Ed. Paidós, 1974.

Temas de psicologías. Ed. Nueva Visión, 1975.

BOBBIO, NORBERTO. Derecha e izquierda. Ed. Taurus, 1995.

BRUNSWIK Y OTROS. Los marcos de referencia en psicología. Ed. Paidós, 1967.

BYKOV, KONSTANTIN. La corteza cerebral y los órganos internos. Ed. Cartago, 1958.

CABRAL, CÉSAR. Psicoterapia: saber y emoción. Ed. Platina, 1965.

CALVO, ISABEL. Pareja y familia. Ed. Amorrortu, 1975.

CAMUS, ALBERT. Moral y política. Ed. Losada, 1950.

Sartre: polémica. Ed. Escarabajo de oro, 1964.

CANO, JOSÉ LUIS. García Lorca. Ed. Salvat, 1985.

Machado. Ed. Salvat, 1986.

CAPLAN, GERARD. Principios de la psiquiatría preventiva. Ed. Paidós, 1966.

CAPARRÓS, NICOLÁS. Crisis de la familia. Ed. Kargieman, 1973.

Psicología de la liberación. Ed. Fundamentos, 1976.

CARREL, ALEXIS. La incógnita del hombre. Ed. Joaquín Gil, 1954.

CARUSO, IGOR. Psicoanálisis dialéctico. Ed. Paidós, 1964.

Psicoanálisis, marxismo y utopía. Ed. Siglo XXI, 1974.

CARVALHO, PAULO. Folklore y Psicoanálisis. Ed. Psique, 1956.

CASANELLI, IVER. Vivir sin angustia. Ed. Crisol, 1977.

CASTILLA DEL PINO, CARLOS. Patografía. Ed. Siglo XX, 1972.

Introducción a la psiquiatría. Ed. Alianza, 1978.

Dialéctica de la persona, dialéctica de la situación. Ed. Península, 1968.

CASTILLO, CÉSAR. Psicología y psicoterapia de la pasión amorosa. Ed. Librelos, 1960.

Medicina y existencialismo. Ed. López Libram, 1962.

CÍA, ALFREDO. Ansiedad, estrés, pánico-fobia. Ed. Estudio Sigma, 1994.

CIAFARDO, ROBERTO Y OTROS. Farmacoterapia de las enfermedades

nerviosas y mentales. Ed. Beta, 1971.

CENTRO MUNDIAL DE ESTUDIOS HUMANISTAS. Aportes a la cultura humanista. Ed. Virtual, 1994.

Algunos términos de uso frecuente en el humanismo. Ed. Virtual, 1995.

El humanismo en las diferentes culturas. Ed. Virtual, 1994.

Aportes a la cultura humanista. Anuario 1995. Ed. Virtual, 1995.

COLEMAN, JAMES. Psicopatología. Ed. Paidós, 1977.

COMFORT, ALEX. Los fabricantes de angustias. Ed. Granica, 1972.

COMPUZANO, FELIPE. Izquierda freudiana y marxismo. Ed. Grijalbo, 1979.

COOPER, DAVID. La muerte de la familia. Ed. Paidós, 1971.

Psiquiatría y antipsiquiatría. Ed. Paidós, 1971.

La gramática de la vida. Ed. Planeta Agostini, 1974.

CHAUCHARD, PAUL. El cerebro humano. Ed. Paidós, 1958.

Filosofía de la conciencia. Ed. Paidós, 1956.

La química del cerebro. Ed. Paidós, 1955.

La muerte. Ed. Paidós, 1956.

Y OTROS. Desarrollo de la personalidad. Ed. Troquel, 1965

DARWIN, CARLOS. El origen del hombre. Ed. Tor.

DÁVALOS, G. Y OTROS. Polémica. Ed. Librelos, 1964.

DELEVLE, DIDIER. La psicología: mito científico. Ed. Anagrama, 1972.

D´ELIA, SEBASTIÁN. Juventud, conciencia y moral. Ed. Fundamentos, 1978.

DELPHAUT, JEAN. Farmacología y psiquiatría. Ed. Troquel, 1967.

DESCARTES. Discurso del método. Ed. Latinoamericana, 1946.

DEUTSCH, HELENE. La psicología de la mujer. Tomo I, II. Ed. Losada, 1951.

DEWALD, PAUL. Psicoterapia: un enfoque dinámico. Ed. Toray, 1973.

DÖRR, OTTO. Psiquiatría antropológica. Ed. Universitaria, 1995.

DUBININ Y OTROS. Genética, conducta y responsabilidad. Ed. Cartago, 1984.

EHRENWALD, M. D. Psicoterapia: mito y método. Ed. Toray, 1968.

EY, HENRY. La conciencia P. Bernard y Ch. Brisset. Ed. Toray-Masson, 1965.

FANON, FRANTZ. ¡Escucha, blanco! Ed. Nova Terra, 1970.

Piel negra, máscaras blancas. Ed. Abraxas, 1973.

Los condenados de la tierra. Ed. Fondo de Cultura Económica, 1974.

FERENZI, SANDOR. Sexo y psicoanálisis. Ed. Paidós, 1959.

FERREYRA MOYANO, HORACIO. Cerebro y agresión. Ed. Nueva Visión, 1972.

FIGUEROA ESTEVA, MAX. Problemas de teoría del lenguaje. Ed. De Ciencias Sociales, 1982.

FLETCHER, RONALD. El instinto en el hombre. Ed. Paidós, 1962.

FOUCAULT, MICHEL. Enfermedad mental y personalidad. Ed. Paidós, 1961.

Historia de la locura en la época clásica. Ed. Fondo de Cultura Económica, 1992.

FOULQUIE, PAUL. Psicología contemporánea. Ed. Labor, 1965.

FRANKL, VIKTOR. La presencia ignorada de Dios. Ed. Herder, 1985.

Psicoanálisis y existencialismo. Ed. Fondo de Cultura Económica, 1978.

El hombre doliente. Ed. Herder, 1987.

FRENZEL, IVO. Nietzche. Ed. Salvat, 1985.

FREUD, ANNA.

FREUD, SIGMUND. Psicopatología de la vida cotidiana. Ed. Santiago Rueda. Obras Completas, 1952.

Historia clínica de la psiquiatría. Ed. Santiago Rueda. Obras Completas, 1952.

Obras completas. Ed. Santiago Rueda, 1952.

FROMM, ERICH. Psicoanálisis de la sociedad contemporánea. Ed. Fondo de Cultura Económica, 1967.

Psicoanálisis y religión. Ed. Psique, 1961.

Ética y psicoanálisis. Ed. Fondo de Cultura Económica, 1985.

La crisis del psicoanálisis. Ed. Paidós, 1970.

El miedo a la libertad. Ed. Paidós, 1959.

FROMM, FRIEDA Y OTROS. Principio de psicoterapia intensiva. Ed. Paidós, 1961.

FRONDIZI, RISIERI. El yo como estructura dinámica. Ed. Paidós, 1970.

¿Qué son los valores? Ed. Fondo de Cultura Económica, 1968.

FURSAC, ROGES DE. Manual de psiquiatría. Ed. Pubul, 1911.

FURST, JOSÉ. Teoría y práctica de la neurosis. Ed. Troquel, 1966.

FURTADO, CELSO. Desarrollo y subdesarrollo. Ed. EUDEBA, 1965.

GABEL, JOSEPH. Formas de alienación. Ed. Univ. de Córdoba, 1967.

Sociología de la alienación. Ed. Amorrortu, 1973.

GAOS, JOSÉ. Introducción al ser y el tiempo de Martín Heidegger. Ed. Fondo de Cultura Económica, 1977.

GARAUDY, ROGER. El método de Hegel. Ed. Leviatan, 1985.

La reconquista de la esperanza. Ed. Monteavila, 1962.

GARMA, ÁNGEL. El psicoanálisis. Ed. Paidós, 1962.

GARMENDÍA DE CAMUSO, GUILLERMINA. El pensamiento esencial de Sartre. Ed. de Ed. De Ciencias Sociales, 1984.

GRAND RUIZ, B. El tiempo en Jean Paul Sartre. Ed. Clepsidra, 1982.

GREGORIO, JAN. Psiquiatría clínica. Ed. Interamericana, 1970.

GRINSPOON, LESTER Y OTROS. Esquizofrenia. Ed. Troqueo, 1977.

GRUMFELD, FREDERIC. Profetas malditos. Ed. Planeta, 1988.

GUNN, JOHN. Violencia en la sociedad humana. Ed. Psique, 1976.

HALEY, JAY. Estrategias en psicoterapia. Ed. Toray, 1966.

Tratamiento de la familia. Ed. Toray 1974.

HALLY, C. Y OTROS. Teoría existencialista de la personalidad. Ed. Paidós, 1977.

La teoría del cinismo y la personalidad. Ed. Paidós, 1964.

HEGEMANN, MULLER. Psicoterapia. Ed. Nuestro Tiempo, 1964.

HESSEM, JOHAN. Teoría del conocimiento. Ed. Centro Gráfico.

HEWARD, C. WARREN. Diccionario de psicología. Ed. F.C.E., 1968.

HEYWARD, HAROLD Y OTROS. Antipsiquiatría. Ed. Fundamentos, 1973.

HIPPOLITE, JEAN. La libertad en Sartre. Ed. Dimagesto, 1992.

HORNEY, KAREN. La neurosis y el desarrollo humano. Ed. Psique, 1961.

La personalidad neurótica de nuestro tiempo. Ed. Planeta Agostini, 1985.

HORNSTEIN, LUIS. Teoría de las ideologías y psicoanálisis. Ed. Kargieman, 1973.

HOWARD, L. Y OTROS. Sartre y Cefebure, Althuser y Mallet. Ed. Paidós, 1974.

IMHOFF, JORGE. Los sueños de la burguesía. Ed. Cinco, 1986.

IÑIGUEZ, DANIEL MARCELO. Derecho judicial de derecho internacional privado. Ed. Parte General, 1990.

JASIMZHANOV, A. Y OTROS. La cultura del pensamiento. Ed. Lihuel, 1983.

JASPERS, KARL. Escritos psicopatológicos. Ed. Gredos, 1977.

Razón y existencia. Ed. Nova, 1959.

JAURETCHE, ARTURO. Los profetas del odio y la yapa. Ed. APL, 1967.

El medio pelo en la sociedad argentina. Ed. Peña-Lillo, 1984.

JEANSON, FRANCIS. El problema moral y el pensamiento de Sartre. Ed. Siglo XX, 1965.

Jean Paul Sartre en su vida. Ed. Barral, 1975.

JOLIVET, REGIS. La doctrina existencialista. Ed. Cuarta, 1970.

JONES, ERNEST. Vida y obra de Sigmund Freud. Tomo I, II ,III. Ed. Nova, 1960.

JONS, SEABORN. Tratamiento o tortura. Ed. Troquel, 1973.

JUNG, CARL G. Tipos psicológicos. Ed. Sudamericana, 1964.

KAHN, JEAN FRANCOIS. Stalinismo de izquierda, stanilismo de derecha. Ed. El Cid, 1983.

KAFKA, FRANZ. Aforismos. Ed. Mila, 1988.

KATZ, D. Psicología de las edades. Ed. Morata, 1971.

KELLY, GEORGE. Teoría de la personalidad. Ed. Troquel, 1966.

KENTEMICH, JOSÉ. Principios pedagógicos para la educación de la adolescencia. Ed. Paidós, 1985.

KESSELMAN, HERNÁN. Psicoterapia breve. Ed. Kargieman, 1972.

KIERKEGAARD, SÖREN. Tratado de la desesperación. Ed. Santiago Rueda, 1960.

KLEINER, BERNARDO. Revolución científico. Técnica y liberación. Ed. Centro de Estudio, 1973.

KOLAKOWSKI, LESZEK. Intelectuales contra el intelecto. Ed. Tusquets, 1972.

KOURÍM, ZDENK. La dialéctica en cuestión. Ed. Paidós, 1974.

KRAEPELIN, EMIL. La demencia precoz. Ed. Polanas. Obras completas, 1996.

La locura maníaco-depresiva. Ed. Polanas, 1996.

KRESTCHMAN, ERNEST. Psicología médica. Ed. Labor, 1957.

KÜNKEL, FRITZ. Del yo al nosotros. Ed. Luis Miracle, 1952.

LABATE, LUCIANO. Principios de la psicología clínica. Ed. Paidós, 1967.

LADRIÉRE, JEAN. Filosofía de la dialéctica. Ed. Del Atlántico, 1958.

LAGACHE, DANIEL. Del psicoanálisis. Ed. Paidós, 1963.

LAIN ENTRALGO, PEDRO. La relación médico-enfermo. Teoría e historia. Ed. Revista de Occidente, 1964.

LAING, R. Las cosas de la vida. Ed. Grijalbo, 1975.

Nudos. Ed. Sudamericana, 1973.

Conversaciones con mis hijos. Ed. Crítica, 1979.

El yo divide. Ed. Fondo de Cultura Económica, 1974.

Bazán y violencia. Ed. Paidós, 1968.

LAING, R. D. Y OTROS. Cordura, locura y familia. Ed. Fondo de Cultura Económica, 1967.

Experiencia y alienación en la vida contemporánea. Ed. Paidós, 1973.

LANGER, MARIE. Psicoanálisis y marxismo. Ed. Contrapunto, 1989.

LAPLANCHE, JEAN. Vida y muerte del psicoanálisis. Ed. Amorrortu, 1970.

LAZARTE, OMAR. Siempre puedes elegir. Ed. U de San Luis, 1987.

LEFEBVRE, HENRI. El Marxismo. Ed. EUDEBA, 1985.

Lógica formal, lógica dialéctica. Ed. XXI, 1984.

El existencialismo. Ed. Capricornio, 1954.

El existencialismo. Ed. Documentos Rosario, 1984.

LENTIERI, LAURA. Psiquiatría fenomenológica. Ed. Troquel, 1965.

LE NY, JEAN-FRANÇOLS. El condicionamiento. Ed. Lautaro, 1965.

LERNER, MARCELO. Hipnosis clínica. Relegancia e hipnosis. Ed. Americana, 1964.

Introducción a la psicoterapia de Roges. Ed. Nueva Visión, 1974.

LÉRTORA, ADOLFO. Estructura del hombre. Ed. Sílaba, 1974.

Cuestiones psicológicas a un nuevo nivel científico. Ed. La Plata, 1965.

Materialismo dialéctico y psiquiatría. Ed. Sílaba, 1972.

LEVINE, MAURICIE. Psicoterapia en la práctica médica. Ed. El Ateneo, 1951.

LOOMBARDI, F. CARLOS. Cursos de filosofía. Ed. Plus Ultra, 1985.

LOMBARDI, MIGUEL. Herbert Marcuse o la filosofía de la negación total. Ed. Sílaba, 1970.

LÓPEZ, IBOR. La angustia vital. Ed. Paz Montalba, 1969.

LORAND, SANDOR. Técnica del tratamiento psicoanalítico. Ed. Paidós, 1968.

LOUDET, OSVALDO. ¿Qué es la locura? Ed. Columba, 1958.

LURIA, A. Problemática científica de psicología actual. Orbelus, 1968. El papel del lenguaje en el desarrollo de la conducta. Ed. Cartago, 1979.

LUTZ, J. Psiquiatría infantil. Ed. Gredos, 1968.

LUYPEN, W. Fenomenología existencial. Ed. Carlos Lowle, 1967. La fenomenología es un humanismo. Ed. Carlos Cohlé, 1967.

MACERNIS, JOSÉ. Filosofía y la ciencia moderna. Ed. Bs. Aires, 1961.

MARCUSE, HERBERT. Ensayos sobre política y cultura. Ed. Planeta Agostini, 1986.

El hombre unidimensional. Ed. Planeta Agostini, 1993.

MÁRKUS, GYORGY. Marxismo y antropología. Ed. Grijalbo, 1974.

MASHRUWALA, KRISHORLAL. Gandhi y Marx. Ed. Sur, 1958.

MASSET, PIERRE. El pensamiento de Marcuse. Ed. Amorrortu, 1969.

MASSUH, VÍCTOR. La libertad y la violencia. Ed. Sudamericana, 1984.

MATERAZZI, MIGUEL ÁNGEL. La salud mental. Ed Paidós, 1991.

MATURANA, HUMBERTO. El sentido de lo humano. Ed. Hachette, 1992.

MAY, ROLLO. El dilema existencial del hombre moderno. Ed. Paidós, 1963.

Psicología existencial. Ed. Paidós, 1963.

MCDOUGALL, WILLIAM. Introducción a la psicología. Ed. Paidós, 1958.

MC GOLDRICK, MY GERSON. Genogramas en la evolución familiar. Ed. Gedisa, 1987.

MEAD, MARGARET. Experiencias personales y científicas de una antropóloga. Ed. Paidós, 1972.

MENSCHIK, J. La mujer que trabaja. Ed. Granica, 1972.

MERLEAU-PONTY, MAURICE. La relaciones del niño con los otros. Ed. Univ. Nac. de Córdoba, 1951.

MIRA Y LÓPEZ, TOMO I, II, III. Psiquiatría. Ed. El Ateneo, 1955.

MISIAK, HENRYK. Raíces filosóficas de la psicología. Ed. Troquel, 1969.

MOFFATT, ALFREDO. Psicoterapia del oprimido. Ed. Ecro, 1974.

MOIZESZOWICZ, JULIO. Psicofarmacología psicodinámica III. Ed Paidós, 1994.

MONTECINOS, HERNAN. Del pensamiento mágico al posmoderno. Ed. Pluma y Pincel, 1996.

MONOD, JACQUES. El azar y la necesidad. Ed. Tusquets, 1981.

MORENTE, MANUEL. Discurso del método. Meditaciones metafísicas. Ed. Duodécima, 1970.

MOSKVICHOV, L. El fin de la ideología. Ed. Cartago, 1975.

MUJICA, HUGO. La palabra inicial. Ed. Trotta, 1995.

NOVAK, GEORGE. Introducción a la lógica marxista. Ed. Pluma, 1973.

NOVIKOV, K.A. El libre albedrío y el determinismo marxista. Ed. Cartago, 1983.

OBIOLS, GUILLERMO Y SILVIA DI SEGNI DE ORIOLS. Adolescencia, posmodernidad y escuela secundaria. Ed. Kapelusz, 1995.

ODAJNIK, WALTER. Marxismo y existencialismo. Ed. Paidós, 1966.

OGDEN, C.K. Y OTROS. El significado del significado. Ed. Paidós, 1964.

OPARIN, A. El origen y la devolución de la vida. Ed. Curie, 1968.

OPAZO, ROBERTO. Integración en psicoterapia. Ed. Centro Científico de Desarrollo Psicológico, 1992.

ORIOL, ANGUERA. Redescubrimiento del hombre. Ed. Argos.

PAVLOV, JUAN. Reflejos condicionados e inhibiciones. Ed. Planeta Agostini, 1993.

PAVLOV, I. P. Y OTROS. Psicología reflexológica. Ed. Paidós, 1963.

PAZ, GERVASIO JUAN. El Dogmatismo. Ed. Dialéctica, 1989.

PLATONOV, S. Darwinismo y filosofía. Ed. Lautaro, 1963.

La palabra como factor. Ed. Lenguas extranjeras, 1958.

PIAGET, JEAN. El estructuralismo. Ed. Oikos-Tau, 1974.

PICHON RIVIERE, E. La psiquiatría, una nueva problemática. Ed. Nueva Visión, 1967.

PICHOT, PIERRE Y OTROS. Manual diagnóstico y estadístico de los trastornos mentales. Ed. Masson, 1997

POLITZER, GEORGES. Principios elementales de filosofía. Ed. Inca, 1973.

Psicología concreta. Crítica de los fundamentos de la psicología: psicoanálisis. Ed. Jorge Alvarez, 1966.

POLSTER, E. Y MIRIAM. Teoría gestáltica. Ed. Polster, 1973.

Terapia gestáltica. Ed. Amorrortu, 1976.

PORTNOY, MARIO E. La conciencia. Ed. Salerno, 1993.

PREDUECHNI. G. Psicología Social. Ed. Ciencias del hombre, 1977.

PULEDA, SALVATORE. Interpretación del humanismo. Ed. Virtual, 1996.

RADIN, P. El hombre primitivo como filósofo. Ed. EUDEBA, 1957.

RADO, SANDOR. Psicoanálisis de la conducta. Ed. Paidós, 1973.

RAMONEDA, JOSEPH. El Sentido íntimo. Crítica del sentido común. Ed. Muchnik, 1982.

RAPAILLE, G. Laing y la antipsiquiatría. Ed. A Redondo, 1972.

RATZER, JOSÉ. La consecuencia antimarxista de Rodolfo Mondolfo. Ed. Cinco, 1984.

READ, HERBERT. Al diablo con la cultura. Ed. Proyección, 1962.

REICH, WILHELM. La función del orgasmo. Ed. Paidós, 1962.

Marxismo y psicoanálisis. Ed. Del Siglo, 1971.

La revolución sexual. Ed. Planeta Agostini, 1993.

Análisis del carácter. Ed. Paidós, 1965.

RIESMAN, DAVID. La muchedumbre solitaria. Ed. Paidós, 1964.

ROA, A. Cuadros psicopatológicos y clínicas de la psiquiatría. Ed. Universidad Católica de Chile, 1970.

ROGERS, CARL. Grupos de encuentro. Ed. Amorrortu, 1973.

Psicoterapia centrada en el cliente. Ed. Paidós, 1975.

ROGERS Y KINGET, MIRIAN. Psicoterapia y relaciones humanas. Tomo I, II. Ed. Alfaguara, 1967.

ROJAS, ENRIQUE. El hombre light. Ed. Planeta, 1994.

ROJAS, NERIO. El diablo y la locura y otros ensayos. Ed. El Ateneo, 1951.

ROUBICZEK, PAUL. El existencialismo. Ed. Labor, 1974.

RUBISTEIN, S. L. El proceso del pensamiento y las leyes del análisis. La síntesis y la generalización. Ed. Pueblos Unidos, 1963.

El ser y la conciencia. Ed. Pueblos Unidos, 1963.

La vida psíquica del hombre. Ed. Grijalbo, 1978.

RUSSELL, BERTRAND. Análisis del espíritu. Ed. Paidós, 1958.

SAFOUAN, MUSTAPHA. Estudio sobre el edipo. Ed. Siglo XXI, 1981.

SAGAN, CARL. El cerebro de Broca. Ed. Grijalbo, 1979.

SARLO, BEATRIZ. Escenas de la vida posmodernas. Ed. Ariel, 1994.

SARRÓ, RAMÓN. El sentido de la vida. Ed. Casal I Vall, 1964.
SARTRE, JEAN PAUL. El ser y la nada. Ed. Losada, 1966.
Freud, un guión. Ed. Alianza, 1984.
Crítica de la razón dialéctica. Tomo I, II. Ed. Losada, 1970
Historia de una amistad. Ed. Nagelkop, 1965.
La náusea. Ed. Losada, 1979.
Lo imaginario. Ed. Losada, 1982.
El escritor y su lenguaje. Ed. tiempo contemporáneo, 1971.
Colonialismo y neocolonialismo. Ed. Losada. 1968.
El aplazamiento. Ed. Losada, 1971.
La muerte en el alma. Ed. Losada, 1971.
El muro. Ed. Losada, 1975.
La edad de la razón. Ed. Losada, 1973.
El idiota de la familia. Ed. Tiempos contemporáneos, 1975.
Teatro y estudios literarios. Obras II. Ed. Losada, 1972.
El miedo a la revolución. Ed. Proteo, 1970.
Esbozo de una teoría de las emociones. Ed. U.N. Córdoba, 1959.
Autorretrato a los 60 años. Ed. Losada, 1967.
Marxismo y existencialismo. Ed. Sur, 1963.
El existencialismo es un humanismo. Ed. Huascar, 1972.
SAÚL, J. LEÓN. Bases de la conducta humana. Ed. Libros Básicos, 1958.
SZASZ, THOMAS. El mito de la enfermedad mental. Ed. Amorrortu, 1973.
SCALABRINI ORTIZ, RAÚL. El hombre que está sólo y espera. Ed. Plus Ultra, 1976.
SCHUTZ, W. Todos somos uno. Ed. Amorrortu, 1973.
SEBRELLI, JUAN JOSÉ. De Bs. As. y su gente. Ed. Centro de Editores de América Latina, 1982.
El asedio a la modernidad. Ed. Sudamericana, 1991.
El vacilar de las cosas. Ed. Sudamericana, 1994.
Las señales de la memoria. Ed. Sudamericana, 1987.
SEVE, LUCIEN. Marxismo y teoría de la personalidad. Ed. Amorrortu, 1972.
SEMPÉ JEAN CLAUDE Y OTROS. El psicoanálisis. Ed. Granica, 1974.
SELYE, HANS. La tensión en la vida. Ed. Fabril, 1962.
SILO. Contribuciones al pensamiento. Ed. Plaza y Valdés, 1990.
Cartas a mis amigos. Ed. Centauros, 1994.

SHEPTULIN, A.P. El método dialéctico de conocimiento. Ed. Cartago 1983.

SHOROJOVA, E.U. Fundamentos fisiológicos de la conciencia. Ed. Grijalbo, 1963.

SKINNER,BF. El análisis de la conducta, una misión retrospectiva. Ed. Noriega, 1991.

Reflexiones sobre conductismo y sociedad. Ed. Trillas, 1981.

El análisis de la conducta. Ed. Limusa, 1991.

SLAIKEUV, KARL. El factor fénix. Ed. Planeta, 1988.

SLUZKI, C. Psicopatología y psicoterapia de la pareja. Ed. Nueva Visión, 1975.

SOLAL, ANNIE COHEN. Sartre, una biografía. Ed. Emecé, 1990.

SOLIGNAC, PIERRE. Las depresiones, comprenderlas para combatirlas. Ed. Atlántida, 1984.

SPIRKIN, A. El origen de las relaciones humanas. Ed. Platina, 1975.

STEKEL, W. La mujer frígida. Ed. Imán, 1946.

STENGEL, ERWIN. Psicología del suicidio y los instintos suicidas. Ed. Paidós, 1963.

STERN, ERICH. La psicoterapia en la actualidad. Ed. EUDEBA, 1958.

STONE, IRVING. Pasiones del espíritu. Ed. Emecé, 1972.

SULLIVAN, STACK HARRY. Estudios clínicos de psiquiatría. Ed. Psique, 1963.

THENON, JORGE. La imagen y el lenguaje. Ed. La Pleyade, 1971.

Robespierre y la psicopatología del héroe. Ed. Meridion, 1958.

Psicología dialéctica. Ed. Platina, 1963.

TORRES, MAURO. El irracionalismo en Erich Fromm. Ed. Pax-México, 1960.

VALLEJO NAGERA, JUAN ANTONIO. Introducción a la psiquiatría. Ed. Científico Médica, 1971.

VARSAVSKY, OSCAR. Ciencia, política y cientificismo. Ed. Centro Editor América Latina, 1964.

VASCONCELOS, JOSÉ MAURO DE. Corazón de vidrio. Ed. El Ateneo, 1976.

VIDAL, GUILLERMO Y OTROS. Enciclopedia de psiquiatría. Ed. El Ateneo, 1977.

VISCOT, DAVID S. Intimidades de un psiquiatra. Ed. Emecé, 1974.

WACQUEZ, MAURICIO. Conocer Sartre y su obra. Ed. Dopesa, 1977.

WALLION, HENRY. Del acto al pensamiento. Ed. Lautaro, 1964.

WEITBRECHT, HANS. Manual de psiquiatría. Ed. Gredos, 1969.

WELLS, HARRY K. Hacia una psicología y psiquiatría científicas. Ed. Latina, 1963.

WOLBERG, LEWIS R. Psicoterapia breve. Ed. Gredos, 1968.

ZIPILIVAN, MARIO. Psiquiatría. Ed. Salermo, 1969.

ZITO LEMA, VICENTE. Conversaciones con Enrique Pichón Riviere. Ed. Timerman, 1976.

ZOLA, EMILIO. Yo acuso. Ed. Tor, 1957.

ZUÑIGA, RICARDO. Psicología social 6. Ed. Univ. de Valparaíso, 1971.

ZWEIG, STEFAN. Biografía. Ed. Plaza y Janés, 1961.

OTROS LIBROS PUBLICADO POR OMNIA VERITAS

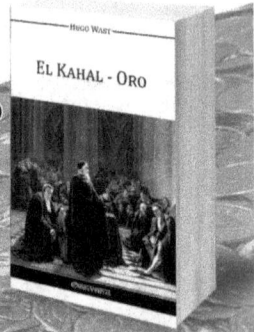

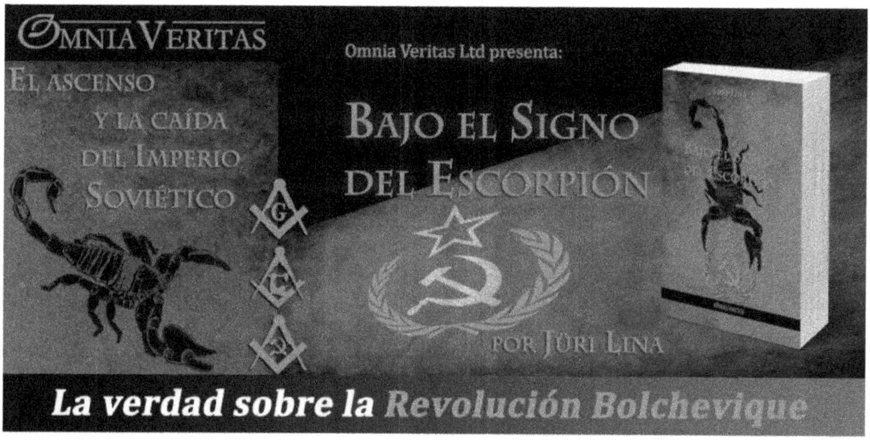

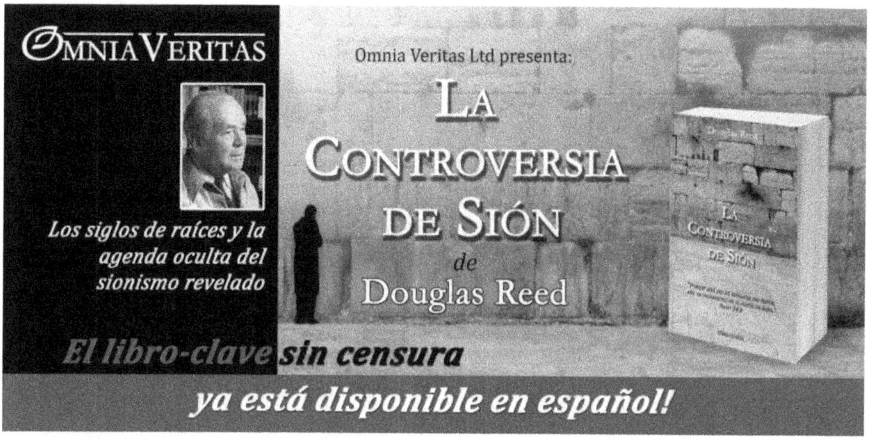

OMNIA VERITAS

www.omnia-veritas.com

www.ingramcontent.com/pod-product-compliance
Lightning Source LLC
Chambersburg PA
CBHW071622270326
41928CB00010B/1746